普通高等教育新形态教材

CHENGBEN KUAIJIXUE

成本会计学

任　丽　廖　阔　杨　松 ◎ 主　编
邓书杰　张秋实　安永红 ◎ 副主编

清华大学出版社
北京

内 容 简 介

本书以财政部颁布的《企业会计准则》及《企业会计制度》为依据，结合应用型培养目标，全面介绍了成本会计学的基础理论和基本方法。全书共分为十三章，包括：总论、成本核算概述、要素费用的核算、辅助生产费用和制造费用的核算、生产损失的核算、生产费用在完工产品和在产品之间的核算、产品成本的计算方法概述、品种法、分批法、分步法、成本计算的辅助方法、成本报表、其他主要行业成本核算等内容。本书为"互联网＋"新形态教材，将信息技术与纸质教材深度融合，多种介质综合运用，表现力丰富。

本书既可以作为高等院校会计学和财务管理专业的主干课程教材，也可以作为其他相关专业的教材和参考书，还可供从事不同层次会计教学工作的教师、从事会计实务的管理人员阅读参考。

本书封面贴有清华大学出版社防伪标签，无标签者不得销售。
版权所有，侵权必究。举报：010-62782989，beiqinquan@tup.tsinghua.edu.cn。

图书在版编目(CIP)数据

成本会计学/任丽，廖阔，杨松主编. —北京：清华大学出版社，2021.5(2025.1重印)
普通高等教育新形态教材
ISBN 978-7-302-57173-5

Ⅰ.①成… Ⅱ.①任… ②廖… ③杨… Ⅲ.①成本会计-高等学校-教材 Ⅳ.①F234.2

中国版本图书馆 CIP 数据核字(2020)第 260229 号

责任编辑：刘志彬
封面设计：李伯骥
责任校对：宋玉莲
责任印制：刘海龙

出版发行：	清华大学出版社
网　　址：	https://www.tup.com.cn, https://www.wqxuetang.com
地　　址：	北京清华大学学研大厦 A 座　　邮　编：100084
社 总 机：	010-83470000　　邮　购：010-62786544
投稿与读者服务：	010-62776969, c-service@tup.tsinghua.edu.cn
质量反馈：	010-62772015, zhiliang@tup.tsinghua.edu.cn
印 装 者：	三河市君旺印务有限公司
经　　销：	全国新华书店
开　　本：	185mm×260mm　　印　张：16.75　　字　数：358 千字
版　　次：	2021 年 5 月第 1 版　　印　次：2025 年 1 月第 5 次印刷
定　　价：	47.00 元

产品编号：086364-01

前　言

为了满足高等院校会计学、财务管理专业教师的教学要求和学生学习的需要，编者以财政部颁布的《企业会计准则》及《企业会计制度》为依据，结合应用型培养目标，结合多年的成本会计教学经验，精心编写完成了这本《成本会计学》教材。

本书具有以下特点：

一是符合应用型高校人才培养目标。在教学内容、形式、结构、表述等方面以"案例"形式编写，凸显了"应用性"。

二是符合职业技能要求的校企合作教材。由企业中有实践经验的高管人员参与编写，实现了理论与实践一体化，有利于培养学生的综合职业能力。

三是内容通俗易懂、易于吸收。注重成本会计知识内容方法技能的渐进式设计，使其更加有利于学习、更加人性化。对于重点、难点问题设置学习要点及目标等以引起学习者的重视，撰写过程中采用经典案例，每章节配套课后练习，针对性较强。

四是采用"互联网＋"教学模式。正文中以二维码的方式嵌入"知识链接""微课视频""在线自测"等相关线上教学内容，使之成为将信息技术与纸质教材深度融合、多种介质综合运用且表现力丰富的新形态教材。

本教材全面介绍了成本会计学的基础理论和基本方法。本教材共分为十三章，包括：总论、成本核算概述、要素费用的核算、辅助生产费用和制造费用的核算、生产损失的核算、生产费用在完工产品和在产品之间的核算、产品成本的计算方法概述、品种法、分批法、分步法、成本计算的辅助方法、成本报表、其他主要行业的成本核算、成本会计前沿等内容。

由于编者水平有限，书中尚有错漏之处，敬请读者批评指正，以便进一步修订和完善。

编　者

目　录

第一章　总　论　1
第一节　成本的概念和作用……1
第二节　成本会计的职能和任务……4
第三节　成本会计工作的组织……7
本章小结……8
复习思考题……8
线上课堂——训练与测试……8

第二章　成本核算概述　9
第一节　成本核算的要求……9
第二节　生产费用的分类……14
第三节　成本核算的一般程序和账户体系……15
本章小结……18
复习思考题……19
线上课堂——训练与测试……20

第三章　要素费用的核算　21
第一节　材料费用的核算……21
第二节　动力费用的核算……31
第三节　职工薪酬费用的归集与分配……34
第四节　折旧及其他费用的核算……42
本章小结……46
复习思考题……46
线上课堂——训练与测试……47

第四章　辅助生产费用和制造费用的核算　48
第一节　辅助生产费用的核算……48
第二节　制造费用的核算……58

本章小结 ··· 63
复习思考题 ··· 64
线上课堂——训练与测试 ·· 64

第五章　生产损失的核算　65

第一节　废品损失的核算 ·· 65
第二节　停工损失的归集和分配 ·· 69
本章小结 ··· 70
复习思考题 ··· 70
线上课堂——训练与测试 ·· 71

第六章　生产费用在完工产品与在产品之间的核算　72

第一节　在产品数量的概述 ··· 72
第二节　生产费用在完工产品和在产品之间分配 ····································· 74
本章小结 ··· 85
复习思考题 ··· 85
线上课堂——训练与测试 ·· 86

第七章　产品成本的计算方法概述　87

第一节　生产特点与管理要求对产品成本计算方法的影响 ······················ 87
第二节　产品成本计算的方法 ··· 89
本章小结 ··· 92
复习思考题 ··· 92
线上课堂——训练与测试 ·· 92

第八章　品种法　93

第一节　品种法的概述 ·· 93
第二节　品种法的应用 ·· 95
本章小结 ··· 104
复习思考题 ··· 104
实务题 ··· 104
线上课堂——训练与测试 ·· 111

第九章　分批法　112

第一节　分批法的概述 ·· 112
第二节　分批法的应用 ·· 114

第三节　简化分批法的概述·· 116
　　本章小结·· 120
　　复习思考题·· 121
　　线上课堂——训练与测试·· 121

第十章　分步法　　　　　　　　　　　　　　　　　　　　　　　　　122

　　第一节　分步法的概述·· 122
　　第二节　逐步结转分步法的概述·· 124
　　第三节　平行结转分步法的概述·· 140
　　本章小结·· 146
　　复习思考题·· 147
　　实务题··· 147
　　线上课堂——训练与测试·· 153

第十一章　成本计算的辅助方法　　　　　　　　　　　　　　　　　　　154

　　第一节　分类法的概述·· 154
　　第二节　定额法的概述·· 160
　　第三节　作业成本法·· 168
　　本章小结·· 172
　　复习思考题·· 173
　　线上课堂——训练与测试·· 173

第十二章　成本报表　　　　　　　　　　　　　　　　　　　　　　　　174

　　第一节　成本报表的概述·· 174
　　第二节　成本报表的编制·· 175
　　第二节　成本报表分析·· 184
　　本章小结·· 191
　　复习思考题·· 192
　　线上课堂——训练与测试·· 192

第十三章　其他主要行业成本核算　　　　　　　　　　　　　　　　　　193

　　第一节　商品流通企业成本核算·· 193
　　第二节　施工企业成本核算·· 207
　　第三节　旅游餐饮服务企业成本核算······································ 218
　　第四节　运输企业成本核算·· 224
　　第五节　房地产开发企业成本核算·· 237

第六节　农业企业成本核算 …………………………………………… 244
本章小结 …………………………………………………………………… 257
复习思考题 ………………………………………………………………… 258
线上课堂——训练与测试 ………………………………………………… 258
期末试卷 …………………………………………………………………… 258

参考文献 ………………………………………………………………… 259

第一章 总 论

> **学习目标**
>
> 本章将学习和掌握：①成本会计的任务；②成本的概念和作用；③成本会计的职能和任务；④成本、费用、支出及它们的区别；⑤成本会计工作的组织方式。

引言

成本会计学作为现代会计学的一个重要分支，是为求得产品的总成本和单位成本而核算全部生产成本和生产费用的会计活动，是以货币为主要计量单位，针对相关经济主体在产品生产经营过程中的成本耗费进行预测、决策、控制、核算、分析和考核的价值管理活动。

第一节 成本的概念和作用

一、成本的概念

成本是商品经济发展到一定阶段的产物，是商品经济的价值范畴，是商品价值的主要组成部分。人们要进行生产经营活动或达到一定的目的，就必须耗费一定的资源，其所费资源的货币表现及其对象称之为成本。

（一）成本的经济内涵

成本是为了取得某项资源或达到某种目标所需付出或应付出资源所牺牲的经济价值。某种东西或目标的成本是为了得到它而放弃的资源。比如企业为进行生产经营活动，为取得各种生产资料或商品，而支付的价款和负担费用等资源，就是生产资料成本或库存成本。

（二）成本的现实内涵

成本是生产和销售一定种类与数量产品或者服务所耗费资源用货币计量的经济价值。劳动者消耗人力资源等活劳动，使用生产工具如设备等劳动手段，对劳动对象如原材料进行生产活动消耗物力资料等物化劳动，为社会提供具有一定使用价值的商品或服务。

产品成本的内涵是生产者为生产一定种类和数量的产品所消耗而又

1-1 微课视频

必须补偿的物化劳动和活劳动的必要劳动等生产要素的货币表现(价格)。

企业进行产品生产需要消耗生产资料和劳动力，这些消耗在成本中用货币计量，就表现为材料费用、折旧费用、工资费用等。企业的经营活动不仅包括生产，也包括销售活动，因此在销售活动中所发生的费用，也应计入成本。同时，为了管理生产所发生的费用，也应计入成本。同时，为了管理生产经营活动所发生的费用也具有形成成本的性质。

1-2 微课视频

在现实工作中，随着商品经济的不断发展，成本概念的内涵和外延都处于不断的变化发展之中。在新经济形势下，应管理的需要而产生的成本可笼统地称为管理成本。为预测、决策所需要的变动成本、固定成本、边际成本、机会成本、沉没成本、差别成本、可避免成本、不可避免成本等，为控制、考核所需要的可控成本、不可控成本、责任成本、质量成本等，都可以作为企业的管理成本而纳入成本范畴。

1-3 知识链接

为了保持企业成本计算口径的一致性，应该明确哪些资源消耗的费用开支应列入产品的成本、哪些资源消耗的费用开支不应列入产品成本，以防止乱挤滥摊成本，保持成本的可比性。国家以法规、制度的形式来规定成本费用的开支范围。将一切与生产有关的开支都计入产品成本，如工业企业的材料费等直接材料、生产工人的薪酬等直接人工、设备厂房折旧等制造费用等构成了产品的制造成本；其他如管理费用、销售费用、财务费用等则不计入产品成本，直接作为期间费用计入当期损益来处理。

(三) 支出、费用与产品成本之间的关系

以上从经济和现实的角度介绍了成本的内涵，若要更进一步理解成本的概念，还有必要明确支出、费用和产品成本的关系。支出、费用与产品成本之间既相互联系，又有较大区别。

1-4 微课视频

▶ 1. 支出

支出是指企业在经济活动中发生的一切开支与耗费。可分为如下几种：

（1）资本性支出：支出的效益与几个会计年度相关，如企业购建的固定资产、无形资产等。

（2）收益性支出：支出的效益仅与本会计年度相关，如支付的广告费、职工薪酬。

（3）所得税支出：企业在取得经营所得与其他所得的情况下，按国家税法规定向政府缴纳的税金支出。

（4）营业外支出：同企业的生产经营没有直接联系的支出，如支付的违约金、罚款。

（5）利润分配性支出：在利润分配环节的开支，如支付的股利等。

▶ 2. 费用

费用是指企业为销售商品、提供劳务等日常活动所发生的经济利益的流出。企业在获取收入的过程中，对企业拥有或控制的资产的耗费。费用按其同产品生产的关系可分为生产费用和期间费用两类。

费用与支出的关系：费用是企业支出的构成部分，支出中凡是同本企业的生产经营有

关的部分，即可表现为或转化为费用；而凡是同本企业的生产经营无关的支出，则不能列为费用。

▶ 3. 费用与产品成本的关系

费用与产品成本的关系主要在于生产费用和产品成本的关系。

费用按其与产品生产的关系分为生产费用和期间费用；生产费用是指企业在产品生产过程中所发生的生产管理人员的人力资源和物力资源等的生产要素的消耗，与产品生产有直接关系；期间费用是指企业在生产经营过程中与经营活动密切联系的生产要素的耗费，但与产品生产无直接关系，如管理费用、财务费用、销售费用等。

一般区分费用与产品成本的关系主要是区分生产费用和产品成本的关系，它们既相互联系又相互区别。

（1）生产费用和产品成本的联系。生产费用按一定的产品加以归集和汇总就是产品成本，生产费用是产品成本的基础，产品成本是对象化的生产费用；没有生产费用，就难以形成产品成本；没有产品成本，核算生产费用就失去意义。

（2）生产费用和产品成本的区别。生产费用反映的是某一定时期内实际发生的费用，而产品成本是反映某一时期内某种产品所应承担的费用。企业当期发生的生产费用并不一定全部归属于当期产品成本，可能还有归属于以后期间产品成本，产品成本的归属部分可能也并非全部是来自本期所发生的生产费用，也可能来自于以前期间的生产费用；生产费用是在一定时期按照权责发生制所归集和划分的，产品成本是按照具体的成本对象来归集和划分的。

按照我国现行的企业会计准则和相关会计制度，产品成本的开支范围应包括以下内容：

（1）为制造产品所消耗的原材料，辅助材料、外购或自制半产品和燃料及运输费用、装卸搬运费、挑选整理费、途中合理损耗、税金等存货成本。

（2）为制造产品而耗用的动力费。

（3）企业生产单位支付给生产工人和车间管理人员的工资等职工薪酬。

（4）车间房屋建筑物和机器设备的折旧，租赁费及低值易耗品的摊销费等。

（5）产品生产所需专利费、无形资产的摊销费用等技术费用。

（6）其他为组织、管理生产活动所发生的制造费用，如产品检测测试费、设计费。

企业发生的下列费用，不应计入产品成本：

（1）企业为组织、管理生产经营活动所发生的管理费用、财务费用和销售费用。

（2）建造和购置固定资产，购入和研发无形资产和其他资产的支出。

（3）对外界的投资、分配给投资者的利润。

（4）被没收的财产物资、支付的滞纳金、罚款以及企业的各种赞助捐赠的支出。

（5）在公积金、公益金中开支的支出。

（6）其他国家、法规以外的付费。

（7）国家规定不得列入成本的其他支出。

二、成本的作用

第一，对企业外部利益相关者来说，成本是计算利润的基础，利润指标反映企业一段时间的经营所得，是企业外部利益相关者分析企业经营状况和进行各种决策时非常关注的指标。企业计算利润时，所获得的收入首先应扣除所销售产品的生产成本，再扣除期间费用等项目后，才能计算出利润。因此，成本计算对企业外部财务信息使用者有着极其重要的意义。

第二，对企业内部管理者来说，成本是进行各项经营决策的基础成本指标，反映了产品生产过程中的耗费。作为企业经营者，为保证企业的持续经营，必须对企业的生产耗费进行补偿。成本作为补偿生产耗费的尺度，对企业的生产经营活动有着重要的影响。在企业内部管理中，成本有着以下作用：

（1）成本是制定产品价格的重要依据：产品价格是影响产品销售和企业盈利的重要因素之一。企业在销售产品之前，首先要确定产品的价格，在确定产品价格时要考虑市场上的供求关系和产品成本的补偿。因此，成本就成为制定产品价格的重要考虑因素。当然，产品的定价是一项复杂的工作，成本只是制定产品价格的重要依据，而不是唯一依据。

（2）成本是企业竞争的主要手段：在市场经济条件下，企业的竞争主要是价格和质量的竞争，而价格的竞争归根结底是成本的竞争。只有成本低才能使企业盈利，因此成本是企业竞争的重要手段。企业效益的大小，竞争能力的强弱，将在很大程度上取决于成本的高低。在其他条件相同的条件下，若企业的个别成本低于社会平均成本，该企业在竞争中就占有较大的优势。成本的竞争将日益成为企业竞争的重要手段。因此，在成本计算的基础上进行成本控制是企业竞争的重要手段。

（3）成本是企业进行生产经营决策的重要依据：企业能否创造经济效益，能否在竞争中处于有利地位，在很大程度上取决于企业经营者能否做出正确的生产经营决策。在进行生产决策时需要考虑的因素有很多，成本是其中应考虑的主要因素之一。这是因为，在其他决策条件相同的情况下，成本高低直接影响企业盈利的多少，也影响企业的竞争力。

（4）成本是衡量企业管理水平的重要指标：成本是一项综合性的经济指标，企业经营管理中各方面的工作水平，都可以直接或间接地在成本上反映出来，劳动生产率的高低、固定资产利用程度、原材料的使用是否合理、产品产量的变动等，都会反映到产品成本上来。因此，在企业管理中，可以用成本指标对企业某个部门的综合管理水平进行评价。

第二节　成本会计的职能和任务

一、成本会计的职能

成本会计的职能也就是成本会计在企业经济管理中的职责和功能。由于现代成本会计与管理紧密结合，因此，它实际上包括了成本管理的各个环节。现代成本会计的主要职能有：成本预测、成本决策、成本计划、成本控制、成本核算、成本分析和成本考核等七大职能。其中，成

1-5 微课视频

本核算是其基本职能。下面详细介绍其功能。

(1) 成本预测

成本预测是指根据成本的有关历史数据及其他相关资料，运用一定的预测技术，综合考虑各种因素，来推断和估计某一成本对象(一个项目、一件产品或一种劳务)未来的成本目标和水平。

成本预测是指运用一定的科学方法，对未来成本水平及其变化趋势做出科学的估计。通过成本预测，掌握未来的成本水平及其变动趋势，有助于减少决策的盲目性，使经营管理者易于选择最优方案，做出正确决策。

(2) 成本决策

成本决策是指用决策理论，根据成本预测及有关成本资料，运用定性与定量的方法，抉择最佳成本方案的过程。成本决策可分为宏观成本决策和微观成本决策。它贯穿于整个生产经营过程且涉及面广，因此，在每个环节都应选择最优的成本决策方案，才能达到总体的最优。

(3) 成本计划

成本计划是企业生产经营总预算的一部分，它以货币形式规定企业在计划期内为产品的生产耗费和为降低产品成本水平所采取的措施而制定的书面方案。

成本计划属于成本的事前管理，是企业生产经营管理的重要组成部分，通过对成本的计划与控制，分析实际成本与计划成本之间的差异，指出有待加强控制和改进的领域，达到增产节约及制定有关部门的业绩评价标准，从而促进企业的发展。

企业的整体预算从销售预算开始，最终流向预计收益表和预计现金流量表，而成本计划是其中的主要环节。所以做好成本计划对企业的经营管理有重要的意义。

(4) 成本控制

成本控制，是企业根据一定时期预先建立的成本管理目标，由成本控制主体在其职权范围内，在生产耗费发生以前和成本控制过程中，对各种影响成本的因素和条件采取的一系列预防和调节措施，以保证成本管理目标实现的管理行为；通过成本控制可以促使企业不断降低成本。

(5) 成本核算

成本核算是指将企业在生产经营过程中发生的各种耗费按照一定的对象进行分配和归集，以计算总成本和单位成本。成本核算通常以会计核算为基础，以货币为计算单位。成本核算是成本管理的重要组成部分，对于企业的成本预测和企业的经营决策有直接影响。

进行成本核算，一是要审核生产经营管理费用，看其是否发生，是否应当发生，已发生的是否应当计入产品成本，从而实现对生产经营管理费用和产品成本直接的管理和控制。二是对已发生的费用按照用途进行分配和归集，计算各种产品的总成本和单位成本，为成本管理提供真实的成本资料。

(6) 成本分析

成本分析是利用成本核算及其相关资料，通过系统研究成本水平与构成及成本升降的各因素及其变动的原因，来寻找降低成本途径的过程。通过成本分析，有利于正确认识、掌握和运用成本变动的规律，实现降低成本的目的，有助于进行成本控制，正确评价成本计划完成情况，还可为制订成本计划、经营决策提供重要依据，指明成本管理工作的努力方向。

（7）成本考核

成本考核是指定期考查审核成本目标实现情况和成本计划指标的完成结果，全面评价成本管理工作的业绩。成本考核的作用是评价各责任中心特别是成本中心业绩，促使各责任中心对所控制的成本承担责任，并借以控制和降低各种产品的生产成本，达到提高企业经济效益的目的。

二、成本会计的任务

成本会计的任务是成本会计职能的具体化，也是人们期望成本会计达到的目的和对成本会计的要求。从最终意义上来说，成本会计的根本任务是促进企业尽可能节约生产经营过程中物化劳动和人类活劳动的消耗，不断提高经济效益。具体来说，成本会计的主要任务有以下几个方面：

1-7 微课视频

（一）正确计算产品成本，及时提供成本信息

成本数据正确可靠，才能满足管理的需要。如果成本资料不能反映产品成本的实际水平，不但难以考核成本计划的完成情况和进行成本决策，而且还会影响利润的正确计量和存货的正确计价，扰乱企业的财务状况。及时编制各种成本报表，可以使企业的有关人员及时了解成本的变化情况，并作为制定售价、做出成本决策的重要参考资料。

（二）优化成本决策，确立目标成本

优化成本决策，需要在科学的成本预测基础上收集整理各种成本信息，在现实和可能的条件下，采取各种降低成本的措施，从若干可行方案中选择生产每件合格产品所消耗活劳动和物化劳动最少的方案，将成本最低化作为制定目标成本的基础。为了优化成本决策，需增强企业员工的成本意识，使之在处理每一项业务活动时都能自觉地考虑和重视降低产品成本的要求，把所费与所得进行比较，以提高企业的经济效益。

（三）加强成本控制，防止挤占成本

加强成本控制，一是进行目标成本控制，主要依靠执行者自主管理，进行自我控制，以促其提高技术，厉行节约，注重效益。二是遵守各项法规的规定，控制各项费用支出、营业外支出等挤占成本。

（四）建立成本责任制度，加强成本责任考核

成本责任制是对企业各部门、各层次和执行人在成本方面的职责所做的规定，是提高职工降低成本的责任心，发挥其主动性、积极性和创造力的有效办法。建立成本责任制度，要把完成成本降低任务的责任落实到每个部门、层次和责任人，使职工的责、权、利相结合，职工的劳动所得与劳动成本相结合；各责任单位与个人要承担降低成本之责，执行成本计划之权，获得奖惩得当之利。实行成本责任制度时，成本会计要以责任者为核算对象，按责任的归属对所发生的可控成本进行记录、汇总、分配整理、计算、传递和报

告,并将各责任单位或个人的实际可控成本与其目标成本相比较,揭示差异,寻找发生原因,据以确定奖惩,并挖掘进一步降低成本的潜力。

第三节 成本会计工作的组织

企业要完成成本会计的任务,就必须有成本会计组织机构;成本会计组织设置合理与否,直接影响成本会计工作能否顺利进行,并进而影响整个会计工作的开展。

成本会计的组织工作主要包括:①设置成本会计机构;②配备必需的成本会计人员;③确定成本会计工作的组织原则和组织形式;④制定成本会计制度。详细的内容如下:

成本会计的组织工作主要包括:

▶ 1. 设置成本会计机构

成本会计机构是处理成本会计工作的职能单位。它是根据企业规模业务类型和成本管理要求来考虑在专设的会计机构中是单独设置成本会计科、室或组等,还是只配备成本核算人员来专门处理成本会计工作。

1-8 微课视频

▶ 2. 配备必需的成本会计人员

成本会计人员是指在会计机构或专设成本会计机构中所配备的成本工作人员。对企业日常的成本工作进行处理。诸如:成本计划、费用预算成本预测、决策、实际成本计算和成本分析、考核等。成本核算是企业核算工作的核心,成本指标是企业一切工作质量的综合表现,为了保证成本信息质量,对成本会计人员的业务素质要求比较高。

(1) 会计知识面广,对成本理论和实践有较好的基础。

(2) 熟悉企业生产经营的流程(工艺过程)。

(3) 刻苦学习和任劳任怨。

(4) 良好职业道德。

▶ 3. 确定成本会计工作的组织原则和组织形式

任何工作的组织都必须遵循一定的原则,成本会计工作也不例外,它的组织原则主要有:

(1) 成本核算必须与成本管理相结合。

(2) 成本会计工作必须与技术相结合。

(3) 成本会计工作必须与经济责任制相结合。

成本会计工作的组织形式,主要是从方便成本工作的开展和及时准确地提供成本信息的需要,而按成本要素划分为材料成本、人工成本和间接费用成本组织核算。

(1) 材料组:一般由企业厂部成本会计人员与仓库材料管理人员共同负责,主管材料物资和低值易耗品的采购、入库、领用、结存的明细分类核算,定期盘点清查,计算材料成本费用,并对全过程进行控制和监督。

(2) 工资组:主管应付职工的工资、奖金的计算与分配,并对全过程进行严格的控制和监督。

(3)间接费用组:间接费用的核算一般是由厂部成本会计人员负责进行,这部分费用可按成本习性分为变动费用和固定费用,而变动费用以弹性预算进行控制,固定费用则用固定预算进行控制。

▶ 4. 制定成本会计制度

成本会计制度是指组织和处理成本会计工作所必须遵守的工作规范和集体依据。它的内涵与外延随着经济环境的变化在不断发展变化。商品经济条件下,现代企业的成本会计制度内容包括对成本预测、决策、规划、控制、计算、分析和考核等所做出的相关规定,指导成本会计工作的全过程,这也称作广义的成本会计制度。

具体的成本会计制度有:关于成本预测、决策制度、计划(或标准成本)成本编制的制度、成本核算制度、成本控制制度、成本分析、考核制度等。

本章小结

本章主要介绍了什么是成本、什么是成本会计。另外还介绍了成本会计的对象、职能和任务。成本会计的职能最基本的就是进行成本核算。成本会计除了进行成本核算以外还可以进行成本的分析、预测、决策、控制、考核等。成本会计的对象实际上研究的是成本会计核算和监督的内容,综合来说就是各行业、企业生产经营业务的成本和有关期间费用,也就是说期间费用也应该是成本会计所要核算和监督的内容。成本会计既要核算和监督各行业企业生产经营的成本,同时还要核算和监督所发生的期间费用。最后介绍了一下成本会计工作的组织。

复习思考题

1. 简述成本的经济内涵。
2. 简述成本会计的职能及其相互关系。
3. 什么是成本会计的核算对象?
4. 简述集中工作方式与分散工作方式的区别及各自的优缺点。

线上课堂——训练与测试

扫描封底二维码刮刮卡,获取答题权限。

在线自测

第二章 成本核算概述

> **学习目标**
>
> 本章将学习和掌握：①成本会计成本核算的要求；②费用的分类概念、费用的分类；③成本核算的一般程序和账户体系。

引言

企业成本核算的准确性会直接对企业资产、损益、企业营销活动和生产经营决策生产等产生较大影响，因而在进行企业成本核算时，应结合企业的生产经营特点、管理的要求、法律法规等多方面的因素综合考虑，合理选择成本核算的方法，来提高企业的经营管理效率。

第一节 成本核算的要求

一、成本核算的意义

成本核算是对企业在生产经营过程中实际发生的成本、费用进行划分、归集、计算，并进行相应的账务处理；及时、准确地核算成本，是现代企业成本管理的重要组成部分。企业通过成本核算，一方面，可以审核各项生产费用和经营管理费用的支出；另一方面，还可以为计算利润、进行成本和利润预测提供数据，有助于提高企业生产技术水平和经营管理水平。

二、成本核算原则

成本核算原则是指进行成本核算应当遵循的规范，是进行成本核算的基础和依据，是人们在进行计算成本应遵循的一般原则。

成本核算作为成本会计的主要内容，既要遵循企业会计准则、企业会计制度的会计核算基本要求，也要符合企业生产特点和企业对成本管理的特殊要求。为了比较准确地计算产品的成本、提供有用的成本会计信息，应该严格遵循以下成本核算原则：

▶ 1. 合法性原则

合法性原则是指计入成本的费用都必须符合法律、法令、制度等的规定。在实务中，为了加强对成本的管理，防止乱挤滥摊成本，国家统一规定了成本开支的范畴，明确了哪些费用可以计入成本，哪些费用不可以计入成本，各企业应当严格遵守。

▶ 2. 可靠性原则

可靠性原则包括真实性和可核实性。真实性就是所提供的成本信息与客观的经济事项相一致。可核实性是指成本核算资料按一定的原则由不同的会计人员加以核算，都能得到相同的结果。

▶ 3. 相关性原则

相关性原则包括成本信息的有用性和及时性。有用性是指成本核算要为管理部门提供有用的信息，为成本管理、预测、决策服务。及时性是强调信息取得的时间性。企业应根据自身的特点和管理要求，及时对相关费用进行核算，及时反馈所要的信息，也可及时地采取措施，来提高经营管理的效益。

▶ 4. 重要性原则

2-1 微课视频

为了发挥成本信息对经营管理的作用，对于成本有重大影响的成本项目应作为重点，专设成本项目单独反映，力求精确。而对于那些不太重要的琐碎项目，则可以简化核算，或与其他内容合并反映。例如构成产品实体的材料费、生产工人的薪酬一般在"直接材料""直接人工"成本项目中单独反映，其他费用则在"制造费用"综合反映；但是若某些费用如质量检验费在产品成本所占比重较大(如占10%)，则应该单设"质量检验费"成本项目来反映，以便进行分析、考核、预测和决策采用。

▶ 5. 一致性原则

成本核算所采用的会计政策和处理方法，前后各期应当保持一致，以使各期的成本资料有统一的口径，前后连贯、互相可比。

▶ 6. 分期核算原则

为了核算经营成果，企业应按照会计期间，对取得的一定期间所生产产品的成本，进行分期核算，分别计算各期产品的成本。但是需要指出的是，产品成本计算期是指产品负担生产费用的开始、结束期，可能与会计期间一致，也可能与生产周期一致(如一周、半年等)。

▶ 7. 权责发生制原则

应由本期成本负担的费用，不论是否已经支付，都要计入本期成本；不应由本期成本负担的费用，即使在本期支付，也不应计入本期成本。

▶ 8. 按实际成本计价的原则

生产所耗用的原材料、燃料、动力等费用，无论按照何种方法(如计划成本、定额成本等)处理，最终都要调整为实际成本计算，完工产品成本的计算要按实际发生的成本计算。

三、工业企业成本核算要求

为了发挥成本核算管理的职能，人们在核算过程中应遵循以下各项要求：

（一）算管结合、算为管用

算管结合、算为管用就是成本核算应当与加强企业经营管理相结合，所提供的成本信息应当满足企业经营管理和决策的需要。具体如下：

（1）对各项成本费用支出进行事后核算，提供事后成本信息，并加强对各项费用支出的事前、事中的审核与控制，及时进行信息反馈。

（2）在满足成本管理需要的前提下，尽可能做到科学和简化：分清主次，区别对待，主要从细，次要从简，简而有理，细而有用。既要防止片面追求简化，以致不能为管理提供资料；也要防止为算而算，脱离管理实际需要。

（3）为满足企业经营管理和决策的需要，不仅按照国家有关规定计算成本和期间费用的财务成本信息，还应借鉴西方的一些成本概念和成本计算方法，为不同的管理目的提供不同的管理成本信息。

（二）做好各项基础工作

为了加强成本审核、控制，正确、及时地计算成本，企业首先应做好如下各项基础工作：

▶ 1. 建立和健全原始记录工作

原始记录是反映生产经营活动的原始资料，是进行成本核算、分析消耗定额和成本计划执行情况，以及成本控制、成本预测、编制成本计划的依据。因此，工业企业对生产过程中材料的领用、劳动力消耗、设备动力与工时的耗费，以及水、电费用的开支、废品的产生、在产品及半成品的内部转移、产品质量检验及产成品入库等，都要有真实的原始记录。因此，成本核算部门要会同计划统计、人力资源、生产技术及采购供应部门等有关部门制定科学合理、内容完整、要素完备、经济有效、简单易行的原始记录制度，全面系统记录各项成本费用的发生，完善原始凭证，为成本费用的核算、加强成本经营管理打下坚实的基础。

2-2 微课视频

▶ 2. 建立和健全材料物资的计量、收发、领退和盘点制度

为使原始记录准确，应当有完善、有效的计量和收发制度，利用现代的科学计量仪器，如仪表、仪器、量具等设备，对各种实物进行计量。成本核算是以价值的形式来核算企业生产经营管理中的各项成本费用的。而价值形成的核算是以实物消耗为基础的。因此，为了进行准确的成本核算、正确地计算成本，必须建立和健全材料物资的计量、收发、领退和盘点制度。凡是材料物资的收发、领退，各车间的在产品、半成品的内部转移，以及产成品的入库等，均应填制相应的原始单据凭证，办理相应手续，并严格进行计量和验收。库存的各种材料物资、车间的在产品、产成品均应进行定期或不定期进行清查盘点。只有这样，才能保证账实相符，保证成本计算的正确性。

▶ 3. 做好定额的制定和修订工作

定额是指在一定的生产技术条件下，对人力、物力以及财力的消耗

2-3 微课视频

所规定的数量标准。如与成本核算的消耗定额；劳动定额，如工时定额、产量定额等；物资消耗定额，材料、动力、工具消耗定额；费用定额，如有关制造费用或管理费用的限额；质量定额，如产品合格率、废品率、返修率等；设备利用定额，如固定资产利用率等。

产品的各项消耗定额，既是编制成本计划、分析和考核成本水平的依据，也是审核和控制成本的标准；而且在计算产品成本时，往往要用产品的材料、工时等的定额消耗量或定额费用作为分配实际费用的标准。因此，为了加强生产管理和成本管理，企业必须建立和健全定额管理制度，凡是能够制定定额的各种消耗，都应该制定先进、合理、切实可行的消耗定额，并随着生产的发展、技术的进步、劳动生产率的提高，不断修订消耗定额，以充分发挥其提高经营管理效益的作用。

▶ 4. 做好企业内部结算价格的制定和修订工作

内部结算是指对企业内部各部门、车间之间的经济事项，运用货币形式进行等价交换结算，以明确经济责任的一种管理形式。内部结算价格是指企业内部各单位之间计价结算的价格。在企业的生产经营活动中，企业内部各业务单位之间往往会相互提供原材料、辅助材料、燃料、动力、在产品、半成品和各种劳务等，为了分清各业务单位的经济责任，明确各自的工作业绩以及总体的评价与考核的要求，应制定合理的企业内部结算价格。

(三) 正确划分各种费用界限

为了正确地进行成本核算，正确地计算产品成本和期间费用，必须正确划分以下5个方面的费用界限。

▶ 1. 正确划分应否计入生产费用、期间费用

2-4 微课视频

正确划分收益性支出与资本性支出、营业外支出的界限。企业发生的费用有很多项目，根据"谁受益（或谁消耗）谁负担"的原则，凡生产过程中消耗的各种材料、人工和制造费用都应计入生产费用。否则，就不能计入生产费用。构建固定资产，购买无形资产等资本性支出应计入相关资产；支付的各种滞纳金、赔款、捐赠、赞助款等应计入营业外支出。支付股利应计入利润分配。管理费用、财务费用、销售费用等均不应计入生产费用，而应计入期间费用。

2-5 知识链接

▶ 2. 正确划分各月份的生产费用和期间费用

正确划分本期费用与后期费用界限。根据会计分期原则，为了及时反映和考核费用开支情况，需要定期分月进行成本计算。根据权责发生制原则，发生的费用应该按受益原则分配到有关的月份中：①凡已开支但应由以后月份负担的费用，应记入"待摊费用"账户。②本月份支付但应由以前月份负担的费用，由于在以前月份已经把费用做了预计，并记入"其他应付款——预提费用"账户，本月做冲减。③应由本月份负担的费用，不管是否已经支付，都应计入本月份费用。

▶ 3. 正确划分生产费用与期间费用的界限

在企业发生的各种费用支出中，凡应该计入本月份由当月份负担的费用，应进一步区

分产品成本和期间费用的界限。凡在产品生产过程中发生的费用,属于生产费用,应该记入"生产成本"和"制造费用"账户,产品完工后再转入"库存商品"等账户。销售后再转入"营业成本"账户,期末结转本年利润。凡在非生产领域中发生的管理费用、销售费用和财务费用都属于期间费用,其处理方法比较简单,在期末一次全部转入"本年利润"账户,一次冲减当期损益。

▶ 4. 正确划分各种产品的生产费用界限

如果企业只生产一种产品,那么全部生产费用就是这种产品的生产费用。但一般的企业都不止生产一种产品,这就需要把全部生产费用在几种产品之间进行分配。凡能分清应由哪种产品负担的费用,就应直接计入该种产品的生产成本;凡由几种产品共同负担的费用,则要采用恰当的标准(根据"受益原则")进行分配,间接计入相应产品的生产成本;最终把各种产品的生产成本计算出来。

▶ 5. 正确划分完工产品与在产品的生产费用界限

产品完工,成本全部为完工产成品成本;产品全部未完工,成本全部为在产品成本。但通常情况下,往往是既有完工产成品,又有在产品,需要把总的产品成本在完工产成品和在产品之间进行分配,一件在产品应该比一件产成品负担的成本要少,在产品尚未完工,消耗的资源比产成品要少,完工产品与在产品之间的成本分配要考虑完工程度。分配的方法有约当产量法、定额法、定额比例法等。

以上5个方面费用界限的划分过程,也就是产品生产成本的计算和各项期间费用的归集过程。在这一过程中,应贯彻受益原则,即何者受益何者负担费用,何时受益何时负担费用;负担费用的多少应与受益程度的大小成正比。

(四) 正确确定财产物资的计价和价值结转方法

企业财产物资计价和价值结转方法主要包括:固定资产原值的计算方法、折旧方法、折旧率的种类和高低,固定资产修理费用是否采用待摊或预提方法以及摊提期限的长短;固定资产与低值易耗品的划分标准;材料成本的组成内容、材料按实际成本进行核算时发出材料单位成本的计算方法、材料按计划成本进行核算时材料成本差异率的种类、采用分类差异时材料类距的大小等;低值易耗品和包装物价值的摊销方法、摊销率的高低及摊销期限的长短等。

企业的生产经营活动也是消耗财产物资的活动。例如在工业企业生产活动中,材料等实物逐渐转变为在产品、半成品、产成品等,同时直接材料等价值也逐渐转移其中。因而财产物资的计价和价值结转方法是否合适,会对成本核算的准确性产生很大影响。

因此,为了正确地计算成本,对于各种财产物资的计价和价值的结转方法,都应采用既合理又简便的方法;国家有统一规定的,应采用国家统一规定的方法,并要结合企业自身的特点来选择恰当的方法。各种方法一经确定,应保持相对稳定,不能随意改变,以保证成本信息的可比性。

(五) 适应生产特点和管理要求,采用适当的成本计算方法

产品成本的计算,关键是选择适当的产品成本计算方法。产品成本是在生产过程中形

成的，企业应根据产品的生产工艺过程、生产组织方式以及成本管理的要求不同，选择适当的成本计算方法，来满足企业生产经营管理的要求。

第二节　生产费用的分类

工业企业的成本核算，是将企业发生的各项生产费用分配计入产品成本，从而计算出产品的总成本和单位成本的过程。为了正确进行成本核算，首先需要对生产费用按一定标准进行分类。

生产费用可以按不同的标准进行分类。为了进行成本核算，生产费用一般按以下标准进行分类。

（一）生产费用按经济内容（具体内容）进行分类

生产费用按经济内容进行分类，回答的是在生产过程中消耗了什么。消耗了多少活劳动，消耗了多少物化劳动，该分类比较具体、详细。

生产费用按经济内容分类，称为费用要素（主要因素）。凡为生产产品和提供劳务而开支的货币资金以及消耗的各项实物资产，均称为费用要素。生产企业的生产费用一般可分为以下6项要素费用：

2-6 微课视频

（1）外购材料：指企业为了生产产品和提供工业性劳务而消耗的由外部购入的原料及主要材料、辅助材料、外购半成品、外购周转材料（如包装物和低值易耗品）等。

（2）外购燃料：是指企业为生产产品和提供劳务而耗用的一切由外部购入的各种固体、液体、气体燃料。

（3）外购动力：是指企业为生产产品和提供劳务而耗用的一切由外部购入的电力、蒸汽等各种动力。

（4）职工薪酬：是指企业为生产产品和提供劳务而发生的职工工资、福利费、各项社会保险及住房公积金等。

（5）折旧费：是指企业按规定计提的固定资产折旧费。

（6）利息支出：是指企业应计入财务费用的借款利息支出减去利息收入。

（7）税金：企业应计入管理费用的各种税金，如印花税、房产税、车船使用税和土地使用税等。

（8）其他支出：是指企业为生产产品和提供劳务而发生的不属于以上要素费用的费用支出。如车间发生的办公费、差旅费、水电费、保险费等。

上述是对生产费用按经济内容分类，是指对那些计入产品生产成本的费用所进行的分类，没有包括期间费用。生产费用按经济内容分类可以了解生产过程中物化劳动和活劳动的耗费情况。

（二）生产费用按经济用途（成本项目）分类

生产费用的经济用途，是指生产费用在生产产品和提供劳务过程中的实际用途。生产费用按经济用途分类，通常称为成本项目，也就是构

2-7 微课视频

成产品生产成本的项目。

工业企业产品的生产成本（制造成本），一般可分为以下3个成本项目：

（1）直接材料：包括企业生产过程中实际消耗的原材料、辅助材料、设备配件、外购半成品、燃料、动力、包装物以及其他直接材料。

（2）直接人工：包括企业直接从事产品生产人员的工资薪酬、福利费，以及企业为职工计提的各项社会保险和住房公积金等。

（3）制造费用：是指生产单位（车间、分厂等）为组织和管理生产发生的间接费用，和一部分不便于直接计入产品成本，而没有专设成本项目的直接费用（如机器设备的折旧费）。制造费用包括企业生产单位管理人员的工资薪酬、固定资产的折旧费、机物料消耗、低值易耗品摊销、取暖费、办公费、劳保费、运输费、保险费等。

2-8 知识链接

以上是生产成本的3个主要的成本项目。企业可以根据生产特点和企业管理的要求对上述成本项目做适当调整：若对于管理上需要单独核算的，或比重较大的，可单设成本项目，如"燃料和动力""废品损失""停工损失"等项目；若燃料、动力耗用较少，则可并入"直接材料"和"制造费用"项目。

（三）生产费用按与产品生产的关系分类

生产费用按与产品生产的关系分类，可分为直接生产费用和间接生产费用两类。

（1）直接生产费用：指消耗以后能够形成产品实体或有助于产品形成的费用，如直接材料费、直接人工费、机器设备折旧费等。

（2）间接生产费用：指消耗后与产品的形成没有直接关系的费用，如车间管理人员的职工薪酬、车间办公费、保险费、取暖费等。

2-9 微课视频

（四）生产费用按计入产品成本的方法分类

生产费用按计入产品成本的方法不同，可以分为直接计入费用和间接计入费用两类：

（1）直接计入费用：是指发生后能分清是哪种产品耗用的、可以直接计入某种产品成本的生产费用。如A产品耗用了甲材料500kg、材料费4 000元。

2-10 微课视频

（2）间接计入费用：是指几种产品共同耗用的，而且不能直接分清哪种产品耗用了多少的生产费用。间接计入费用不能直接计入某种产品成本，而必须先按照一定标准进行分配，然后将分配结果分别计入各种产品成本。如生产A、B产品共同耗用甲材料300kg、材料费2 400元。

第三节 成本核算的一般程序和账户体系

一、成本核算的一般程序

成本核算的一般程序是指对企业在生产经营过程中发生的各项生产费用和期间费用，

按照成本核算的要求，逐步进行归集和分配，最后计算出各种产品的生产成本和各项费用的过程。具体程序如下。

▶ 1. 根据生产特点和成本管理的要求，确定成本核算对象

由于企业的生产特点、管理要求、规模大小、管理水平的不同，企业成本的计算对象也不相同。对于制造企业而言，产品成本计算的对象一般包括产品品种、产品批别、产品的生产步骤等3种。因此，企业应根据自身的生产特点与管理要求选择合适的成本核算对象。

▶ 2. 确定成本项目

如前所述，根据企业自身要求，计算产品生产成本一般应当设置"直接材料""直接人工""制造费用""燃料及动力""废品损失"等成本项目。

▶ 3. 设置有关成本和费用明细账

设置如生产成本明细账、制造费用明细账、产成品明细账和自制半成品明细账等。

▶ 4. 确定成本项目计算期

成本计算期是指成本计算的间隔期，即多长时间计算一次成本。结合企业生产组织特点，通常在大量、大批生产的情况下，产品成本的计算期间与会计期间是一致的；在单件、小批量生产的情况下，产品成本的计算期间则与产品的生产周期一致。

▶ 5. 设置有关成本和费用明细账

如设置生产成本明细账、制造费用明细账、产品成本明细账和自制半成品明细账。

▶ 6. 审核生产费用

主要是确定各项费用是否应该开支，开支的费用是否应该计入产品成本。

▶ 7. 归集所发生的全部生产费用并分配

生产费用的归集与分配包括各生产要素费用的归集与分配、跨期待摊费用的归集与分配、辅助生产费用的归集与分配、制造费用的归集与分配、生产费用在完工产品与在产品之间的分配。

▶ 8. 计算完工产品成本和月末在产品成本

对既有完工产品又有月末在产品的产品，应将归集的生产费用采用适当的方法进行分配，求得完工产品成本和月末在产品成本。

二、成本核算的账户体系

为满足企业成本核算的需要和反映和监督企业生产经营过程中发生的各项成本费用，必须设置有关成本费用账户。制造企业一般设置"生产成本""制造费用""长期待摊费用""管理费用""销售费用""财务费用"等成本费用类账户。

（一）"生产成本"账户

生产成本是生产单位为生产产品或提供劳务而发生的各项生产费用，包括各项直接支出和制造费用。直接支出包括直接材料（原材料、辅助材料、备品备件、燃料及动力等）、直接工资（生产人员的工资、补贴）、其他直接支出（如福利费）；制造费用是指企业内的分厂、车间为组织和管理生产所发生的各项费用，包括分厂、车间管理人员工资、折旧费、

维修费、修理费及其他制造费用(办公费、差旅费、劳保费等)。为了核算生产成本,可设置"生产成本"账户进行核算,并可以分设"基本生产成本"和"辅助生产成本"两个二级账户核算。"生产成本—基本生产成本"借方登记包括直接材料费、直接工资、其他直接费用以及分配转入的间接费用;贷方登记转入"库存商品"等账户的完工产品的制造成本。期末借方余额表示生产过程尚未完工产品的成本,即期末在产品成本。"生产成本—辅助生产成本"借方登记辅助生产车间所发生的直接费用和从"制造费用"账户转入的该车间各项制造费用,贷方登记"原材料""周转材料"等账户的完工产品的制造成本及分配转入受益部门的劳务成本。期末余额在借方,表示该车间尚未完工的在产品(如自制材料、工具等)的成本。

(二)"制造费用"账户

制造费用是指企业为生产产品和提供劳务而发生的各项间接费用,包括企业生产部门(如生产车间)发生的水电费、固定资产折旧、无形资产摊销、管理人员的职工薪酬、劳动保护费、国家规定的有关环保费用、季节性和修理期间的停工损失等。该账户应按不同的生产单位设立明细账,账内按照费用项目设立专栏或专户,分别反映生产单位各项制造费用的发生情况。辅助生产车间如果只生产单一品种或只提供一种劳务而且制造费用数额较小,为了减少转账手续,对发生的各项制造费用,也可以不通过"制造费用"账户核算,直接记入"辅助生产成本"账户。"制造费用"账户属于成本类账户,借方登记归集发生的制造费用,贷方反映制造费用的分配,月末一般无余额。

(三)"长期待摊费用"账户

"长期待摊费用"账户用于核算企业已经支出,但摊销期限在1年以上(不含1年)的各项费用,包括固定资产修理支出、租入固定资产的改良支出以及摊销期限在1年以上的其他待摊费用;企业发生的长期待摊费用,借记本科目,贷记有关科目,如"银行存款""原材料"等科目。摊销长期待摊费用,借记"管理费用""销售费用"等科目,贷记本科目。

(四)"管理费用"账户

管理费用是指企业行政管理部门为组织和管理生产经营活动而发生的各种费用。包括的具体项目有:企业董事会和行政管理部门在企业经营管理中发生的,或者应当由企业统一负担的公司经费、工会经费、待业保险费、劳动保险费、董事会费、聘请中介机构费、咨询费、诉讼费、业务招待费、办公费、差旅费、邮电费、绿化费、管理人员工资及福利费等。该科目借方登记企业发生的各项管理费用,贷方登记期末转入"本年利润"科目的管理费用,结转后该科目应无余额。该科目按管理费用的费用项目进行明细核算。

(五)"销售费用"账户

销售费用是指企业销售商品和材料、提供劳务的过程中发生的各种费用,包括企业在销售商品过程中发生的保险费、包装费、展览费和广告费、商品维修费、预计产品质量保证损失、运输费、装卸费等以及为销售本企业商品而专设的销售机构(含销售网点,售后服务网点等)的职工薪酬、业务费、折旧费等经营费用。企业发生的与专设销售机构相关的固定资产修理费用等后续支出也属于销售费用。该科目借方登记企业所发生的各项销售费用，贷方登记期末转入"本年利润"科目的销售费用，结转后，"销售费用"科目应无余额。"销售费用"科目应按销售费用的费用项目进行明细核算。

(六)"财务费用"账户

财务费用是指企业为筹集生产经营所需资金等而发生的费用。具体项目有：利息净支出(利息支出减利息收入后的差额)、汇兑净损失(汇兑损失减汇兑收益的差额)、金融机构手续费以及筹集生产经营资金发生的其他费用等。企业发生的财务费用在"财务费用"科目中核算，并按费用项目设置明细账进行明细核算。企业发生的各项财务费用借记"财务费用"科目，贷记"银行存款""其他应付款——预提费用"等科目；企业发生利息收入、汇兑收益时，借记"银行存款"等科目，贷记"财务费用"科目。月终，将借方归集的财务费用全部由"财务费用"科目的贷方转入"本年利润"科目的借方，计入当期损益。结转当期财务费用后，"财务费用"科目期末无余额。

产品成本核算的账户处理程序如图 2-1 所示。

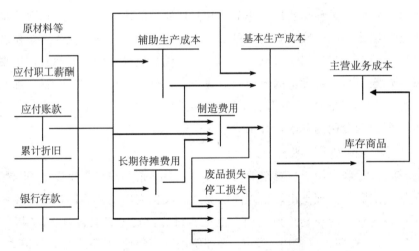

图 2-1 产品成本核算的账户处理程序

本章小结

成本核算的学习要求有 5 个，其中"正确划分各种费用的界限"这一要求应理解。为了正确计算产品成本，一定要正确划分各种费用界限。

第一是要正确划分是否计入生产费用和期间费用的界限。

第二是生产费用和期间费用的界限一定要划分清楚，分清哪些费用应该计入生产费用，哪些费用做期间费用处理。比如说生产工人的工资应该做生产费用处理，厂部行政管理人员的工资应该做管理费用处理，也就是做期间费用处理。所以不同的费用支出应该计入不同的费用里。

第三是正确划分各月份的生产费用和期间费用的界限。这应该是遵循权责发生制的原则。有些费用虽然没有支付，但是应该由本期负担，按照权责发生制的原则应该计入当期，由当期的成本来负担。实际上就是该摊销的一定要予以摊销，该做预提的一定要预提出来计入本期去。这完全是遵循权责发生制的原则对有关的费用进行相应的核算。

第四是正确划分各种产品的生产费用的界限。比如一个车间生产甲、乙、丙三种产品，那么在进行生产费用或进行费用核算的时候，一定要划分清楚哪些费用应该由甲产品负担，哪些费用由乙产品负担，哪些费用由丙产品负担。也就是说费用要在各种产品之间要进行分配。要划分清楚各种产品的费用界限。

第五是要正确划分完工产品与在产品的生产费用界限。比如甲产品的生产费用确定出来了应该由甲产品负担多少。

另外，本章介绍了生产费用和期间费用的分类。生产费用的分类主要有3个标准：

第一个是将生产费用按经济内容来划分，把生产费用划分为若干个要素费用，比如有材料费、燃料费、工资费用、折旧费等。

第二个是将生产费用按照经济用途来划分，把工业企业的生产费用设置成若干个项目，也称为成本项目。在计算产品成本的时候都是按照成本项目来设置进行计算的，故应掌握此内容。

成本项目主要包括4个方面：

一是原材料或叫直接材料。二是燃料和动力，或叫直接燃料和动力。三是工资及福利费，也叫直接人工。四是制造费用。

第三个是按照计入产品成本的方法来进行分类，把生产费用分为直接计入费用和间接计入费用。直接计入费用指的是费用发生时负担对象很清楚，这样的费用为直接计入费用，比如生产工人的工资，生产产品所消耗的材料。还有一类费用是间接计入费用，它的主要特点就是费用发生时负担对象不清楚，比如车间的办公费、水电费。如果车间生产3种产品，车间的办公费在发生时就不能分清甲产品应负担多少，乙产品应负担多少，那么车间的办公费、水电费，以及车间管理人员的工资这些间接计入费用，应该是到期末的时候采用一定的方法分配计算甲、乙、丙产品各负担多少期间费用，按照经济用途来划分，分为管理费用、财务费用和销售费用。

关于成本核算的一般程序和主要的会计账户，即成本核算经过哪些程序和步骤要求掌握。另外，本章还介绍了一下进行成本核算时应设置哪些主要账户来进行相应的核算。应该设置的账户有：基本生产成本、辅助生产成本、废品损失、制造费用、管理费用、销售费用、财务费用、待摊费用等。

复习思考题

1. 成本核算的原则有哪些？
2. 企业成本核算的要求有哪些？
3. 生产费用分几类？
4. 简述成本核算的一般程序和账户设置。

| 线上课堂——训练与测试 |

扫描封底二维码刮刮卡，获取答题权限。

在线自测

第三章 要素费用的核算

> **学习目标**
>
> 本章将学习和掌握：①各种要素费用的分配程序和方法，包括材料费用、外购动力费用、人工费用；②辅助生产费用的归集与分配方法；③制造费用的归集与分配方法；④各种费用的归集与分配方法；⑤各种费用的核算和会计业务处理。

引言

费用是指企业一定时期内在生产经营过程中所发生的各种耗费的资源的货币表现。费用按照其经济内容不同所做的分类，在会计上称为费用要素。

工业企业发生的各种要素费用，按照经济用途、部门和受益对象在总体上可以按照一定的原则进行归集和分配。企业应当根据生产经营的特点和管理要求，以正常生产能力水平为基础，按照资源耗费方式确定合理的分配标准。

第一节 材料费用的核算

一、材料费用核算概述

产品成本中材料费用是指企业生产经营过程中耗费原材料（原料及主要材料）、辅助材料、设备配件、外购半成品、燃料、低值易耗品、包装物等而发生的费用。材料是产品生产过程中必不可少的要素费用，而且其占产品成本的比重较大，因而对材料费用的核算尤为重要。工业企业生产用材料费用，按其在生产中的不同用途，可以分为以下几类。

▶ 1. 原料及主要材料

原料及主要材料是指经过加工制造就可以成为产品主要实体的各种原料和材料。原料是指生产中直接取之于大自然的劳动对象，一般是指来自于矿业和农业、林业、牧业、渔业的产品。材料一般是指经过一些工业加工的产品。例如矿业生产的铁矿石是原料，将铁矿石加工为钢铁就变成材料。

▶ 2. 辅助材料

辅助材料是指用于生产的，有助于产品形成或便于生产进行，但不构成产品主要实体部分的材料，例如机器用的润滑油、辅助材料进行加工的增稠剂等。

3. 设备配件

设备配件是指为修理机器设备和运输工具等固定资产而持有的各种配件，如齿轮、轴承、扣件等。

4. 外购半成品

外购半成品是指从企业外部采购需要本企业进一步加工或者装配，已由外单位加工处理过的原材料，如生产汽车的企业外购的轮胎、玻璃等。

5. 燃料

燃料是指生产过程中用来燃烧、能产生热能（或动力）、光能的可燃物，主要为含碳物质或碳氢化合物。其主要有固体燃料（如煤、木材）、液体燃料（如柴油、汽油）和气体燃料（如天然气、煤气）。按其作用来说，燃料也属于辅助材料，如果在企业中燃料消耗大，按照重要性原则也可单列核算。

6. 低值易耗品

低值易耗品是指不符合固定资产确认条件的各种用具物品，如加工用具、玻璃器皿、周转容器等。

7. 包装物

包装物是指为包装产品而持有的各种包装容器，如桶、箱、瓶、罐等。

企业通常设置"原材料""燃料""低值易耗品""包装物"等账户来对上述材料存货来核算。

二、原材料费用的归集

原材料费用的核算，首先应对材料费用进行归集，主要做好如下工作。

（一）建立健全发出材料的计量制度

发出材料的计量有两种制度：永续盘存制和实地盘存制。

1. 永续盘存制

永续盘存制又称"账面盘存制"，它是指平时对各项材料物资的增减变动都必须根据会计凭证逐日逐笔地在有关账簿中登记，并随时结算出其账面结存数量的一种盘存方法。采用这种盘存方法，需按材料物资的项目设置数量金额式明细账并详细记录，以便及时地反映各项材料物资的收入、发出和结存的情况。另外为了保证账实相符，期末还需要对实物进行盘点。其计算公式如下：

期初结存数＋本期增加数－本期发出减少数＝期末结存数

优点：有利于加强对材料物资的管理。

缺点：日常的工作量较大。

2. 实地盘存制

实地盘存制又称"定期盘存制"，也叫"以存计销制"或"以存计耗制"。它是指平时只在账簿中登记各项材料物资的增加数，不登记减少数，期末通过材料物资盘点来确定其实有数并据以倒算出本期材料物资减少数的一种盘存方法。其计算公式如下：

本期减少数＝期初结存数＋本期增加数－期末实有数

优点：实地盘存制可以简化日常工作。

缺点：不能随时反映库存材料物资的发出结存情况，也不利于加强材料物资的管理，如可能会将贪污盗窃、管理不善等原因造成的材料缺损隐含在材料的消耗中，所以本方法只适用于那些低廉材料或者材料管理较好的企业。

（二）建立健全领、发料凭证制度

材料发出必须办理一定的手续和填制有关的原始凭证，以加强对材料费用的控制，明确有关经济责任。材料发出的凭证主要有领料单、限额领料单、领料登记表等。

（三）建立健全材料退料制度

月末车间已领料未用的材料要填制"退料单"办理退料手续。为了正确计算生产成本，对于月末领而未用，下月仍需要继续使用的材料，也要办理"假退料"，即填制本月份的"退料单"和下月份的"领料单"，交给材料仓库办理退料和领料手续，但实物留在车间不退回。

（四）建立健全盘点制度

盘点制度是指为了保证材料物资账卡物的一致性，企业应当建立健全财产物资的定期或不定期的盘点制度，来加强材料存货资产管理，保障存货资产的安全性、完整性、准确性，及时、真实地反映存货资产的结存及利用状况，使资产盘点更加规范化、制度化。

三、发出材料成本的核算

材料发出的日常核算可按实际成本，也可按计划成本进行。为了核算和监督材料物资的增减变动情况，正确地核算产品成本中的材料费用，原则上最终必须要按照实际成本对材料进行计价，但在实务中，有的企业采用实际成本法，有的企业采用计划成本法。

▶ 1. 实际成本核算

按实际成本法进行材料的日常核算时，收料凭证按收到材料的实际成本计价。材料明细账中收到材料的金额，应根据按实际成本计算的收料凭证进行登记。由于同一种材料购入时间和地点有所不同，各批材料的实际价格可能不一致，因而就产生了消耗材料按什么价格来计算的问题。

在实际工作中，发出材料按实际成本计价的方法，有个别计价法、先进先出法、月末一次加权平均法、移动加权平均法。实际成本核算法工作量大，适用种类少、收发量小、市场价格比较稳定的存货。

▶ 2. 计划成本核算

材料按计划成本法核算是指每一种材料的收发结存，都按预先确定的计划成本法计价。需要设置"原材料""材料采购""材料成本差异"账户进行核算。一般在"原材料"账户中计入材料的计划成本，计划成本与实际成本的差异在"材料成本差异"账户核算，借方登记实际成本大于计划成本的差异额（超支额）和分配的材料节约额；贷方登记实际成本小于计划成本的差异额（节约额）和分配的材料超支额。平时存货收或发都按计划成本，期末再计算发出材料的成本差异并进行分摊。这种方法适用种类多、收发量大、市场价格波动大的存货。

与材料成本差异有关的计算公式如下：

$$月初材料成本差异率 = \frac{月初结存材料的成本差异}{月初结存材料的计划成本} \times 100\%$$

$$本月(月末)材料成本差异 = \frac{月初结存材料的成本差异 + 本月收入材料的成本差异}{月初结存材料的计划成本 + 本月收入材料的计划成本} \times 100\%$$

发出材料应负担的成本差异 = 发出材料的计划成本 × 材料成本差异率

四、原材料费用的分配核算

在核算过程中，能够直接明确其成本计算对象的就直接归集到该成本计算对象中，几种成本计算对象共同耗用的材料则要采用适当的方法分配计入。

(一) 原材料费用分配对象的确定

用于基本车间生产产品耗用的材料费用，若能分品种领用，则直接记入"基本生产成本"总账科目及其明细账的"直接材料"成本项目；若为几种产品共同耗用，则应采取适当的分配方法，间接记入"基本生产成本"总账科目及其明细账的"直接材料"成本项目。

用于辅助车间的材料费用，应记入"辅助生产成本"科目。

用于生产车间一般性消耗的机物料费用，应记入"制造费用"科目。

用于企业行政管理部门、销售场所消耗的材料等费用，应分别记入"管理费用"和"销售费用"或"财务费用"科目。

由于原料及主要材料的耗用量一般与产品的重量、体积有关，所以其分配一般可按产品的重量和体积比例分配。如各种铁铸件所用的原料生铁可按铸件的重量比例分配；各种木器所用的主要材料——木材，可以按照木器净用材料的体积比例分配。

在材料消耗定额比较准确的情况下，原材料费用也可以按照材料的定额消耗量比例或定额费用比例进行分配。

(二) 原材料费用分配方法

3-1 微课视频

▶ 1. 基本方法

(1) 材料定额耗用量比例法。

按原材料定额消耗量比例分配原材料费用程序：

①计算出各种产品应分配的原材料实际消耗量；②计算各种产品原材料定额消耗量；③计算材料耗用量分配率；④计算出各种产品应分配的原材料实际费用。

计算公式：

某种产品原材料定额耗用量 = 该种产品实际产量 × 单位产品原材料消耗定额

原材料耗用量分配率 = 原材料实际消耗总量 ÷ 各种产品原材料定额耗用量之和

某种产品应分配的原材料实际消耗量 = 该种产品原材料定额耗用量 × 原材料耗用量分配率

某种产品应分配的原材料实际费用 = 该种产品应分配的原材料实际消耗量 × 材料价格

【例3-1】 武湖蛋糕厂9月生产直径30cm的大蛋糕1 000只和直径为5cm的小蛋糕6 000只，面粉消耗定额为：大蛋糕3kg，小蛋糕为0.2kg。当月实际消耗面粉为5 040kg，面粉的实际单位成本为2.50元。求1 000只大蛋糕和6 000只小蛋糕各应负担多少面粉费用？

解析：

首先，确定需要分配的是实际消耗的面粉费用：5 040kg×2.50元。

其次，确定各分配对象的分配标准，是用产量标准还是面粉的定额消耗量标准？

最后，计算分配率，并按各分配对象各自的分配标准数进行分配。

按材料的定额消耗量标准分配的结果是：

大蛋糕的面粉定额消耗量＝1 000×3＝3 000(kg)

小蛋糕的面粉定额消耗量＝6 000×0.2＝1 200(kg)

材料(面粉)费用分配率＝5 040/(3 000＋1 200)＝1.2

1 000只大蛋糕应负担的面粉费用＝3 000×1.2×2.5＝9 000(元)

6 000只小蛋糕应负担的面粉费用＝1 200×1.2×2.5＝3 600(元)

在实际工作中为简化计算，也可以按定额消耗量比例直接分配原材料费用：

原材料费用分配率＝原材料费用总额÷各种产品材料定额耗用量之和

某种产品应分配的材料费用＝该种产品的定额耗用量×原材料费用分配率

【例3-2】 某企业基本生产车间20××年12月生产A、B、C三种产品，如表3-1所示，从仓库一次性领用甲材料3 600kg，材料单价20元/kg，共计72 000元，三种产品本月的产量分别为A产品120件，B产品180件，C产品240件；三种产品甲材料的消耗定额分别为A产品2.4kg，B产品4.8kg，C产品7.2kg。采用定额消耗量比例分配法在三种产品之间分配甲材料。

解析：

1) 分配标准：

A产品原材料定额消耗量＝120×2.4＝288(kg)

B产品原材料定额消耗量＝180×4.8＝864(kg)

C产品原材料定额消耗量＝240×7.2＝1 728(kg)

2) 原材料费用分配率＝72 000÷(288＋864＋1 728)＝25(元/kg)

3) 原材料费用：

A产品应分配的原材料费用＝288×25＝7 200(元)

B产品应分配的原材料费用＝864×25＝21 600(元)

C产品应分配的原材料费用＝1 728×25＝43 200(元)

表3-1 甲材料费用分配表

20××年12月

产品名称	实际产量/件	单位产品消耗定额/kg	材料定额消耗量/kg	分配率/(元/kg)	分配金额/元
A产品	120	2.4	288		7 200

续表

产品名称	实际产量/件	单位产品消耗定额/kg	材料定额消耗量/kg	分配率/(元/kg)	分配金额/元
B产品	180	4.8	864		21 600
C产品	240	7.2	1 728		43 200
合计	—	—	2 880	25	72 000

两种分配方法计算的结果是一样的，但这种方法不能提供原材料实际消耗量资料，因此不便于考核材料消耗定额的执行情况及加强实物管理。

(2)材料定额费用比例法。

定额费用比例分配法是以产品消耗材料的定额费用作为分配标准分配材料费用。

计算公式如下：

某种产品原材料定额费用＝该种产品实际产量×单位产品原材料费用定额

（或）＝该种产品实际产量×单位产品原材料消耗定额×材料计划单价

原材料费用分配率＝原材料费用实际费用÷各种产品原材料定额费用之和

某种产品应分配的实际原材料费用＝该种产品原材料定额费用×原材料费用分配率

【例3-3】 某企业基本生产车间20××年12月生产甲、乙两种产品，如表3-2所示，共同耗用A材料27 560元。本月两种产品的实际产量分别为300件和200件，单位产量的A材料消耗定额分别为2kg和3.5kg，A材料的单价为20元。采用定额费用比例分配A材料费用。

解析：

甲产品原材料定额费用＝300×2×20＝12 000(元)

乙产品原材料定额费用＝200×3.5×20＝14 000(元)

原材料费用分配率＝27 560÷(12 000＋14 000)＝1.06

甲产品应分配的实际原材料费用＝12 000×1.06＝12 720(元)

乙产品应分配的实际原材料费用＝14 000×1.06＝14 840(元)

表3-2 A材料费用分配表

20××年12月

产品名称	单位产品材料消耗定额/元	材料单价/元	单位产品材料费用定额/元	实际产量/kg	材料定额费用/元	原材料费用分配率(元/kg)	分配金额/元
甲产品	2		40	300	12 000		12 720
乙产品	3.5		70	200	14 000		14 840
合计	—	20	110	500	26 000	1.06	27 560

材料费用分配的账务处理。

根据"发出材料汇总表"和"材料费用分配表"编制会计分录如下：
借：基本生产成本——A产品
　　　　　　　　——B产品
　　　　　　　　——C产品
　　制造费用——基本生产车间
　　辅助生产成本——××车间
　　管理费用
　　贷：原材料——甲材料

如果有余料退库和废料收回业务，应根据退料凭证和废料缴库凭证，扣减原领用的材料费用。月末已领未用的材料，如果下月生产还需使用，应办理假退料手续，以冲减当月生产费用。各种材料费用的分配是通过编制材料费用分配表进行的该表应根据领退料凭证和有关凭证编制，其中退料凭证的数额可以从相应的领料凭证的金额中扣除。

五、燃料费用的核算

燃料实际也是材料，因而燃料费用核算分配及账务处理与材料费用分配及账务方法相同。如果燃料费用在产品成本中比重较大，为加强管理，可增设"燃料"账户进行核算，并与动力费用一起专设"燃料和动力"成本项目。如果燃料费用在产品成本中所占比重较小，则不专设成本项目，可以将其并入"直接材料"成本项目。

3-3 微课视频

▶ 1. 分配核算方法

（1）直接用于产品生产的燃料，在只生产一种产品或者是按产品品种分别领用，直接记入各种产品成本明细账的"燃料和动力"成本项目或"直接材料"成本项目。

（2）如果不能按产品品种分别领用，而是几种产品共同耗用的燃料，应采用适当的分配方法在各种产品之间进行分配，然后再记入各种产品成本明细账的"燃料和动力"成本项目或"直接材料"成本项目。

▶ 2. 分配标准

产品的重量、体积、所耗原材料的数量或费用、燃料的定额消耗量或定额费用等；如果所耗燃料费用与各产品所耗的生产工时成正比，也可按各产品的生产工时标准进行分配。

▶ 3. 燃料费用的分配及账务处理方法

与原材料费用的分配及账务处理方法相同。

直接用于产品生产的燃料费用，应记入"基本生产成本"总账和所属明细账借方的"燃料和动力"成本项目。

车间管理消耗的燃料费用（如生产车间一般性机物料消耗）、辅助生产消耗的燃料费用、厂部进行生产经营管理消耗的燃料费用、进行产品销售消耗的燃料费用等，应分别记入"制造费用（基本生产车间）""辅助生产成本""管理费用""销售费用"等账户的费用（或成本)项目。

已领用的燃料费用总额,应记入"燃料"账户的贷方。

燃料费用的分配通过编制燃料费用分配表进行,如例3-4。

【例3-4】 武湖蛋糕厂本月生产蛋糕共消耗天然气费用2 800元,所用生产工时记录如下:大蛋糕500小时,小蛋糕200小时。如表3-3所示。

天然气费用分配率=2 800÷(500+200)=4(元/小时)

大蛋糕应分配的天然气费用=500×4=2 000(元)

小蛋糕应分配的天然气费用=200×4=800(元)

表3-3 武湖蛋糕厂 燃料费用分配表

20××年12月

应借科目		成本项目	生产工时/小时	分配率(元/小时)	燃料费分配金额/元
基本生产成本	大蛋糕	燃料和动力	500	4	2 000
	小蛋糕	燃料和动力	200	4	800
	小计	燃料和动力			2 800
辅助生产成本	锅炉				1 000
	机修				500
合计					4 300

根据上述燃料费用分配表,编制会计分录如下:

借:基本生产成本——大蛋糕　　　　　　　　　　　　　　　2 000
　　　　　　　　——小蛋糕　　　　　　　　　　　　　　　　800
　　辅助生产成本——锅炉车间　　　　　　　　　　　　　　1 000
　　　　　　　　——机修车间　　　　　　　　　　　　　　　500
　贷:燃料——天然气　　　　　　　　　　　　　　　　　　4 300

六、低值易耗品费用的分配核算

低值易耗品是指不能作为固定资产的各种用具用品,如工具、管理用具、玻璃器皿劳动保护用品以及生产经营过程周转使用的包装容器等,其特点是单位价值较低,或使用期限相对于固定资产较短,在使用过程中保持原有实物形态基本不变。

应设置"低值易耗品"科目,该科目的借方登记入库的低值易耗品的易耗品的实际成本,贷方登记领用或摊销的价值,余额在借方,表示库存低值易耗品的成本。

(一)低值易耗品的用途分类

低值易耗品按其用途一般可以分成:

一般工具:直接用于生产过程的各种工具,如刀具、夹具、模具及其他各种辅助工具。

专用工具:指专门用于生产各种产品或仅在某道工序中使用的各种工具,如专门模具、专用夹具等。

替换设备：指容易磨损、更换频繁或为生产不同产品需要替换使用的各种设备，如轧制钢材用的轧辊、浇铸钢锭的锭模。

包装容器：指用于企业内部周转使用，既不出租也不出借的各种包装物品，如盛放材料、储存商品的木桶、瓷缸等。

劳动保护用品：指发给工人用于劳动保护的安全帽、工作服和各种防护用品。

管理用具：指管理部门和管理人员用的各种家具和办公用品。如文件柜、打字机等。

其他低值易耗品：指不属于以上各类的低值易耗品。

(二) 低值易耗品的摊销方法

▶ 1. 一次摊销法

一次摊销法是指领用低值易耗品时，将其价值全部一次转入产品成本的方法。这种方法适用于价值低、使用期限短的物品，或易于破损的物品如玻璃器皿等。采用这种方法摊销低值易耗品价值时，其最高单价和适用品种必须严格控制，防止损失浪费，否则会影响各期产品成本负担，以及影响在用低值易耗品的管理。

【例 3-5】 某企业低值易耗品采用一次摊销法核算，基本生产车间领用低值易耗品一批实际成本为 10 000 元。

借：制造费用——基本生产车间　　　　　　　　　　　　　　　　　　10 000
　　贷：低值易耗品　　　　　　　　　　　　　　　　　　　　　　　　　　10 000

▶ 2. 五五摊销法

五五摊销法亦称五成摊销法，就是在低值易耗品领用时先摊销其价值的 50%（五成），报废时再摊销其价值的 50%（扣除残值）的方法。采用这种方法，低值易耗品报废以前在账面上一直保留其价值的一半，表明在使用中的低值易耗品占用着一部分资金，有利于对实物的使用进行管理，防止出现大量的账外物资。这一方法适用于每月领用数和报废数比较均衡的低值易耗品，如果一次领用的低值易耗品数量很大，为了均衡产品成本负担，也可将其摊销额先列入待摊费用，而后分期摊入产品成本。

采用这种方法的企业应在"低值易耗品"总账下，分设"在库低值易耗品""在用低值易耗品"和"低值易耗品摊销" 3 个二级科目，用以核算在用低值易耗品的价值和低值易耗品的摊余价值。

【例 3-6】 武湖蛋糕厂 8 月一车间领用低值易耗品一批，实际成本 10 000 元；同时报废以前月份生产领用的低值易耗品一批，其实际成本为 3 000 元，报废时的残料价值 200 元，残料已入库。

(1) 本月领用低值易耗品时：

借：低值易耗品——在用低值易耗品　　　　　　　　　　　　　　　　10 000
　　贷：低值易耗品——在库低值易耗品　　　　　　　　　　　　　　　　10 000

摊销本月领用的低值易耗品价值的一半：

借：制造费用——基本生产车间　　　　　　　　　　　　　　　　　　 5 000

　　　　贷：低值易耗品——低值易耗品摊销　　　　　　　　　　　　　　5 000
　　（2）本月报废以前月份领用的低值易耗品时，扣除残料价值后摊销其另一半的价值：
　　借：制造费用——基本生产车间　　　　　　　　　　　　　　　　1 300
　　　　原材料——残料　　　　　　　　　　　　　　　　　　　　　　 200
　　　　贷：低值易耗品——低值易耗品摊销　　　　　　　　　　　　　1 500
　　注销已报废的低值易耗品的账面价值：
　　借：低值易耗品——低值易耗品摊销　　　　　　　　　　　　　　3 000
　　　　贷：低值易耗品——在用低值易耗品　　　　　　　　　　　　　3 000

3. 净值摊销法

　　净值摊销法是根据使用部门、单位当期结存的在用低值易耗品净值和规定的月摊销率（一般为10%），计算每月摊销额而计入产品成本的方法。在用低值易耗品的净值是在用低值易耗品的计划成本减去累计摊销额后的余额。采用这种摊销方法，从单项低值易耗品来看，其各期的摊销额随着使用期间的推移，摊余价值的递减而逐期递减。在它报废前会保留一部分未摊销的价值，这样有利于对在用低值易耗品的管理和监督。对比五五摊销法，其产品成本负担比较合理。因此，这种方法适用于种类复杂、数量多、难于按件计算摊销额的低值易耗品。

　　任何方法的使用都是附有条件的，企业可以自主选择低值易耗品的摊销方法，但所用的方法不能随意变动。

　　低值易耗品费用的摊销分配，通常是通过编制"低值易耗品摊销分配表"。摊销分配时，应根据不同的使用部门、用途等记入"基本生产""制造费用""管理费用"等账户及其明细账户有关成本、费用项目。对于企业投入生产经营时一次大量领用的低值易耗品，可作为待摊费用分期摊销。

　　如果采用一次摊销法或分期摊销法的企业，其低值易耗品是按计划成本进行核算的，到月终时应根据低值易耗品类别差异率，把计划成本调整为实际成本。

七、包装物费用的分配核算

1. 包装物的发出

　　（1）用于生产过程包装产品的包装物，作为产品组成部分，应记入产品成本，通常记入"制造费用——基本生产成本"账户。

　　（2）用于销售过程随同产品出售不单独计价的包装物，属于产品销售费用，借记"销售费用"。

　　（3）用于销售过程随同产品出售单独计价的包装物，属于其他经营业务费用，借记"其他业务成本"。

2. 出借、出租包装物

　　出借包装物的价值摊销和修理费用等，作为产品销售的费用处理，借记"销售费用——包装物"科目。

出租包装物属于非主营业务，收取的租金作为其他业务收入，出租包装物的价值摊销和修理费等，借记"其他业务成本——包装物"科目。

【例 3-7】 201×年 6 月 30 日，根据领料原始凭证归集，基本生产车间包装 A 产品，领用木箱 600 只，每只 7.5 元；包装 B 产品，领用木箱 500 只，每只单价 5 元。销售部门领用随货出售不单独计价的编织袋 200 只，每只 2 元；并领用随货出售单独计价包装产品用大木箱 150 只，每只成本单价 20 元。根据上述材料，归集和分配包装物费用，并编制会计分录。

（1）生产领用：

借：制造费用——基本生产车间　　　　　　　　　　　　　　　7 000
　　贷：包装物——木箱　　　　　　　　　　　　　　　　　　　　　7 000

月末结转

借：基本生产成本——A 产品　　　　　　　　　　　　　　　　4 500
　　　　　　　　——B 产品　　　　　　　　　　　　　　　　2 500
　　贷：制造费用——基本生产车间　　　　　　　　　　　　　　　　7 000

（2）销售领用：

借：销售费用　　　　　　　　　　　　　　　　　　　　　　　　400
　　贷：包装物——编织袋　　　　　　　　　　　　　　　　　　　　400
借：其他业务成本　　　　　　　　　　　　　　　　　　　　　3 000
　　贷：包装物——木箱　　　　　　　　　　　　　　　　　　　　3 000

第二节　动力费用的核算

一、外购动力费用的归集

外购动力费用是指企业在生产经营、管理过程中耗用的从外部购进的各种电力、热力等费用，本企业自产的动力不包括在内。

（一）外购动力费用支出的核算

外购动力费用支出的核算一般分为两种情况：

（1）每月支付动力费用的日期基本固定，而且每月付款日到月末的应付动力费用相差不多，将每月支付的动力费用作为应付动力费用，在付款时直接借记各成本、费用账户，贷记"银行存款"账户。

（2）一般情况下要通过"应付账款"账户核算，即在付款时先作为暂付款处理，借记"应付账款"账户，贷记"银行存款"账户，月末按照外购动力的用途分配费用时再借记各成本、费用账户，贷记"应付账款"账户，冲销原来记入"应付账款"账户借方的暂付款。"应付账款"账户借方所记本月所付动力费用与贷方所记本月应付动力费用往往不相等。如果是借方余额，为本月支付款大于应付款的多付动力费用，可以冲抵下月应付费用；如果是贷方余额，为本月应付款大于支付款的应付未付动力费用，可以在下月支付。

（二）外购动力费用分配的核算

外购动力费用的分配，在有仪表记录的情况下，应根据仪表所示耗用动力的数量以及动力的单价计算；在没有仪表的情况下，可按生产工时比例、机器工时比例、定额耗电量比例分配。

3-4 微课视频

外购动力费用的分配通过编制外购动力费用分配表进行。

（1）直接用于产品生产工艺所消耗的动力费用所占成本比重大时，设有"燃料和动力"成本项目的动力费用，应单独地记入"基本生产成本"总账账户和所属有关的产品成本明细账"燃料和动力"成本项目中；所在比重小时，不专设成本项目，合并记入"制造费用"账户核算。

（2）直接用于辅助生产的动力费用，用于基本生产和辅助生产但未专设成本项目的动力费用，应单独记入"辅助生产成本"和所属明细账"燃料和动力费"的借方。

（3）用于生产车间一般消耗的动力费用（如照明、取暖等），应记入"制造费用"所属明细账"水电费"的借方；

（4）用于行政管理部门组织和管理经营活动的动力费用，"管理费用"账户。

（5）用于销售的动力费用应记入"销售费用"账户。

购买时：借："有关成本费用科目"，贷："应付账款"；

支付时：借："应付账款"，贷："银行存款"。

由于外购动力付款期与成本、费用核算期并不一致。"应付账款"科目，如为借方余额，是本月实际支付款项大于应付款的差额，可冲抵下月的应付费用；"应付账款"科目，如为贷方余额，是本月实际支付款项小于应付款的差额，可在下月补付。

二、外购动力的分配

在实际工作中，外购动力费用的分配是通过编制"外购动力费用分配表"进行的，应根据有关转账凭证或付款凭证记入"应付账款"或"银行存款"账户的贷方。

【例3-8】已知某厂20××年12月共发生电费128 700元，各部门耗用量如表3-4所示。

表3-4 各部门耗用量

部　　门	基本生产车间		辅助生产车间	厂　部	销售部门	合　　计
	产品生产用电	照明用电				
耗用量（度）	70 000	10 000	20 000	20 000	23 000	143 000

其中基本生产车间生产A、B两种产品，没有按产品分装电表，规定按生产工时比例分配电费。A产品生产工时30 000小时，B产品生产工时20 000小时。根据以上资料分配电费。

▶1. 计算各部门应分配的电费

（1）计算电费分配率：

分配率＝待分配的电费/用电总量＝$\dfrac{128\ 700}{143\ 000}$＝0.9（元/度）

(2) 计算各受益对象应分配电费：

某受益对象应分配电费＝该受益对象用电量×分配率

基本生产车间产品生产应分配电费＝70 000×0.9＝63 000(元)

基本生产车间照明应分配电费＝10 000×0.9＝9 000(元)

辅助生产车间应分配电费＝20 000×0.9＝18 000(元)

厂部应分配电费＝20 000×0.9＝18 000(元)

销售部门应分配电费＝23 000×0.9＝20 700(元)

▶ 2. 计算各种产品应分配的电费

通过上述计算可知，基本生产车间 A、B 两种产品共同耗用电费金额为 63 000 元，还应分别计算 A、B 产品各自应分配的电费金额。

(1) 计算分配率

$$分配率＝待分配电费/产品生产工时＝\frac{63\,000}{30\,000＋20\,000}＝1.26(元/小时)$$

(2) 计算各产品应分配电费

A 产品应分配电费＝30 000×1.26＝37 800(元)

B 产品应分配电费＝20 000×1.26＝25 200(元)

根据表 3-5 资料编制会计分录如下：

表 3-5　外购动力费用分配表

20××年12月

应借科目		成本项目	耗用量(度)	生产工时(小时)	分　配　率	分配金额(元)
基本生产成本	A 产品	燃料和动力		30 000	1.26(元/工时)	37 800
	B 产品	燃料和动力		20 000	1.26(元/工时)	25 200
	小计		70 000			63 000
制造费用		车间	水电费	10 000	0.9(元/度)	9 000
辅助生产成本		机修车间	20 000		0.9(元/度)	18 000
管理费用		水电费	20 000		0.9(元/度)	18 000
销售费用		水电费	23 000		0.9(元/度)	20 700
合计		—	143 000			128 700

借：基本生产成本——A 产品　　　　　　　　　　　　　37 800
　　　　　　　　——B 产品　　　　　　　　　　　　　25 200
　　辅助生产成本——机修车间　　　　　　　　　　　　18 000
　　制造费用——基本生产车间　　　　　　　　　　　　 9 000
　　管理费用　　　　　　　　　　　　　　　　　　　　18 000
　　销售费用　　　　　　　　　　　　　　　　　　　　20 700
　　贷：应付账款　　　　　　　　　　　　　　　　　　128 700

第三节　职工薪酬费用的归集与分配

一、职工薪酬的内容

职工薪酬是指企业为获得职工提供的服务而给予各种形式的报酬以及其他相关支出。具体包括：职工工资、职工福利费、医疗保险、养老保险、失业保险、工伤保险以及生育保险等社会保险费，住房公积金，工会经费和职工教育经费，非货币性福利，辞退福利等。

各单位在一定时期内直接支付给全体职工的劳动报酬总额称为工作总额，职工福利费等基金一般按照职工工资总额的一定比例提取。

（一）工资总额

根据国家统计局的现行规定，工资总额由下列几个部分组成：

▶ 1. 计时工资

计时工资是指按计时工资标准（包括地区生活费补贴）和工作时间支付给个人的劳动报酬。包括对已做工作按计时工资标准支付的工资，实行结构工资制的单位支付给职工的基础工资和职务（岗位）工资，新参加工作职工的见习工资（学徒的生活费），运动员体育津贴。

▶ 2. 计件工资

计件工资是指对已做工作按计件单价支付的劳动报酬。包括实行超额累进计件、直接无限计件、限额计件、超定额计件等工资制，按劳动部门或主管部门批准的定额和计件单价支付给个人的工资，按工作任务包干方法支付给个人的工资，按营业额提成或利润提成办法支付给个人的工资。

▶ 3. 奖金

奖金是指支付给职工的超额劳动报酬和增收节支的劳动报酬。包括生产奖，节约奖，劳动竞赛奖，机关、事业单位的奖励工资，其他奖金。

▶ 4. 津贴和补贴

津贴和补贴是指为了补偿职工特殊或额外的劳动消耗和因其他特殊原因支付给职工的津贴，以及为了保证职工工资水平不受物价影响支付给职工的物价补贴。

津贴包括：补偿职工特殊或额外劳动消耗的津贴，保健性津贴，技术性津贴，年终性津贴及其他津贴。

补贴包括：为保证职工工资水平不受物价上涨或变动影响而支付的各种物价补贴。

▶ 5. 加班加点工资

加班加点工资是指按规定支付的加班工资和加点工资。

▶ 6. 特殊情况下支付的工资

特殊情况下支付的工资包括：

(1) 根据国家法律、法规和政策规定,因病、工伤、产假、计划生育假、婚丧假、事假、探亲假、定期休假、停工学习、执行国家或社会义务等原因按计时工资标准或计时工资标准的一定比例支付的工资;

(2) 附加工资、保留工资。

▶ 7. 工资总额不包括的项目

(1) 根据国务院发布的有关规定颁发的发明创造奖、自然科学奖、科学技术进步奖和支付的合理化建议和技术改进奖以及支付给运动员、教练员的奖金。

(2) 有关劳动保险和职工福利方面的各项费用。

(3) 有关离休、退休、退职人员待遇的各项支出。

(4) 劳动保护的各项支出。

(5) 稿费、讲课费及其他专门工作报酬。

(6) 出差伙食补助费、误餐补助、调动工作的旅费和安家费。

(7) 对自带工具、牲畜来企业工作职工所支付的工具、牲畜等的补偿费用。

(8) 实行租赁经营单位的承租人的风险性补偿收入。

(9) 对购买本企业股票和债券的职工所支付的股息(包括股金分红)和利息。

(10) 劳动合同制职工解除劳动合同时由企业支付的医疗补助费、生活补助费等。

(11) 因录用临时工而在工资以外向提供劳动力单位支付的手续费或管理费。

(12) 支付给加工工人的加工费和按加工订货办法支付给承包单位的发包费用。

(13) 支付给参加企业劳动的在校学生的补贴。

(14) 计划生育独生子女补贴等。

(二) 职工福利费

企业职工福利费是指企业为职工提供的除职工工资、奖金、津贴、纳入工资总额管理的补贴、职工教育经费、社会保险费和补充养老保险费(年金)、补充医疗保险费及住房公积金以外的福利待遇支出,包括发放给职工或为职工支付的以下各项现金补贴和非货币性集体福利。

具体包括如下:

(1) 为职工卫生保健、生活等发放或支付的各项现金补贴和非货币性福利,包括职工因公外地就医费用、暂未实行医疗统筹企业职工医疗费用、职工供养直系亲属医疗补贴、职工疗养费用、自办职工食堂经费补贴或未办职工食堂统一供应午餐支出、符合国家有关财务规定的供暖费补贴、防暑降温费等。

(2) 企业尚未分离的内设集体福利部门所发生的设备、设施和人员费用,包括职工食堂、职工浴室、理发室、医务所、托儿所、疗养院、集体宿舍等集体福利部门设备、设施的折旧、维修保养费用以及集体福利部门工作人员的工资薪金、社会保险费、住房公积金、劳务费等人工费用。

(3) 职工困难补助,或者企业统筹建立和管理的专门用于帮助、救济困难职工的基金支出。

(4) 离退休人员统筹外费用,包括离休人员的医疗费及离退休人员其他统筹外费用。

企业重组涉及的离退休人员统筹外费用,按照《财政部关于企业重组有关职工安置费用财务管理问题的通知》(财企 117 号)执行。国家另有规定的,从其规定。

(5) 按规定发生的其他职工福利费,包括丧葬补助费、抚恤费、职工异地安家费、独生子女费、探亲假路费,以及符合企业职工福利费定义但没有包括在本通知各条款项目中的其他支出。

(三) 其他职工薪酬

(1) 社会保险费

社会保险费是指在社会保险基金的筹集过程当中,雇员和雇主按照规定的数额和期限向社会保险管理机构缴纳的费用,它是社会保险基金的最主要来源。它主要包括医疗保险费、养老保险费、失业保险费、工伤保险费和生育保险费等社会保险费。

(2) 住房公积金

住房公积金,是指国家机关、国有企业、城镇集体企业、外商投资企业、城镇私营企业及其他城镇企业、事业单位、民办非企业单位、社会团体及其在职职工缴存的长期住房储金。

(3) 工会经费

工会经费是工会组织开展各项活动所需要的费用。具体包括:组织会员开展集体活动及会员特殊困难补助;开展职工教育、文体、宣传活动以及其他活动;为职工举办政治、科技、业务、再就业等各种知识培训;职工集体福利事业补助;工会自身建设:培训工会干部和工会积极分子,召开工会会员(代表)大会,工会建家活动,工会为维护职工合法权益开展的法律服务和劳动争议调解工作,慰问困难职工,基层工会办公费和差旅费,设备、设施维修,工会管理的为职工服务的文化、体育、生活服务等附属事业的相关费用以及对所属事业单位的必要补助。

(4) 职工教育经费

职工教育经费是指企业按工资总额的一定比例提取用于职工教育事业的一项费用,是企业为职工学习先进技术和提高文化水平而支付的费用。具体包括:上岗和转岗培训、各类岗位适应性培训、岗位培训、职业技术等级培训、高技能人才培训、专业技术人员继续教育、特种作业人员培训、企业组织的职工外送培训的经费支出,职工参加的职业技能鉴定,职业资格认证等经费支出,购置教学设备与设施,职工岗位自学成才奖励费用,职工教育培训管理费用,有关职工教育的其他开支。

(5) 非货币性福利

非货币性福利是指企业以非货币性资产支付给职工的薪酬,主要包括企业以自产产品发放给职工作为福利、将企业拥有的资产无偿提供给职工使用、为职工无偿提供医疗保健服务等。

(6) 辞退福利

辞退福利,是指企业在职工劳动合同到期之前解除与职工的劳动关系,或者为鼓励职工自愿接受裁减而给予职工的补偿。辞退福利包括两方面的内容:一是在职工劳动合同尚未到期前,不论职工本人是否愿意,企业决定解除与职工的劳动关系而给予的补偿。二是在职工劳动合同尚未到期前,为鼓励职工自愿接受裁减而给予的补偿,职工有权利选择继续在职或接受补偿离职。辞退福利通常采取解除劳动关系时一次性支付补偿的方式,也有通过提高退休后养老金或其他离职后福利的标准,或者在职工不再为企业带来经济利益后,将职工工资支付到辞退后未来某一期间的方式,因此会计处理应区别对待。

3-5 知识链接

(7) 股份支付

股份支付,是"以股份为基础的支付"的简称,是指企业为获取职工和其他方提供服务而授予权益工具或者承担以权益工具为基础确定的负债的交易。股份支付分为以权益结算的股份支付和以现金结算的股份支付。

二、职工薪酬核算的基础

(1) 考勤记录:考勤记录是登记出勤和缺勤时间及其情况的原始记录。

(2) 工时记录:工时记录是登记产品生产工人或生产小组在出勤时间内工作时数及其情况的原始记录。

(3) 产量记录:产量记录是登记产品生产工人或生产小组在出勤时间内完成产品的数量、质量的原始记录。

(4) 工资单:工资单(又称工资结算单、工资表、工资计算表等)是据以向每个职工发放工资和津贴的原始记录。

(5) 工资汇总表:工资汇总表是据以提供企业各部门工资类别并作为发放工资、进行工资分配提供资料的原始记录。

(6) 其他记录:其他记录包括各种代收代扣收据、废品通知单、职工福利领用发放记录等。

三、职工薪酬的核算

(一) 计时工资

▶ 1. 计时工资的计算

计时工资是根据考勤记录登记的每一位职工出勤或缺勤日数,按照规定的工资标准计算的。工资标准按其计算的时间不同,有年薪制、月薪制、周薪制、日薪制、钟点工资制等。月薪制下计时工资的计算有两种方法:

(1) 按月标准工资扣除缺勤天数应扣工资额计算(又称扣减法)——月薪制。

某职工本月应得工资=该职工月标准工资-(事假天数×日标准工资)-(病假天数×日标准工资×病假扣款率)

(2) 按出勤天数采用日标准工资直接计算(又称增加法)——日薪制。

某职工本月应得工资=该职工本月出勤天数×日标准工资+病假天数×日标准工资×(1-病假扣款率)

日工资率(日工资标准)既可按 30 天计算,也可按 21.75 天(365 天减去 104 个休息日,再除以 12 个月)计算。

1）按 30 天计算日工资率：

$$日工资率（日工资标准）=\frac{月标准工资}{30}$$

2）按 21.75 天计算日工资率：

$$日工资率（日工资标准）=\frac{月标准工资}{21.75}$$

在按 30 天计算日工资率的企业中，由于节假日也算工资，因而出勤期间的节假日也是按出勤日算工资。事假、病假等缺勤期间的节假日，也按出勤日扣工资；在按 21.75 天计算日工资率的企业中，节假日不算出勤日，不扣工资。

【例 3-9】 新大地公司员工张三的月工资标准为 3 000 元。5 月份病假 2 天，事假 2 天，周末休假 9 天，出勤 18 天，病假、事假期间没有节假日，其病假工资按工资标准的 80% 计算。用 30 天月薪制、日薪制和 21.75 天日薪制和月薪制计算。

（1）用 30 天计算：

日工资率＝3 000÷30＝100（元）

按月标准工资扣除缺勤天数应扣工资额计算即月薪制（扣减法）：

应付计时工资＝3 000－100×2－100×2×(100%－80%)＝2 760（元）

按出勤天数即日薪制（增加法）：

应付计时工资＝(18＋9)×100＋2×100×80%＝2 860（元）

（2）用 21.75 天计算：

日工资率＝3 000÷21.75＝137.931（元）

按月标准工资扣除缺勤天数应扣工资额计算即月薪制（扣减法）：

应付计时工资＝3 000－137.931×2－137.931×2×(100%－80%)＝2 668.97（元）

按出勤天数即日薪制（增加法）：

应付计时工资＝18×137.931＋2×137.931×80%＝2 703.45（元）

（二）计件工资

计件工资是根据职工完成的劳动数量和按事先规定的计件单价计算和支付的工资。计件单价，一般应以工作等级、定额水平和相应的标准工资进行计算的，采用计件工资制，能够准确地反映出职工实际付出的劳动量，有利于调动职工劳动积极性，提高劳动生产效率。

为了明确个人经济责任，便于考核职工个人经济效果，可以实行个人计件工资制；在条件不便实行职工个人计件工资制的情况下，可先按集体计件进行计算，然后再将集体计件所得的计件工资在小组成员之间采用适当的方法进行分配。企业对实行计件工资的职工，除按国家的规定实行原材料节约奖外，一般不再实行其他经常性的生产奖励。

计件工资是按照工人生产的合格品的数量（或作业量）和预先规定的计件单价，来计算报酬的一种工资形式。它不是直接用劳动时间来计量，而是用一定时间内的劳动成果——产品数量或作业量来计算，因此，它是间接用劳动时间来计算的，是计时工资的转化形式。

计件工资的计算包括个人计件工资和集体计件工资的计算。

(1) 个人计件工资的计算：

方法一：

应付计件工资 $=\sum$（某产品合格品数＋该产品料废品数）×该产品计件单价

某产品计件单价＝生产单位产品所需工时定额×该级工人小时工资率

料废品：非工人本人过失造成的不合格产品，应计算并支付工资。

工废品：由于本人过失造成的不合格产品，不计算也不支付工资。

方法二：

应付计件工资＝某工人本月生产各种产品定额工时之和×该级工人小时工资率

【例3-10】 某企业一职工本月生产甲、乙两种产品，合格品数量分别为1 000件和800件，乙产品另产出料废品10件。两种产品的工时定额分别为0.52小时和0.7小时，该职工的小时工资率为3元/小时。

甲产品的计件工资＝1 000×0.52×3＝1 560（元）

乙产品的计件工资＝(800＋10)×0.7×3＝1 701（元）

本月企业应付该职工计件工资＝1 560＋1 701＝3 261（元）

(2) 集体计件工资的计算：

按生产班组等集体计件工资的计算方法与个人计件工资的计算基本相同。

在集体计件工资情况下，集体应得的计件工资应按照班组集体的产量和计件单价求得，然后在班组成员之间根据每人贡献的大小进行分配，通常按每人的工资标准和工作日数（或工时数）的乘积比例进行分配。这是因为工人工资级别或工资标准，一般体现职工劳动的质量或技术水平，而工作时间一般体现劳动数量。

【例3-11】 新天地公司某生产小组由4名工资等级不同的工人（甲、乙、丙、丁）组成，20××年8月共同加工完成A零件6 500个，其中料废50个，工废20个，其余的为合格品。A零件计件单价为1元。小组每人的工资等级、日工资率、出勤日数，以及按日工资率和出勤日数计算的工资额，如表3-6所示，求集体计件工资分配率。

表3-6 集体计件工资分配表

20××年8月

姓名	等级	工资标准（元）	出勤日数（天）	按工资标准和出勤日数计算的工资额（元）	分配标准（分配率）	计件工资（元）
甲	4	100	25	2 500	0.800 988 875	2 002.47
乙	3	90	23	2 070		1 658.05
丙	2	80	23	1 840		1 473.82
丁	1	70	24	1 680		1 345.66
			95	8 090		6 480

集体计件工资＝(6 500－20)×1.00＝6 480（元）

分配率＝6 480 /8090＝0.800 988 875

四、职工薪酬费用分配的核算

（一）职工薪酬费用的分配原则

职工薪酬费用应按其发生地点和用途进行分配；对于不能直接计入成本的生产工人职工薪酬，还应采取适当的标准分配计入各种产品的生产成本。具体分配方法如下：

（1）基本生产部门为产品生产而发生的直接生产工人的职工薪酬由各产品负担，应直接或分配记入"基本生产成本"科目的"直接人工"成本项目。

（2）基本生产部门车间管理人员的职工薪酬，应记入"制造费用"科目的"工资及福利费"项目中。

（3）辅助生产部门为基本生产提供产品或劳务所发生的职工薪酬由生产的各产品或劳务负担；应直接或分配记入"辅助生产成本"科目的"直接人工"成本项目。

（4）行政管理部门人员发生的职工薪酬应记入"管理费用"科目的"工资"项目中。

（5）专设销售部门人员发生的职工薪酬应记入"销售费用"科目的"工资"项目中。

（6）固定资产构建或维修等工程人员的职工薪酬应记入"在建工程"科目的"工资"项目中。

（7）技术研发支出负担的职工薪酬应记入"研发支出"科目的"工资"项目中。

（二）职工薪酬费用的分配方法

▶ 1. 计时工资形式下的分配

计时工资是根据反映在考勤记录上的每人实际工作时间，按照规定的工资标准计算的工资。计时工资的计算有月薪制和日薪制两种计算方法。

$$生产工人工资分配率 = \frac{生产工人工资总额}{各产品实际（定额）工时之和}$$

某种产品应分配的工资费用＝该种产品的实际工时（或定额工时）×工资分配率

【例3-12】甲公司应付职工薪酬100 000元，其中产品生产工人82 500元；车间管理人员4 500元；厂部管理人员13 000元，本月生产甲、乙两种产品，实际生产工时分别为6 000小时，4 000小时。

要求：（1）采用生产工时分配法分配生产工人的直接人工费用。

（2）编制分配工资的会计分录。

解析：工资分配率＝82 500/（6 000＋4 000）＝8.25（元/小时）

甲产品应负担的生产工人工资＝8.25×6 000＝49 500（元）

乙产品应负担的生产工人工资＝8.25×4 000＝33 000（元）

借：基本生产成本——甲产品	49 500
——乙产品	33 000
制造费用——基本生产车间	4 500
管理费用	13 000
贷：应付职工薪酬——工资	100 000

▶ 2. 计件工资形式下的分配

由于计件工资制只适用于产品生产工人的职工薪酬计算,因此,计件工资的分配只涉及基本生产车间生产工人的职工薪酬分配。无论是个人计件工资还是集体计件工资,都要分清受益对象,记入"基本生产成本"科目的"直接人工"成本项目;计件工资制和计时工资制的职工薪酬类似,不再举例说明。

除了工资费用以外,职工福利费、人工费用还包括医疗保险、失业保险、养老保险、工伤保险等社会保险费和住房公积金、工会经费、职工教育经费等内容,其费用的核算与工资费用的会计核算相类似。

(三)非货币性职工薪酬的会计处理

(1)企业以自产产品或外购商品作为非货币性福利发放给职工的,根据收益对象,按照该产品的公允价值,计入相关资产成本或当期收益,同时确认应付职工薪酬。

1)将资产产品作为福利发放

借：基本生产成本/管理费用/制造费用
　　贷：应付职工薪酬——非货币性福利

实际发放非货币性福利时：

借：应付职工薪酬——非货币性福利
　　贷：主营业务收入
　　　　应交税费——应交增值税(销项税额)

借：主营业务成本
　　贷：库存商品

2)将外购商品作为福利发放

借：基本生产成本/管理费用/制造费用
　　贷：应付职工薪酬——非货币性福利

外购商品时：

借：应付职工薪酬——非货币性福利
　　贷：银行存款/应付账款

(2)企业将拥有的房屋等资产无偿提供给职工使用的,根据收益对象将该住房每期应计提的折旧计入相关资产成本或当期损益,同时确认应付职工薪酬。

将企业拥有的房屋等资产无偿提供给职工使用：

借：管理费用/生产成本/制造费用
　　贷：应付职工薪酬——非货币性福利

同时：

借：应付职工薪酬——非货币性福利
　　贷：累计折旧

(3)租赁住房等资产供职工无偿使用,根据收益对象,将每期应付的租金计入相关资产成本或当期损益,并确认应付职工薪酬。

租赁住房等资产供职工无偿使用时：

借：管理费用/生产成本/制造费用
　　贷：应付职工薪酬——非货币性福利
支付租金时：
借：应付职工薪酬——非货币性福利
　　贷：银行存款

【例3-13】 武湖公司为总部各部门经理级别以上职工提供汽车免费使用，同时为副总裁以上高级管理人员每人租赁一套住房。武湖公司总部共有部门经理以上职工20名，每人提供一辆桑塔纳汽车免费使用，假定每辆桑塔纳汽车每月计提折旧1 000元；该公司共有副总裁以上高级管理人员5名，公司为其每人租赁一套面积为200平方米带有家具和电器的公寓，月租金为每套8 000元。

（1）计提汽车的折旧时：

借：管理费用——福利费　　　　　　　　　　　　　　　　　20 000
　　贷：应付职工薪酬——非货币性福利　　　　　　　　　　　20 000
借：应付职工薪酬——非货币性福利　　　　　　　　　　　　20 000
　　贷：累计折旧　　　　　　　　　　　　　　　　　　　　　20 000

（2）租赁房屋确认薪酬及支付租金时：

借：管理费用——福利费　　　　　　　　　　　　　　　　　40 000
　　贷：应付职工薪酬——非货币性福利　　　　　　　　　　　40 000
支付租金时：
借：应付职工薪酬——非货币性福利　　　　　　　　　　　　40 000
　　贷：银行存款　　　　　　　　　　　　　　　　　　　　　40 000

第四节　折旧及其他费用的核算

一、折旧费用的核算

企业的固定资产可以长期参加生产经营而保持其原有的实物形态，但其价值将随着固定资产的磨损而逐渐减少。折旧费用是指固定资产由于磨损而减少的价值，应作为费用计入产品成本或企业的期间费用。

（一）折旧的计算

折旧的计算方法有很多种，选用的计算方法不同其结果也就不同，这会直接影响到成本费用计算的正确性。因此企业应根据有关法规和制度的规定，应选用适当的折旧方法。折旧方法一经确定，不得随意变更。

常用的折旧方法有：平均年限法、工作量法、双倍余额递减法和年数总和法。

（1）平均年限法

$$年折旧率 = \frac{(1 - 预计净残值率)}{预计使用年限}$$

$$月折旧率 = \frac{年折旧率}{12}$$

月折旧额＝月初应计折旧固定资产原值×月折旧率

（2）工作量法

单位工作量折旧额＝固定资产原值×(1－预计净残值率)/预计工作总量

月折旧额＝单位工作量折旧额×本月工作量

（3）双倍余额递减法

在不考虑固定资产预计净残值的情况下，根据每期期初固定资产原价减去累计折旧后的金额（即固定资产净值）和双倍的直线法折旧率计算固定资产折旧的一种方法。

$$年折旧率 = \frac{2}{预计使用寿命(年)} \times 100\%$$

$$月折旧额 = \frac{固定资产净值 \times 年折旧率}{12}$$

由于每年年初固定资产净值没有扣除预计净残值。因此，在双倍余额递减法下，必须注意不能使固定资产的净值低于其预计净残值以下。通常在其折旧年限到期前两年内，将固定资产净值扣除预计净残值后的余额平均摊销。

【例3-14】 某医院有一台机器设备原价为600 000元，预计使用寿命为5年，预计净残值24 000元。要求计算第三年的折旧额是多少？最后一年的折旧额是多少？

年折旧率＝2/5＝40%

第1年应提的折旧额＝600 000×40%＝240 000(元)

第2年应提的折旧额＝(600 000－240 000)×40%＝144 000(元)

第3年应提的折旧额＝(600 000－240 000－144 000)×40%＝86 400(元)

第4、5年每年应提折旧额 $= \frac{(600\,000 - 240\,000 - 144\,000 - 86\,400 - 24\,000)}{2} = 52\,800$ (元)

（二）折旧计提的范围

（1）生产经营用固定资产。

（2）非生产经营用固定资产。

（3）经营性租出的固定资产。

（4）车间替换设备。

（5）房屋和建筑物由于有自然损耗，不论使用与否都应计算折旧。

（6）以融资租赁方式租入的固定资产应视同自有的固定资产计算折旧。

（7）季节性停用及大修理期间的固定资产应计算提取折旧。

（8）当月减少的固定资产，当月应照提折旧。

（9）不需要计提折旧的：

1）当月新增固定资产当月不提，从下月开始提取。

2）未使用的固定资产，以及以经营租赁方式租入的固定资产不计算折旧；

3）已经提足折旧超龄使用的固定资产不再计算折旧。

4) 提前报废的固定资产，不补提折旧（未提取部分体现为清理净损失列入营业外支出）。

(三) 折旧费用分配的核算

折旧费用应按固定资产的用途和使用部门分别计入产品成本和期间费用。

生产用固定资产的折旧费应直接计入产品的成本，但由于通常一种产品的生产需要使用多项固定资产，而每项固定资产又可能生产多种产品，分配计算起来比较复杂。因而为简化成本计算没有专门设立成本项目，而是将其计入制造费用。

辅助生产车间生产用固定资产的折旧费应记入"辅助生产成本"科目。

销售用固定资产的折旧费应记入"销售费用"科目。

企业行政管理部门使用的固定资产的折旧费应记入"管理费用"科目。

分配时：

借：制造费用/辅助生产成本/管理费用等
  贷：累计折旧

报废时：

借：累计折旧
   固定资产清理
  贷：固定资产

(四) 计提折旧的规定

因为折旧不是按天计算的，所以规定按月初数计提折旧（计提折旧的基数是：月初固定资产原值）。即本月增加的不提折旧，本月减少的照提折旧。

【例 3-15】 某企业 20××年11月折旧费用分配表，如表 3-7 所示。

表 3-7 折旧费用分配表

20××年11月   单位：元

应借科目	部门	10月折旧额	10月新增折旧额	10月折旧减少额	本月折旧额
制造费用	基本生产车间	5 800	300	1 100	5 000
辅助生产成本	辅助生产车间	1 300			1 300
销售费用	销售门市部	1 500	700	200	2 000
管理费用	厂部	2 500	1 000	500	3 000
合计		11 100	2 000	1 800	11 300

根据表 3-7 编制会计分录：

借：制造费用——基本生产车间   5 000
   辅助生产成本   1 300
   销售费用   2 000
   管理费用   3 000
  贷：累计折旧   11 300

二、利息费用

利息费用一般不是产品成本的组成部分,而是期间费用中的财务费用的组成部分。可以按预提利息费用的办法分月按计划预提,季末实际支付时冲减预提费用(短期借款)。

按照我国银行目前的结算习惯,企业短期借款的利息一般是按季结算支付的。

企业在季度前两个月应预提利息费用,提取时,借记"财务费用"科目,贷记"其他应付款——预提费用"科目;

季末实际结算支付时,按已提数借记"其他应付款——预提费用"科目,按实际结算数与已提数的差额借记季末月份的"财务费用"科目,按实际结算数贷记"银行存款"科目。

预提时:

借:财务费用
　　贷:其他应付款——预提费用

支付时:

借:其他应付款——预提费用
　　财务费用
　　贷:银行存款

三、税金

工业企业九项费用要素中的税金是特指费用性税金(直接计入管理费用核算的税金),包括房产税、印花税、车船使用税和土地使用税4种。它们不是产品成本的组成部分,而是期间费用中管理费用的组成部分。税金没有单独设立成本项目,而是在管理费用中设置税金费用项目。

(1) 印花税不必预先计算,所以不必通过"应交税金"科目核算。

一次性受益的:

借:管理费用
　　贷:银行存款

(2) 需要预先计算应交金额然后缴纳的税金(房产税、车船使用税和土地使用税)。

计算时:

借:管理费用
　　贷:应交税费

缴纳时:

借:应交税费
　　贷:银行存款

五、其他费用的核算

其他费用是指除上述各要素费用以外的费用,如差旅费、邮电费、保险费、劳动保护费、运输费、办公费、水电费、业务招待费等。费用发生时根据付款凭证按照费用的用途进行归类，分别记入"辅助生产成本""制造费用""销售费用""管理费用"等科目的借方，"银行存款"等科目的贷方。

本章小结

掌握成本核算的费用分配一般程序，并在后续的学习中具体运用。

本章主要要求掌握采用材料费用分配方法、职工薪酬的计算与分配、固定资产折旧、低值易耗品及其他费用等费用的核算与分配。

（1）在材料费用核算当中掌握有关材料费用分配的核算。原材料费用的分配重点要求掌握按照定额消耗量比例分配法、定额费用比例法分配材料费用。在企业消耗定额比较准确的情况下，原料及主要材料费用的分配才允许使用定额消耗量比例分配法和定额费用比例分配法。

按各种材料的定额费用的比例分配材料实际费用的计算公式如下：

某种产品某种材料定额费用＝该种产品实际产量×单位产品该种材料费用定额
＝该种产品实际产量×单位产品该种材料消耗定额×该种材料计划单价

$$材料费用分配率 = \frac{各种材料实际费用总额}{各种产品各种材料定额费用之和}$$

某种产品分配负担的材料费用＝该种产品各种材料定额费用之和×材料费用分配率

原材料费用的分配通过原材料费用分配表进行，原材料费用分配表应根据领退料凭证和有关资料编制。

编制原材料费用分配表后，可进行如下会计处理：

借：基本生产成本——直接材料
　　制造费用——材料费
　　辅助生产成本——直接材料
　　销售费用——材料费
　　管理费用——材料费
贷：原材料

（2）职工薪酬的内容及计时、计件工资的核算，职工薪酬的分配。

（3）要求掌握计算本月固定资产折旧额并编制提取固定资产折旧的会计处理。能根据相应的资料，把固定资产的折旧额计算出来，然后根据计算的结果来编制提取固定资产折旧的会计分录。注意固定资产的修理费的计算，要根据资料判断：修理费如果采用预提的方法，应该做预提费用处理，而不是做待摊费用处理。

复习思考题

1. 成本核算费用分配的一般程序有哪些？
2. 列举材料费用的分配方法。
3. 如何计算计时工资、计件工资？

4. 职工薪酬费用的分配原则是什么?
5. 折旧费用的分配原则是什么?

线上课堂——训练与测试

扫描封底二维码刮刮卡,获取答题权限。

在线自测

第四章 辅助生产费用和制造费用的核算

> **学习目标**
>
> 本章将学习和掌握：①辅助生产费用和制造费用的内容；②辅助生产费用和制造费用分配方法的特点及适用范围；③辅助生产费用和制造费用的分配方法及账务处理。

引言

制造业的生产过程除了重复主营产品的基本生产外，还包括生产辅助产品和为提供劳务而进行的辅助生产。辅助生产过程中发生的费用应单独进行核算，并采用专门的分配方法将其转入产品成本或期间费用负担，因此必须正确、及时地组织辅助生产费用的核算。

企业车间发生的间接费用，一般通过"制造费用"账户进行归集，然后采用适当的方法分配转入产品成本，制造费用的分配将直接影响产品成本计算的正确性。

第一节 辅助生产费用的核算

一、辅助生产费用概述

按照企业生产职能不同，工业企业的生产分为基本生产和辅助生产。基本生产是指直接进行产品的生产。辅助生产是指为基本生产、行政管理等部门服务而进行的产品生产和劳力供应，如为基本生产提供工具、模具、修理用备件等的生产，又如供水、供电、供气、供暖和机修、运输劳务的提供等。

辅助生产车间组织辅助产品的生产和劳务的供应，主要有两类：一类是只提供一种产品或劳力，比如供水车间、供电车间、供气车间、供暖车间、机修车间和运输车间等；另一类是生产多种产品的辅助生产车间，如生产工具、模具、修理用备件等。辅助生产车间生产的产品或提供的劳务也可以对外销售，但这不是辅助生产的主要任务，其主要任务是为本企业内部生产和管理服务。

辅助生产车间发生的费用称为辅助生产费用，该费用会影响企业产品成本的水平和期间费用。因此，正确及时地核算辅助生产费用，对于产品成本的正确计算、成本费用的管理有着重要意义。

二、辅助生产费用的归集

为了归集和分配辅助生产费用，企业应开设"辅助生产成本"账户。该账户为成本类账，借方归集辅助生产部门为生产、提供劳务而发生的全部辅助生产费用，贷方登记完工入库的自制材料、工具模具的生产成本以及月末分配转入各受益单位的辅助生产费用，期末借方余额表示辅助生产部门在产品的成本。

"辅助生产成本"账户按辅助生产车间以及产品或劳务的种类设置辅助生产成本明细账，并在明细账内按照产品成本项目或费用项目分设专栏进行核算。辅助生产成本明细账如表4-1所示。

表4-1 辅助生产成本明细账

产品名称：××产品　　　　　　　　　　　　　　　　　　　　金额单位：元

××年		凭证字号	摘　要	直接材料	燃料和动力	直接人工	制造费用	合　计
月	日							
5	31	（略）	根据材料费用分配表	8 200				8 200
5	31	（略）	根据燃料动力分配表		4 100			4 100
5	31	（略）	根据工资福利费分配表			6 800		6 800
5	31	（略）	根据制造费用分配表			952		952
5	31	（略）	本月发生额合计				5 600	5 600
5	31	（略）	结转本月发生额	8 200	4 100	7 752	5 600	25 652

对于辅助生产车间发生的直接材料、直接人工、燃料及动力等直接费用，直接或分配记入"辅助生产成本"账户。对于辅助生产车间发生的制造费用，由于辅助生产车间规模有大有小，费用多少不尽相同，可以采用两种核算方法。

当辅助生产车间规模较小、产品或劳务较单一、发生的制造费用较少时，制造费用可以不通过"制造费用"账户核算，和直接费用相同记入"辅助生产成本"账户，以便简化核算工作，此时"辅助生产成本"账户应将产品和劳力的成本项目与制造费用的费用项目相结合并设置专栏。

当辅助生产车间规模较大、发生制造费用较多时，为了准备计算产品成本和劳务成本，应单独核算该车间发生的制造费用，开设"制造费用——辅助生产车间"明细账户核算。该账户借方归集辅助生产车间发生的间接费用，月末将其从贷方转入"辅助生产成本"账户的"制造费用"成本项目中。

三、辅助生产费用的分配

对于生产自制材料、工具、模具、修理用备件的辅助生产车间，等产品完工以后从"辅助生产成本"账户贷方转入"原材料"或"周转材料"中，结转后"辅助生产成本"账户借方余额表示产品的生产成本，完工的自制材料、工具模具等再由各生产单位根据需要到仓库领用。其成本结转的程序如图4-1所示。

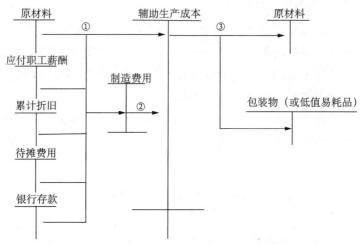

图4-1 第一种辅助生产费用成本结转程序图

注：①为本期发生的各项费用；②为结转辅助生产车间的制造费用；③为结转辅助生产部门完工产品的成本。

对于提供供水、供电、供气、供暖、机修、运输等劳务的辅助生产车间，应当以各种产品和劳务为成本计算对象归集费用，月末将产品成本或劳务成本从"辅助生产成本"账户贷方，转入各受益部门成本、费用的借方。其成本结转程序如图4-2所示。

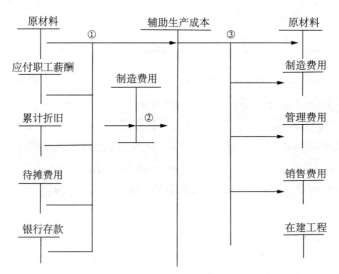

图4-2 第二种辅助生产成本费用核算程序图

注：①为本期发生的各项费用；②为结转辅助生产车间的制造费用；③将辅助生产费用在月末分配结转给受益对象。

在图4-2中，①、②与图4-1所表示的内容完全相同，即两种类型的辅助生产费用的归集是完全相同的。两种类型成本分配核算的方法不同，图4-1中的③表示月末结转本月辅助生产单位完工入库产品成本，在完工结转时需要将归集的辅助生产费用在完工产品和月末在产品之间分配，分配结转后月末在产品成本即为"辅助生产成本"的借方余额；而

图 4-2 中的③表示将辅助生产费用在月末采用适当的方法分配结转给各受益对象，分配结转后"辅助生产成本"账户无余额。

月末分配结转辅助生产费用，常用的分配方法有直接分配法、交互分配法、计划成本分配法、代数分配法和顺序分配法。

4-1 知识链接

（一）直接分配法

直接分配法，是指不考虑辅助生产单位之间相互提供产品或劳务的情况，将辅助生产部门发生的费用直接分配给辅助生产以外的各受益部门的方法。采用直接分配法分配辅助产生费用，其计算公式如下：

4-2 微课视频

$$费用分配率 = \frac{某辅助生产单位待分配费用}{该生产车间提供给辅助生产以外部门的劳务总量}$$

某受益部门应负担的费用 = 该受益部门接受的劳务总量 × 费用分配率

【例 4-1】 某企业设有一个基本生产车间生产甲产品，另设供电、机修两个辅助生产车间，20××年8月份"辅助生产成本"账户归集的本月辅助生产费用，供电车间为 42 800 元，机修车间为 46 200 元。该月辅助生产生产提供的劳务总量如表 4-2 所示。

表 4-2　辅助生产车间劳务量汇总表

受益对象（部门）	供电数量（度）	修理工作量（小时）
供电车间		5 400
机修车间	14 000	
基本生产车间——甲产品	100 000	
基本生产车间——一般消耗	60 000	7 000
管理部门	40 000	3 000
合计	214 000	15 400

采用直接分配法进行分配，计算过程如下：

$$供电车间分配率 = \frac{42\ 800}{214\ 000 - 14\ 000} = 0.214(元/度)$$

$$机修车间分配率 = \frac{46\ 200}{15\ 400 - 5\ 400} = 4.62(元/小时)$$

编制辅助生产费用分配表，如表 4-3 所示。

表 4-3　辅助生产费用分配表（直接分配法）

20××年8月　　　　　　　　　　　　　　金额单位：元

项目	分配电费		分配修理费		合计
	数量（度）	金　额	数量（小时）	金　额	
待分配费用		42 800		46 200	89 000
劳务供应总量	214 000		15 400		
其中：辅助生产以外单位	200 000		12 000		

续表

项目	分配电费		分配修理费		合计
	数量(度)	金　额	数量(小时)	金　额	
费用分配率(单位成本)	0.214		4.62		
受益对象					
供电车间			(5 400)		
机修车间	(14 000)				
基本生产车间					
产品生产	100 000	21 400			21 400
一般消耗	60 000	12 840	7 000	32 340	45 180
管理部门	40 000	8 560	3 000	13 860	22 420
合　计	200 000	42 800	10 000	46 200	89 000

根据表 4-3 编制会计分录如下：

借：基本生产成本——甲产品　　　　　　　　　　　　　　21 400
　　制造费用——基本生产车间　　　　　　　　　　　　　45 180
　　管理费用　　　　　　　　　　　　　　　　　　　　　22 420
　贷：辅助生产成本——供电车间　　　　　　　　　　　　42 800
　　　　　　　　　——机修车间　　　　　　　　　　　　46 200

采用直接分配法，优点是分配计算较为简单，但由于没有考虑各辅助生产车间之间互相提供的劳务，因此计算结果不够准确。该方法主要适用于辅助生产部门之间没有提供交互劳务或提供交互劳务较少的企业。

（二）交互分配法

交互分配法，也称为一次交互分配法，是指先根据各辅助生产部门相互提供劳务的数量和交互前的费用分配率（劳务的单位成本），在辅助生产部门之间进行先行交互分配，再将交互分配后辅助生产部门的对外费用（即交互分配前的等分配费用，加上其他辅助生产部门交互分配转入的费用，减去本辅助生产部门交互分配转出的费用），对辅助生产以外的各受益对象进行分配的方法。采用交互分配法分配辅助生产费用，其计算公式如下：

▶ **1. 交互分配**

$$交互分配率=\frac{某辅助生产车间待分配的费用}{该辅助生产车间提供的劳务总量}$$

某辅助生产车间应负担的费用＝该辅助生产车间接受的劳务量×交互分配率

4-3 微课视频

▶ **2. 对外分配**

对外分配费用＝待分配的费用＋交互分配转入费用－交互分配转出费用

$$对外分配率=\frac{对外分配费用}{该辅助生产车间提供的对外劳务总量}$$

某受益部门应负担费用＝该受益部门接受的劳务量×对外分配率

【例4-2】 根据【例4-1】提供的生产资料，采用交互分配法分配辅助生产费用，其计算过程如下：

4-4 微课视频

（1）交互分配：

供电车间交互分配率 $=\dfrac{42\,800}{214\,000}=0.2$（元/度）

机修车间应负担的电费 $=14\,000\times 0.2=2\,800$（元）

机修车间交互分配率 $=\dfrac{46\,200}{15\,400}=3$（元/小时）

供电车间应负担的修理费 $=5\,400\times 3=16\,200$（元）

（2）对外分配：

供电车间对外费用 $=42\,800+16\,200-2\,800=56\,200$（元）

供电车间对外分配率 $=\dfrac{56\,200}{214\,000-14\,000}=0.281$（元/度）

其中：

产品应负担电费 $=100\,000\times 0.281=28\,100$（元）

车间一般消耗电费 $=60\,000\times 0.281=16\,860$（元）

管理部门消耗电费 $=40\,000\times 0.281=11\,240$（元）

机修车间对外费用 $=46\,200+2\,800-16\,200=$（元）

机修车间对外分配率 $=\dfrac{32\,800}{15\,400-5\,400}=3.28$（元/度）

其中：

车间一般消耗电费 $=70\,000\times 3.28=22\,960$（元）

管理部门消耗电费 $=30\,000\times 3.28=9\,840$（元）

表4-4 辅助生产费用分配表（交互分配法）

20××年8月　　　　　　　　　　　　　　　金额单位：元

项　目	交　互　分　配				对　外　分　配			
	分配电费		分配修理费		分配电费		分配修理费	
	数量（度）	金额	数量（小时）	金额	数量（度）	金额	数量（小时）	金额
待分配费用		42 800		46 200		56 200		32 800
劳务供应总量	214 000		15 400		200 000		10 000	
费用分配率（单位成本）		0.2		3		0.281		3.28
受益对象								
供电车间			5 400	16 200				
机修车间	14 000	2 800						

续表

项目	交互分配				对外分配			
	分配电费		分配修理费		分配电费		分配修理费	
	数量（度）	金额	数量（小时）	金额	数量（度）	金额	数量（小时）	金额
基本生产车间								
产品生产					100 000	28 100		
一般消耗					60 000	16 860	7 000	22 960
管理部门					40 000	11 240	3 000	9 840
合 计	14 000	2 800	5 400	16 200	200 000	56 200	10 000	32 800

根据表 4-4 编制会计分录如下：
1）交互分配：
借：辅助生产成本——供电车间　　　　　　　　　　　　　　　　　　 16 200
　　　　　　　　——机修车间　　　　　　　　　　　　　　　　　　　 2 800
　　贷：辅助生产成本——供电车间　　　　　　　　　　　　　　　　　 2 800
　　　　　　　　——机修车间　　　　　　　　　　　　　　　　　　　16 200
2）对外分配：
借：基本生产成本——甲产品　　　　　　　　　　　　　　　　　　　　28 100
　　制造费用——基本生产车间　　　　　　　　　　　　　　　　　　　39 820
　　管理费用　　　　　　　　　　　　　　　　　　　　　　　　　　　21 080
　　贷：辅助生产成本——供电车间　　　　　　　　　　　　　　　　　56 200
　　　　　　　　——机修车间　　　　　　　　　　　　　　　　　　　32 800

采用交互分配法，优点是成本计算过程中考虑了辅助生产部门相互提供的劳务，与直接分配法相比提高了分配结果的客观性和正确性；缺点是辅助生产费用要进行两个步骤分配（即交互分配和对外费用），使得计算过程比较复杂，且交互分配时使用的交互分配率是根据交互分配前的待分配费用计算的，不是该辅助生产部门劳务的实际成本，因此分配结果不够客观准确。在实际工作中，辅助生产部门之间相互提供劳务较多的企业使用交互分配法。

（三）计划成本分配法

计划成本分配法，是指按照辅助生产部门实际提供的劳务量和计划单位成本，在各受益对象之间分配辅助生产费用，再调整和分配辅助生产车间的差异（即待分配费用加上按计划成本转入的交互费用减去按计划成本分配转出的费用差额）的方法。该分配法的差异处理方法有两种：一是将辅助生产车间的成本差异分配给辅助生产以外的各受益部门；二是将辅助生产车间的成本差异全部计入管理费用。采用第一种方法计算工作较复杂，为了简化分配工作，通常采用第二种方法分配差异。

4-5 微课视频

【例 4-3】 根据【例 4-1】提供的生产资料,假设该企业供电车间的计划单位成本是 0.3 元/度,机修车间的计划单位成本是 2.8 元/小时。采用计划成本分配法,其计算过程如表 4-5 所示。

表 4-5　辅助生产费用分配表(计划成本分配法)

20××年 8 月　　　　　　　　　　　　　　　金额单位:元

项目	计划成本分配				差异分配			
	分配电费		分配修理费		分配电费		分配修理费	
	数量(度)	金额	数量(小时)	金额	数量(度)	金额	数量(小时)	金额
待分配费用		42 800		46 200		−6 280		7 280
劳务供应总量	214 000		15 400					
计划单位成本		0.3		2.8				
受益对象								
供电车间			5 400	15 120				
机修车间	14 000	4 200						
基本生产车间								
产品生产	100 000	30 000						
一般消耗	60 000	18 000	7 000	19 600				
管理部门	40 000	12 000	3 000	8 400		−6 280		7 280
合计	214 000	64 200	15 400	43 120		−6 280		7 280

根据表 4-5,成本差异的计算如下:

供电车间差异=42 800+15 120−64 200=−6 280(元)

机修车间差异=46 200+4 200−43 120=7 280(元)

供电车间差异为负数,表示节约差异,直接冲减管理费用;机修车间差异为正数,表示超支差异,增加管理费用。

根据表 4-5 编制会计分录如下:

供电车间按计划成本分配:

借:辅助生产车间——机修车间　　　　　　　　　　　　　　　　　4 200
　　基本生产成本——甲产品　　　　　　　　　　　　　　　　　　30 000
　　制造费用——基本生产车间　　　　　　　　　　　　　　　　　18 000
　　管理费用　　　　　　　　　　　　　　　　　　　　　　　　　12 000
　　贷:辅助生产成本——供电车间　　　　　　　　　　　　　　　　　　64 200

机修车间按计划成本分配:

借:辅助生产车间——供电车间　　　　　　　　　　　　　　　　　15 120
　　制造费用——基本生产车间　　　　　　　　　　　　　　　　　19 600
　　管理费用　　　　　　　　　　　　　　　　　　　　　　　　　8 400
　　贷:辅助生产成本——机修车间　　　　　　　　　　　　　　　　　　43 120

差异的分配:

借：管理费用 1 000
    贷：辅助生产成本——供电车间 6 280
                  ——机修车间 7 280

计划成本分配法，优点是按照企业制订的计划单位成本对各受益部门分配辅助生产费用，成本计算较为简便，同时可以通过辅助生产车间的成本差异，考核辅助生产部门成本计划的完成情况，明确各部门经济责任；缺点是对于计划单位成本制定不准确的企业，会影响各部门的成本、费用，因此该方法适用于制度计划单位成本较准确的企业。

（四）代数分配法

代数分配法，是指根据代数中建立联立方程组的原理，计算出辅助生产部门劳务的实际单位成本，再按照各受益部门接受的劳务量和实际单位成本，在各受益部门之间分配辅助生产费用的方法。

4-6 微课视频

【例 4-4】 根据【例 4-1】提供的生产资料，采用代数分配法分配辅助生产费用，其计算过程如下：

假设供电车间的单位成本为 x 元/度，机修车间单位成本为 y 元/小时，则：

$$\begin{cases} 42\,800 + 5\,400y = 214\,000x \\ 46\,200 + 14\,000x = 15\,400y \end{cases}$$

解得：

$$\begin{cases} x = 0.282\,17 \\ y = 3.256\,52 \end{cases}$$

计算结果得出供电车间每度电费的实际成本为 0.28217 元，机修车间每小时的实际成本为 3.25652 元。根据计算结果编制辅助生产费用分配表，如表 4-6 所示。

表 4-6 辅助生产费用分配表（代数分配法）

20××年 8 月　　　　　　　　　金额单位：元

项目	分配电费		分配修理费	
	数量（度）	金额	数量（小时）	金额
待分配费用		42 800		46 200
劳务供应总量	214 000		15 400	
费用分配率（单位成本）	0.28217		3.25652	
受益对象				
供电车间			5 400	17 585.21
机修车间	14 000	3 950.38		
基本生产车间				
产品生产	100 000	28 217.00		
一般消耗	60 000	16 930.20	7 000	22 795.64
管理部门	40 000	11 286.80	3 000	9 769.56
合　计	214 000	60 384.38	15 400	50 150.41

根据表 4-6 编制会计分录如下：

借：辅助生产成本——供电车间　　　　　　　　　　　　　17 585.21
　　　　　　　　——机修车间　　　　　　　　　　　　　 3 950.38
　　基本生产成本——甲产品　　　　　　　　　　　　　　28 217.00
　　制造费用——基本生产车间　　　　　　　　　　　　　39 725.84
　　管理费用　　　　　　　　　　　　　　　　　　　　　21 056.36
　　贷：辅助生产成本——供电车间　　　　　　　　　　　60 384.38
　　　　　　　　　——机修车间　　　　　　　　　　　　50 150.41

代数分配法，优点是分配辅助生产费用采用该方法分配结果最准确；缺点是对于辅助生产车间较多的企业而言，分配计算工作较复杂，因此该方法适用于已经实行会计电算化的企业或辅助生产车间较少的企业。

（五）顺序分配法

顺序分配法，是指按照辅助生产部门受益费用多少的顺序分配费用，受益少的排在前面、先行分配，受益多的排在后面再行分配的方法。先行分配费用的辅助生产部门可以对后面分配的辅助部门分配费用，而后面分配费用的辅助生产部门不能给前面的部门分配交互费用。

后行分配的辅助生产部门的待分配费用，应当加上前面辅助生产部门分配转入的费用，其计算公式如下：

$$\text{费用分配率} = \frac{\text{某辅助生产车间待分配费用} + \text{前面辅助生产车间分配转入的费用}}{\text{该辅助生产车间提供的劳务总量} - \text{为前面辅助部门提供的劳务量}}$$

某受益部门应负担的辅助生产费用 = 该受益部门接受的劳务量 × 费用分配率

【例 4-5】 根据【例 4-1】提供的生产资料，采用顺序法分配辅助生产费用，其计算过程如下：

由表 4-4 中可以看出两个辅助生产车间提供的交互劳务，机修车间受益少（2 800 元），供电车间受益多（16 200 元），因此，先分配机修车间的修理费，分配过程如下：

$$\text{机修车间费用分配率} = \frac{46\ 200}{15\ 400} = 3(\text{元}/\text{小时})$$

其中：供电车间应负担的修理费 = 5 400 × 3 = 16 200（元）
　　　基本生产一般消耗的修理费 = 7 000 × 3 = 21 000（元）
　　　管理部门的修理费 = 3 000 × 3 = 9 000（元）

$$\text{供电车间费用分配率} = \frac{42\ 800 + 16\ 200}{214\ 000 - 14\ 000} = 0.295(\text{元}/\text{度})$$

其中：产品应负担电费 = 100 000 × 0.295 = 29 500（元）
　　　生产一般消耗的修理费 = 60 000 × 0.295 = 17 700（元）
　　　管理部门的修理费 = 40 000 × 0.295 = 11 800（元）

表 4-7　辅助生产费用分配表（顺序分配法）

20××年8月　　　　　　　　　　　金额单位：元

项目	分配修理费		分配电费	
	数量（小时）	金额	数量（度）	金额
待分配费用		46 200		59 000
劳务供应总量	15 400		200 000	0.295
费用分配率（单位成本）		3		
受益对象				
供电车间	5 400	16 200		
机修车间				
基本生产车间				
产品生产			100 000	29 500
一般消耗	7 000	21 000	60 000	17 700
管理部门	3 000	9 000	40 000	11 800
合计	15 400	46 200	200 000	59 000

根据表 4-7 编制会计分录如下：

借：辅助生产成本——供电车间　　　　　　　　　　　　　　　　　　16 200
　　制造费用——基本生产车间　　　　　　　　　　　　　　　　　　21 000
　　管理费用　　　　　　　　　　　　　　　　　　　　　　　　　　9 000
　　贷：辅助生产成本——机修车间　　　　　　　　　　　　　　　　46 200
借：基本生产成本——甲产品　　　　　　　　　　　　　　　　　　　29 500
　　制造费用——基本生产车间　　　　　　　　　　　　　　　　　　17 700
　　管理费用　　　　　　　　　　　　　　　　　　　　　　　　　　11 800
　　贷：辅助生产成本——供电车间　　　　　　　　　　　　　　　　59 000

由于辅助生产部门之间提供的交互劳力，只前者分配给后者，而后者不用分配给前者，因此顺序分配法的优点为计算过程比较简便；其缺点为交互劳力只考虑了部分而非整体，分配结果不够准确；关键问题是排序工作较难。因此该方法只适用于辅助生产部门之间提供劳务的受益金额有明显差异、较容易按受益费用多少进行排序的企业。

第二节　制造费用的核算

一、制造费用的概述

制造费用是指生产部门为组织和管理生产所发生的各项间接费用，以及没有专设成本项目的直接生产费用。包括内容如下：

4-7 微课视频

（1）间接生产费用。例如生产车间厂房折旧费、机物料消耗、劳动保护费等。

（2）直接生产费用中未专设成本项目的费用。例如生产用设备折旧费、比重较小的生产用动力费、生产用包装物、生产用工具模具的摊销等。

4-8 知识链接

（3）生产车间为组织管理生产而发生的费用。如车间管理人员的薪酬、车间管理用照明用电、车间办公费等。

二、制造费用的归集

制造费用的归集应通过"制造费用"账户进行，该账户为成本类账户，借方归集发生的各项制造费用，贷方登记月末分配并结转制造费用，期末除季节性生产企业外一般无余额。该账户通过按照车间或部门开设明细账，账内按照费用项目设置专栏，分别反映各车间或部门各项制造费用的支出情况。

企业基本生产车间发生的制造费用，应开设"制造费用——基本生产车间"二级账归集核算。对于辅助生产车间发生的制造费用，如制造费用较少可以不设置辅助生产车间的制造费用账户核算，直接记入"辅助生产成本"账户进行核算；如果辅助生产车间发生的制造费用较多，则应开设"制造费用——辅助生产车间"二级账归集，月末再采用适当的方法分配转入"辅助生产成本"账户。

三、制造费用的分配

归集在基本生产车间的制造费用，月末需要分配结转到各成本计算对象的成本中。如果生产车间只生产一种产品，则该车间发生的制造费用不需要在各受益对象之间分配；如果生产多种产品，则需要在各受益对象之间分配。制造费用的分配方法主要包括实际分配率法和计划分配率法。

（一）实际分配率法

实际分配率法，是指生产车间将本期归集的制造费用实际发生额，按一定的分配标准分配转入产品成本的方法。包括生产工人工时比例法、生产工人工资比例法、机器工时比例法等。

▶ 1. 生产工人工时比例法

生产工人工时比例法是以各种产品（受益对象）生产工人实际工时或定额工时为标准分配制造费用的方法。其计算公式如下：

$$制造费用分配率=\frac{待分配制造费用总额}{该生产单位各产品生产工人工时之和}$$

4-9 微课视频

某产品应负担的制造费用＝该产品生产工人工时×制造费用分配率

【例4-6】 某企业基本生产第一车间"制造费用明细账"归集的本期制造费用实际发生额为84 000元；该车间本月产品生产工人实际完成工时为28 000小时，其中，甲产品生产工时为12 000小时；乙产品生产工时为9 000小时；丙产品生产工时为7 000小时。采用生产工人比例分配法编制"制造费用分配表",见表 4-8。

表 4-8 制造费用分配表(生产工人工时比例法)

生产单位:第一车间　　　　　　20××年10月　　　　　　　　金额单位:元

产品名称	生产工时(小时)	分配率(元/小时)	分配金额
甲产品	12 000	3	36 000
乙产品	9 000	3	27 000
丙产品	7 000	3	21 000
合　计	28 000		84 000

表 4-8 中费用分配率可通过如下公式计算求得:

$$制造费用分配率=\frac{84\ 000}{28\ 000}=3(元/小时)$$

根据表 4-8 编制如下会计分录:

借:基本生产成本——甲产品　　　　　　　　　　　　　　36 000
　　　　　　　　——乙产品　　　　　　　　　　　　　　27 000
　　　　　　　　——丙产品　　　　　　　　　　　　　　21 000
　　贷:制造费用——基本生产车间　　　　　　　　　　　84 000

采用该方法分配制造费用,将产品负担的费用与劳动生产率的高低联系起来,分配结果较为合理;当企业定额比较健全时,也可以按照产品定额总工时作为分配标准。

▶ 2. 生产工人工资比例法

生产工人工资比例法是以各种产品(受益对象)生产工资的工资比例作为分配标准分配制造费用的方法。其计算公式如下:

4-10 微课视频

$$制造费用分配率=\frac{待分配的制造费用总额}{该生产单位各产品生产工人工资之和}$$

某产品应负担的制造费用=该产品生产工人工资×制造费用分配率

【例 4-7】 某企业基本生产第二车间"制造费用明细账"归集的本期制造费用实际发生额为 104 000 元;该车间本月产品生产工人工资总额为 52 000 元,其中,甲产品生产工人工资为 30 000 小时、乙产品生产工人工资为 22 000 元。采用生产工资比例分配法编制"制造费用分配表",如表 4-9 所示。

表 4-9 制造费用分配表(生产工人工资比例法)

生产单位:第二车间　　　　　　20××年10月　　　　　　　　金额单位:元

产品名称	生产工人工资	分配率	分配金额
甲产品	30 000	2	60 000
乙产品	22 000	2	44 000
合　计	52 000		104 000

表 4-9 中费用分配率可通过如下公式计算求得：

$$制造费用分配率=\frac{104\,000}{52\,000}=2(元/小时)$$

根据表 4-9 编制如下会计分录：

借：基本生产成本——甲产品　　　　　　　　　　　　　　　　　60 000
　　　　　　　　——乙产品　　　　　　　　　　　　　　　　　44 000
　　贷：制造费用——基本生产车间　　　　　　　　　　　　　　104 000

采用该方法分配制造费用，生产工人工资原始数据容易取得，核算工作简便。按照生产工人工时比例和生产工人工资比例分配，主要适用于机械化程度较低的企业。

▶ 3. 机器工时比例法

机器工时分配法，是以各种产品（受益对象）的机器设备工作时间为标准分配制造费用的方法。其计算公式如下：

$$制造费用分配率=\frac{待分配制造费用总额}{该生产单位各种产品实际机器工时之和}$$

4-11 微课视频

某产品应负担的制造费用＝该产品实际机器工时×制造费用分配率

需要特别注意的是，生产部门使用先进程度和精密程度不同的机器设备生产产品，在相同时间内发生的费用是有差别的，需要按照将机器设备按单位工时费用发生的多少进行合理分类，确定各类机器的工时换算系数。各种产品实际机器工时应当先根据其换算系数换算为标准机器工时，再依据标准机器工时作为生产车间制造费用的分配标准。

某产品标准机器工时＝该产品实际机器工时×机器设备的工时换算系数

【例 4-8】 某企业基本生产第三车间"制造费用明细账"归集的本期制造费用实际发生额为 684 000 元；该车间 10 月产品机器总工时为 210 000 小时，其中，生产甲产品机器工时为 87 000 小时、乙产品机器工时为 123 000 小时。本月 A 类设备运转 135 000 小时，其中甲产品为 55 000 小时，乙产品为 80 000 小时；B 类设备运转 75 000 小时，其中甲产品为 32 000 小时，乙产品为 43 000 小时。该车间 A 类设备为一般设备，工时换算系数定为 1（标准设备系数）；B 类设备为精密大型设备，按照设备使用和维修费用发生情况（与 A 类设备比较），工时换算系数定为 2。根据车间相关资料，采用生产工资比例分配法编制"制造费用分配表"，如表 4-10 所示。

表 4-10　制造费用分配表（机器工时比例法）

生产单位：第三车间　　　　　　20××年 10 月　　　　　　金额单位：元

产品名称	标准机器工时			标准机器工时合计	费用分配率（元/小时）	分配金额
	A 类设备（标准工时）	B 类设备（系数为2）				
		实际工时	标准工时			
甲产品	55 000	32 000	64 000	119 000	2.4	285 600
乙产品	80 000	43 000	86 000	166 000	2.4	398 400
合　计	135 000	75 000	150 000	285 000		684 000

表 4-10 中费用分配率可通过如下公式计算求得：

$$制造费用分配率=\frac{684\,000}{285\,000}=2.4(元/小时)$$

根据表 4-10 编制如下会计分录：

借：基本生产成本——甲产品　　　　　　　　　　　　　285 600
　　　　　　　　——乙产品　　　　　　　　　　　　　398 400
　贷：制造费用——基本生产车间　　　　　　　　　　　684 000

采用机器工时比例法分配制造费用，增加平时各种产品机工工时的原始资料收集成本，主要适用于机械化程度较高的企业。

（二）计划分配率法

计划分配率法又称为年度计划分配率法，是按照年度开始前确定的全年度制造费用预算总额及年度计划总产量计算出年度计划分配率来分配制造费用的方法。与实际分配率法相比，该方法是以计划比例作为分配标准。其计算公式如下：

4-12 微课视频

$$年度计划分配率=\frac{年度制造费用预算(计划)总额}{年度计划产量定额工时之和}$$

该方法是在全年制造费用的计划总额和全年产品计划产量的基本上确定的，年内一般不得随意变更。如果实际发生的制造费用与其预算数或实际产品产量与其计划数差距较大，应及时调整计划分配率。

某月某产品应负担的制造费用＝该月该产品实际产量的定额工时×年度计划分配率

年度计划分配率法分配制造费用时，无论年内各月制造费用的实际费用是多少，均应采用年度计划分配率进行计算，按照计划制造费用分配结转到相应产品成本，因此该方法下"制造费用"账户 1—11 月份各月末分配结转后可能有余额。如有借方余额表示实际发生制造费用大于按计划转出的费用产生超支差；也可能有贷方余额即表示实际发生制造费用小于按计划转出制造费用产生节约差。

【例 4-9】　某企业基本生产四车间生产甲、乙产品两种产品，本年度制造费用预算为 180 000 元；两种产品本年计划产量分别为 1 500 件和 2 000 件，单位产品定额工时分别为 4 小时和 2 小时。本年 8 月末实际生产甲产品 260 件、乙产品 200 件。本月实际发生制造费用 2 700 元。采用计划分配率法分配制造费用，过程如下：

甲产品全年计划产量定额工时＝1 500×4＝6 000（小时）

乙产品全年计划产量定额工时＝2 000×2＝4 000（小时）

$$年度计划分配率=\frac{180\,000}{6\,000+4\,000}=1.8(元/小时)$$

4-13 微课视频

8 月份甲产品实际产量定额工时＝260×4＝1 040（小时）

8 月份乙产品实际产量定额工时＝200×2＝400（小时）

8 月份甲产品应负担的计划制造费用＝1 040×1.8＝1 872（元）

8 月份乙产品应负担的计划制造费用＝400×1.8＝720（元）

根据计划分配率分配8月份产品应负担的制造费用，编制制造费用分配表如表4-11所示。

表 4-11　制造费用分配表（计划分配率法）

生产车间：四车间　　　　　　20××年8月　　　　　　金额单位：元

产品名称	产品产量（件）	单位产品定额工时（小时）	实际产量定额总工时（小时）	计划分配率（元/小时）	分配金额
甲产品	260	4	1 040	1.8	1 872
乙产品	200	2	400	1.8	720
合计	460	—	1 440		2 592

根据表4-11编制会计分录：

借：基本生产成本——甲产品　　　　　　　　　　　　1 872
　　　　　　　　——乙产品　　　　　　　　　　　　　720
　　贷：制造费用——基本生产车间　　　　　　　　　2 592

从以上计算过程及结果可以看出，每月产品负担的制造费用是按照计划分配率计算的计划数，与实际发生的制造费用无关。每月实际发生额与计划分配额之间的差异为制造费用的期末余额，该差异当月不予处理，累计到年底一次性调整全年的差异，按照12月份实际产量定额工时作为追加差异的分配标准。如为借方余额则应将超支部分分配转入12月份产品成本，借"基本生产成本"账户，贷"制造费用——基本生产车间"账户；如果年度出现贷方余额，则应将节约差调减12月份产品成本，会计分录相反处理，一次性调整全年差异后"制造费用"账户年末无余额。

采用计划分配率法，核算工作较简便，也有利于产品成本和制造费用的日常控制。但对于制定年度计划预算总额和计划产量不准确、距离实际数额差值太大的企业，采用该方法会影响成本计算的正确性。该方法特别适用于季节性生产企业，理由是在季节性生产企业里淡季和旺季的产量悬殊较大，按照各月实际发生额分配制造费用会使得成本不稳定，而在开工期间进行合理分摊，则有利于正确计算成本和进行成本分析与考核。

本章小结

本章主要介绍了制造业辅助生产费用和制造费用的归集和分配。

辅助生产包括生产工具、模具、修理用备件等产品生产的辅助生产车间和提供供水、供电、机修、运输等劳务的辅助生产车间。提供劳务的车间生产车间月末可采用直接分配法、交互分配法、计划成本分配法、代数分配法及顺序分配法，将其归集的辅助生产费用转给各受益对象负担。

制造费用包括生产车间的间接生产费用、未专设成本项目的直接生产费用和为组织管理生产而发生的费用。基本生产车间发生的制造费用，月末可采用实际分配率及计划分配率法转到各产品成本中。

辅助生产费用和制造费用核算正确与否，将直接影响企业计算产品成本或费用水平的正确性，企业应根据自身情况选择适当的分配方法进行计算。

复习思考题

1. 什么是辅助生产？
2. 简述交互分配法的特点。
3. 简述制造费用包括的内容。
4. 简述制造费用的分配方法。
5. 简述计划分配率法的特点。

线上课堂——训练与测试

扫描封底二维码刮刮卡，获取答题权限。

在线自测

第五章　生产损失的核算

> **学习目标**
>
> 本章将学习和掌握：①废品损失和停工损失的含义；②可修复废品和不可修复废品的含义；③废品损失和停工损失核算的账户设置；④可修复废品的修复费用及不可修复废品报废成本的计算；⑤废品损失和停工损失的会计分录的编制。

引言

企业在生产经营过程中会发生各种损失，按照是否计入产品成本分为生产损失和非生产损失。生产损失是指在产品生产过程中由于生产原因而发生的各种损失，如生产不合格产品而发生的废品损失，由于机器设备故障停工而造成的损失等。生产损失与产品的生产直接相关，通常计入产品的生产成本。非生产损失是指由于企业管理不善或其他非生产原因造成的损失，如材料的盘亏毁损、固定资产的盘亏毁损、坏账损失、投资损失、非常损失等，非生产损失与产品生产没有直接关系，不应该由产品成本负担，应分别计入管理费用、营业外支出、冲减投资收益等。生产损失主要包括废品损失和停工损失。

第一节　废品损失的核算

一、废品及废品损失的含义

废品是指不符合规定的质量标准或技术要求，不能够按照原定用途使用，或需要加工修复后方可使用的在产品、半成品和产成品。废品按照产品中废品产生的原因，可分为工废品和料废品。工废品是指加工过程中由于工人操作不当或技术水平缺陷等原因产生的废品，料废品是材料原因造成产品不合格。该分类有利于明确经济责任、正确计算工资费用。废品按照其报废程度可分为可修复废品和不可修复废品。可修复废品是指在技术上可以修复，并且修复费用在经济上合算的废品；不可修复废品是指在技术上无法修复，或者虽然技术上可以修复，但修复费用在经济上是不合算的废品。

废品损失是指由于产品废品而发生的损失，包括不可修复废品的报废损失，即不可修复废品的生产成本，扣除回收的废品残料价值和获得的赔偿款后的净损失；还包括可修复废品在修复过程中的修复费用，即修复过程中直接材料、直接人工和制造费用。需要说明的是，这里所说

5-1 微课视频

的废品既包括生产过程中，也包括生产完工验收入库后发现报废的产品。但不需要返修可以降价出售的不合格品的价格损失，产成品入库后由于保管不善、运输不当等原因造成的损失，实行"三包"产品而发生的"三包"损失，不作为废品损失处理。

二、"废品损失"账户的设置

在废品较多的企业，为了重点考核和控制生产单位的废品损失，应在"基本生产成本"明细账的成本项目中增设"废品损失"成本项目；在账户设置上，应开设"废品损失"账户，对废品损失进行单独的核算。

5-2 微课视频

该账户为成本类账户，借方登记可修复废品的修复费用和不可修复废品的生产成本，贷方登记回收废品的残料价值和应收赔偿款；月末，应将净损失由该账户贷方转入"生产成本"的借方，由当月同种合格品成本负担。结转后"废品损失"账户应无余额。

"废品损失"账户应按照生产车间开设明细账，并按产品品种类别分设专户，在账内按成本项目开设专栏进行明细核算。

5-3 知识链接

三、可修复废品损失的核算

可修复废品损失指废品在修复过程中发生的修复费用，即修复中的直接材料、燃料和动力、直接人工和制造费用等。其中材料和燃料费用可根据有关领料凭证直接确定；动力费、人工和制造费用可以根据修复废品所耗用工时和小时工资率或小时费用率计算确定。修复费用在发生时应记入"废品损失"账户借方，回收的残料和应由责任人赔偿的款项，应记入"废品损失"账户贷方。废品的净损失，应从"废品损失"贷方转入同种合格品的成本中。

5-4 微课视频

【例 5-1】 某工厂加工车间生产的甲产品 200 件，发生可修复废品 10 件，修复过程中，耗用材料 200 元，应负担人工费用 100 元，制造费用 40 元。该废品系工人张某加工时操作不当造成，按规定应赔偿 120 元。根据有关凭证编制费用分配表（略），并编制会计分录如下：

（1）将发生的修复费用确认为废品损失：

借：废品损失——加工车间（甲产品）　　　　　　　　　　　　　340
　　贷：原材料　　　　　　　　　　　　　　　　　　　　　　　　200
　　　　应付职工薪酬——应付工资　　　　　　　　　　　　　　　100
　　　　制造费用　　　　　　　　　　　　　　　　　　　　　　　40

（2）应收赔偿款：

借：其他应收款——张某　　　　　　　　　　　　　　　　　　　120
　　贷：废品损失——加工车间（甲产品）　　　　　　　　　　　　120

（3）结转废品净损失：

借：基本生产成本——甲产品（废品损失）　　　　　　　　　　　220
　　贷：废品损失——加工车间（甲产品）　　　　　　　　　　　　220

四、不可修复废品损失的核算

不可修复废品损失是指不可修复废品的报废前所发生的生产成本，扣除废品的残值和应收赔偿款后，应计入该种产品成本的废品净损失。确定废品的生产成本通常有两种方法：一是按废品所耗实际成本计算；二是按废品所耗定额成本计算。

5-5 微课视频

（一）按废品所耗实际成本核算不可修复废品损失

将废品报废前所有产品生产成本，采用适当的方法在合格品与废品之间分配，需要考虑废品产生的时间。如果在完工验收入库时发现的，则废品完工程度为100%，可以直接按照合格品与废品的数量进行分配。如果在生产过程中发现的，当原材料在生产开始一次性投入时，直接材料仍可按照两者的数量比例进行分配；其他的费用则以生产工时作为分配标准。当原材料整个生产过程中陆续投入时，应以废品的约当产量作为分配标准。（详见第六章）

5-6 微课视频

【例5-2】 某企业基本生产二车间本月共完工乙产品8 000件，其中合格品为7 800件，不可修复废品为200件。合格产品生产工时为19 200小时，废品生产工时为800小时。A产品"基本生产成本"明细账所归集的生产费用为：直接材料56 000元，直接人工32 600元，制造费用24 800元。废品残料回收价值为500元，应收过失人赔偿200元。原材料生产开始时一次性投入，则材料费用按照产量比例分配，加工费用按照生产工时比例分配，不可修复费用的净损失计算如表5-1所示：

表5-1　某企业不可修复废品生产成本计算表

生产单位：二车间　　　　　　　　20××年3月

产品：乙产品

项　目	直接材料	直接人工	制造费用	合　计
生产总成本(元)	56 000	32 600	24 800	113 400
分配标准(生产总量)	7 800+200=8 000	19 200+800=20 000	19 200+800=20 000	—
费用分配率	$\dfrac{56\,000}{7\,800+200}=7$	$\dfrac{32\,600}{19\,200+800}=1.63$	$\dfrac{24\,800}{19\,200+800}=1.24$	
废品生产成本(元)	200×7=1 400	800×1.63=1 304	800×1.24=992	3 696

（1）将不可修复废品成本结转为废品损失：

借：废品损失——二车间（乙产品）　　　　　　　　　　　　　　　　3 696

　　贷：基本生产成本——乙产品　　　　　　　　　　　　　　　　　　　　3 696

（2）回收残料冲减废品损失：

借：原材料　　　　　　　　　　　　　　　　　　　　　　　　　　　500

　　贷：废品损失——二车间（乙产品）　　　　　　　　　　　　　　　　　500

（3）应收赔偿款冲减废品损失：

借：其他应收款——×× 200
　　贷：废品损失——加工车间（乙产品） 200
(4) 结转废品净损失：
借：基本生产成本——乙产品（废品损失） 2 996
　　贷：废品损失——二车间（乙产品） 2 996

（二）按定额成本核算不可修复废品损失

按照实际费用来计算和分配不可修复废品损失，结果比较符合实际，但核算工作量较大。为了简化核算，对于定额管理基础较好的企业，也可以按废品所耗定额费用计算不可修复废品的生产成本，即分别按照废品数量、费用定额和工时定额核算其成本，不考虑实际成本的发生额。

【例 5-3】 某企业三车间生产丙产品，本月产生不可修复废品 300 件，原材料开始时一次性投入，定额工时为 2 000 时，企业按定额成本计算废品损失。其单位产品的材料费用定额为 120 元，每小时的费用定额为：人工费用定额 8 元，制造费用定额为 6 元。废品回收残料价值 600 元，已交原材料仓库。不可修复废品损失计算如表 5-2 所示。

表 5-2　某企业不可修复废品生产成本计算表

生产单位：三车间　　　　　　　20××年 3 月
产品：丙产品　　　　　　　　　　　　　　　　　　　　　　　金额单位：元

项　目	直接材料	直接人工	制造费用	合　计
单位费用定额	120	8	6	—
废品定额成本	36 000	16 000	12 000	64 000
减：废品残值	600			—
废品损失	35 400	16 000	12 000	63 400

其计算过程如下：

直接材料＝300×120＝36 000（元）
直接人工＝2 000×8＝16 000（元）
制造费用＝2 000×6＝12 000（元）
废品生产成本＝36 000＋16 000＋12 000＝64 000（元）
废品净损失＝64 000－600＝63 400（元）

编制相关会计分录：

(1) 将不可修复废品成本结转为废品损失：
借：废品损失——三车间（丙产品） 64 000
　　贷：基本生产成本——丙产品 64 000
(2) 回收残料冲减废品损失：
借：原材料 600
　　贷：废品损失——三车间（丙产品） 600
(3) 结转废品净损失：

借：基本生产成本——丙产品（废品损失） 63 400
贷：废品损失——三车间（丙产品） 63 400

第二节 停工损失的归集和分配

一、停工损失的含义

停工损失是指企业的生产车间在停工期内发生的各项费用支出，包括停工期间发生的材料费用、燃料及动力费用、工人工资及福利费以及应负担的制造费用等。

企业的停工可以分为正常停工与非正常停工。正常停工包括季节性生产停工、计划减产停工、机器设备大修理停工等；正常停工损失一般属于计划内损失，应由产品成本负担；非正常损失包括待料、待工、停电、机器设备故障、自然灾害等原因停工而造成的损失。非正常停工损失一般属于计划外损失，应转作营业外支出。为了简化计算，生产单位不满一个工作日的停工，一般可以不计算停工损失。

5-7 知识链接

二、"停工损失"账户设置

单独核算停工损失的企业，为了企业停工期间发生的各项费用，应当设置"停工损失"总分类账户，或者在"生产成本"总分类账户下设置"停工损失"明细账户，并在"基本生产成本"明细账中增设"停工损失"成本项目。

5-8 微课视频

"停工损失"账户属于成本类账户，借方登记生产单位在停工期间发生的各项停工损失，贷方登记应收相关责任人的赔偿款和期末分配结转的停工净损失；分配结转后该账户应无余额。"停工损失"账户一般按照生产单位（车间）设置明细账，并在账内按费用项目设置专栏进行明细核算。

三、停工损失的核算

（一）停工损失的归集

停工损失核算所依据的原始凭证主要是"停工报告单"。生产单位因各种原因发生停工时，值班人员应及时向生产单位负责人报告情况、查明原因并采取措施恢复正常生产。如果超过一个工作日还不能恢复生产，则应填写"停工报告单"，报送到企业相关管理部门，由其采取措施恢复生产。

企业和生产单位的核算人员应当对"停工报告单"上所列停工时间、原因、范围及过失责任人等内容进行严格审核，并及时查明原因，明确相关责任人。只有经过严格审核的"停工报告单"方能作为停工损失核算的原始依据。

停工期间发生的材料、燃料费用、生产工人的薪酬以及制造费用等，一般可以根据有关原始凭证记入"停工损失"账户的借方，贷记相关账户。

【例 5-4】 某企业生产丁产品的第四车间本月停工 4 天，停工期间应支付生产工人工资 2 800 元，应计提福利费 392 元，应负担的制造费用 3 200 元。根据上述资料，编制会计分录如下：

借：停工损失——第四车间　　　　　　　　　　　　　　　　　6 392
　　贷：应付职工薪酬——工资　　　　　　　　　　　　　　　　2 800
　　　　　　　　　　　——福利费　　　　　　　　　　　　　　　 392
　　　　制造费用——基本生产车间　　　　　　　　　　　　　　3 200

（二）停工损失的分配

停工损失扣除应收相关责任人赔偿款后为停工净损失，应月末从"停工损失"贷方分配转出。属于正常停工损失由产品成本负担，转入"基本生产成本"明细账中"停工损失"成本项目中；属于非正常停工损失应作为非常损失，转入"营业外支出"账户，结转后"停工损失"账户应无余额。

【例 5-5】 如上例，停工原因系机器设备计划内检修停工 4 天，则应编制会计分录如下：

借：基本生产成本——丁产品　　　　　　　　　　　　　　　　6 392
　　贷：停工损失——第四车间　　　　　　　　　　　　　　　　6 392

【例 5-6】 如【例 5-4】中停工原因查明系由于供电部门电力供应中断造成的，供电部门应予以赔偿 3 000 元，其余部分经批准后转入非常损失。编制会计分录如下：

借：其他应收款——某供电局　　　　　　　　　　　　　　　　3 000
　　营业外支出　　　　　　　　　　　　　　　　　　　　　　3 392
　　贷：停工损失——第四车间　　　　　　　　　　　　　　　　6 392

本章小结

本章主要介绍企业生产损失的核算，生产损失包括废品损失和停工损失。

废品损失是指企业产生废品而造成的损失，包括不可修复废品的报废前生产成本和可修复废品修复费用，由于保管不善、不返修降低出售的不合格品损失及"三包"损失均不属于废品损失。废品损失应由本月同种合格品成本负担。

停工损失是指停工期发生的燃料及动力、材料费用、生产工人薪酬及制造费用等。正常原因造成的停工损失由开工期产品成本负担；非正常原因造成的停工损失计入当期损益，即营业外支出。

复习思考题

1. 什么是生产损失？
2. 简述废品损失的分类。
3. 可修复废品的含义。
4. 如何计算不可修复废品净损失？
5. 什么是正常停工损失？

线上课堂——训练与测试

扫描封底二维码刮刮卡，获取答题权限。

在线自测

第六章 生产费用在完工产品与在产品之间的核算

学习目标

本章将学习和掌握：①在产品的含义；②在产品数量意义和方法；③在产品成本计算方法的原理及适用范围；④生产费用在完工产品和月末在产品之间分配方法。

引言

通过要素费用的归集分配后，各成本计算对象的生产费用已归集。如果期末既有完工产品又有月末在产品时，将月初在产品成本和归集的生产费用合计需要在本期完工产品和月末在产品之间分配，企业应根据自身实际情况选择适当的方法进行分配。

第一节 在产品数量的概述

一、在产品数量的核算

在前几章节里介绍了企业生产过程中的各项费用，通过归集和分配，并按照相应成本项目记入"基本生产成本"账户及其所属的"产品成本计算单"中，即为横向分配；为了正确计算月末产品成本，"基本生产成本"明细账中的全部生产费用还需要在完工产品和月末在产品之间进行分配，从而计算出本月产成品成本。期末产品的完成情况主要有以下3种：

（1）期末时产品全部完工，没有期末在产品，则生产费用全部为完工产品成本。

（2）期末时产品全部未完工，没有完工产品，则生产费用全部为期末在产品成本。

（3）期末时部分产品完工，部分产品未完工，则需要将生产费用采用适当的分配方法，在完工产品和月末在产品之间分配，分别计算出完工产品的总成本和单位成本。

（一）在产品的含义

在产品是指企业已经投入生产，但尚未最后完工，不能作为商品对外销售的产品。在产品有广义在产品和狭义在产品之分。广义在产品是就整个企业的生产过程的，是指从投入材料进行生产开始，到最终形成完工产品并验收入库前的一切未完成全部生产过程的产品，包括正在各个生产工序加工的在制品、已经完成一个或几个生产工序但仍需要继续

6-1 微课视频

加工的自制半成品、已经完成全部工序正等待验收入库的产品及正在返修的废品等。其中对外销售的自制半成品属于商品产品，已经验收入库后不属于在产品的范围。狭义在产品是就某一车间或某一步骤而言的，仅指正在某一车间或某一步骤生产的在制品。

6-2 微课视频
狭义在产品

完工产品是就在产品相对而言的，因此也有广义完工产品和狭义完工产品之分。广义完工产品是相对于狭义在产品而言的，是指除本步骤在制品外的其他所有产品均为完工产品；狭义完工产品是相对于广义在产品而言的，是指完成全部生产过程且验收入库的产品。

本章所述的生产费用的纵向分配，是指生产费用在广义完工产品和狭义在产品之间进行分配。

（二）在产品数量的日常核算

确定在产品数量是计算在产品成本的基础，要正确计算在产品成本和完工产品的成本，都必须先取得在产品实物数量核算资料。从加强实物管理的角度而言，企业必须设置有关凭证账簿，来核算在产品的收发存情况。在产品收入、发出和结存的日常核算通常是通过设置"在产品台账"进行的，该台账按照生产车间及产品品种和名称设置，根据领料凭证、在产品内部转移凭证、产品检验单和产品入库单等原始凭证逐笔登记，最后由车间核算人员审核汇总。"在产品台账"基本格式如表6-1所示。

表6-1 在产品台账

车间名称：第××车间　　　　产品名称：××产品　　　　　　　　单位：件

20××年		摘要	收入		发出			结存	
月	日		凭证号	数量	凭证号	合格品	废品	完工	在产品
8	1	上月结转							30
8	4	收入	领1	150				40	140
8	10	发出			收2	60	2	20	58
		略							
8	31	合计		360		170	2	180	38

二、在产品清查的核算

在产品属于企业的存货，是企业的重要资产，为了核实在产品数量，企业应当定期进行在产品的清查盘点，确保账实相符，保证在产品的安全、完整。

在产品的清查采用实地盘点法，根据清查结果编制"在产品盘盈盘亏报告表"，列明月末"在产品台账"的账存数、清查实际结存数、盘盈、盘亏和毁损数，以及产生盈亏原因及处理意见等。同时，对于报废和毁损的在产品还要登记其残值。成本核算人员应对"在产品盘盈盘亏报告表"进行认真审核，并报经有关部门审批，对其进行账务处理。

▶ 1. 盘盈时账务处理

（1）盘盈时，按定额（计划）成本入账：

借：基本生产成本——××产品
  贷：待处理财产损溢——待处理流动资产损溢

（2）经批准转销：

借：待处理财产损溢——待处理流动资产损溢
  贷：管理费用

▶ 2. 盘亏、毁损时账务处理

（1）盘亏时：

借：待处理财产损溢——待处理流动资产损溢
  贷：基本生产成本——××产品

（2）经批准转销：

借：原材料   （残料收入）
  其他应收款   （相关责任人赔偿）
  管理费用   （收发计量和管理不善等原因造成损失）
  营业外支出   （非常损失）
  贷：待处理财产损溢——待处理流动资产损溢

三、期末在产品和完工产品的关系

期末在产品与本期完工产品的关系，是指期末在产品与本期完工产品在承担费用方面的关系，可以用公式表示如下：

期初在产品成本＋本月生产费用＝本月完工产品成本＋期末在产品成本

根据上述公式可知，生产费用总额需要采用适当的计算方法，在本月完工产品和期末在产品之间分配，即纵向分配。

6-3 知识链接

第二节　生产费用在完工产品和在产品之间分配

企业将生产费用在完工产品和月末在产品之间分配，是产品成本核算工作中一项重要而复杂的工作，尤其是对于产品结构复杂、生产工序较多的企业而言更是如此。企业应根据月末在产品数量的多少、各月在产品的数量变化大小、各项费用的比重以及定额管理基础的好坏等情况，选择适当的成本计算方法，在完工产品和月末在产品之间分配费用。生产费用在完工产品和月末在产品之间分配主要包括不计算在产品成本法、固定在产品成本法、在产品只计算材料成本法、在产品按照完工产品成本计算法、约当产量法、定额比例法和定额成本法等 7 种方法。

一、不计算在产品成本法

不计算在产品成本法,是指月末虽然有在产品,但不计算在产品成本,即将"基本生产成本"明细账中归集的生产费用全部由本月完工产品成本负担的方法。其计算公式如下:

6-4 微课视频

本月完工产品成本=本月发生生产费用

【例 6-1】 某企业大量生产甲产品,8 月甲产品"基本生产成本"明细账中登记的生产费用总额为 50 000 元,其中,直接材料 28 000 元,直接人工 12 000 元,制造费用 10 000 元。本月甲产品完工 250 件。由于产品生产周期较短且月末在产品数量很少,企业采用不计算在产品成本法,其计算过程如表 6-2 所示。

表 6-2　产品成本计算单

产品:甲产品　　　　　　　　　20××年 8 月　　　　　　　　　金额单位:元

摘　　要	直接材料	直接人工	制造费用	合　　计
本月生产费用	28 000	12 000	10 000	50 000
完工产品总成本	28 000	12 000	10 000	50 000
完工产品单位成本(元/件)	112	48	40	200

根据成本计算结果,编制会计分录:

借:库存商品——甲产品　　　　　　　　　　　　　　　　50 000
　贷:基本生产成本——甲产品　　　　　　　　　　　　　　　　50 000

采用不计算在产品成本法,主要适用于期末没有在产品或月末在产品数量很小,且各月变化不大较稳定,单位价值较低的企业。

二、固定在产品成本法

固定在产品成本法,是指年内各月末在产品成本均按照年初在产品成本计算,各月初、月末在产品的成本固定不变,当月发生的生产费用即为完工产品成本。其计算公式如下:

6-5 微课视频

月末在产品成本=本年年初在产品成本

本月完工产品成本=本月发生生产费用

【例 6-2】 某企业大量生产乙产品,本月乙产品"基本生产成本"明细账中登记的月末在产品成本为 30 000 元,其中,直接材料 16 000 元,直接人工 9 000 元,制造费用 5 000 元。9 月份生产费用总额为 50 000 元,其中,直接材料 28 000 元,直接人工 12 000 元,制造费用 10 000 元。本月乙产品完工 250 件。由于产品生产周期较短且月末在产品数量很少,企业采用不计算在产品成本法,其计算过程如表 6-3 所示。

表 6-3 产品成本计算单

产品：乙产品　　　　　　　　20××年9月　　　　　　　　金额单位：元

摘　要	直接材料	直接人工	制造费用	合　计
月初在产品成本	16 000	9 000	5 000	30 000
本月生产费用	28 000	12 000	10 000	50 000
生产费用合计	44 000	21 000	15 000	80 000
完工产品总成本	28 000	12 000	10 000	50 000
完工产品单位成本（元/件）	112	48	40	200
月末在产品成本	16 000	9 000	5 000	30 000

根据成本计算结果，编制会计分录：

借：库存商品——乙产品　　　　　　　　　　　　　　　　50 000

　　贷：基本生产成本——乙产品　　　　　　　　　　　　　50 000

需要特别注意，采用该方法企业应当在年终时对在产品进行实地盘点，确定在产品的实际数量，重新核定在产品成本，作为下一年度年初在产品成本，以免在产品数量变动太大，影响成本计算的正确性。

采用固定在产品成本法适用于月末在产品数量较小，或者虽然月末在产品数量较大但较为稳定，变化不大的企业，如钢铁企业、化工企业等。

三、在产品只计算材料成本法

在产品只计算材料成本法，是指月末在产品只计算其耗用的直接材料费用，直接人工、制造费用等则不需要在完工产品和在产品之间分配，全部计入完工产品成本的方法。其计算公式如下：

本月完工产品总成本＝月初在产品材料成本＋本月生产费用－月末在产品材料成本

6-6 微课视频

或

本月完工产品成本＝完工产品材料成本＋本月全部直接人工＋本月全部制造费用

【例 6-3】　某企业生产丙产品，10月份月初在产品材料费用为 31 280 元。本月丙产品发生费用分别为直接材料 23 320 元，直接人工 4 800 元，制造费用 4 600 元，共计 32 720 元。本月丙产品完工 400 件，月末在产品 200 件。该产品原材料费用在生产开始时一次性投入，直接材料按照完工产品和在产品的数量比例分配。该产品的原材料费用在产品成本总额中所占比重较大，采用在产品只计算材料成本法。其分配计算如下：

本月直接材料分配率 $=\dfrac{31\,280+23\,320}{400+200}=91(元/件)$

本月完工产品总成本＝400×91＝36 400（元）

本月完工产品总成本＝36 400＋4 800＋4 600＝45 800（元）

根据上述成本计算结果登记成本计算单，如表 6-4 所示。

表 6-4　丙产品成本计算单

产品：丙产品　　　　　　　　　20××年10月　　　　　　　　　金额单位：元

摘　要	直接材料	直接人工	制造费用	合　计
月初在产品成本	31 280			31 280
本月生产费用	23 320	4 800	4 600	32 720
生产费用合计	54 600	4 800	4 600	64 000
完工产品总成本	36 400	4 800	4 600	45 800
完工产品单位成本（元/件）	91	12	11.5	114.5
月末在产品成本	18 200			18 200

根据成本计算结果，编制会计分录：

借：库存商品——丙产品　　　　　　　　　　　　　　　　　　　45 800
　　贷：基本生产成本——丙产品　　　　　　　　　　　　　　　　45 800

采用在产品只计算材料成本法适用于月末在产品数量较大、月末在产品数量变化较大，且直接材料费用在产品成本所占比重较大的企业，如酿酒、造纸企业等。

四、在产品按完工产品成本计算法

月末在产品按照完工产品成本计算法，是指月末在产品已经接近完工，或者产品已经完工但尚未包装验收入库，因此可将月末在产品视同完工产品，按照月末在产品数量与本月完工产品数量的比例分配生产费用，以确定本月完工产品成本和月末在产品成本的方法。

6-7 微课视频

【例 6-4】　某企业基本生产车间生产丁产品，10月完工入库200件，月末在产品300件；月末在产品已经完工等待验收入库，采用在产品按完工产品成本计算法，其计算过程如表6-5所示。

表 6-5　丁产品成本计算单

产品：丁产品　　　　　　　　　20××年10月　　　　　　　　　金额单位：元

摘　要	直接材料	直接人工	制造费用	合　计
月初在产品成本	4 000	2 000	1 000	7 000
本月生产费用	56 000	23 000	17 000	96 000
生产费用合计	60 000	25 000	18 000	103 000
完工产品总成本	24 000	10 000	7 200	41 200
完工产品单位成本（元/件）	120	50	36	206
月末在产品成本	36 000	15 000	10 800	61 800

根据成本计算结果，编制会计分录：

借：库存商品——丁产品　　　　　　　　　　　　　　　　　　　41 200

贷:基本生产成本——丁产品　　　　　　　　　　　　　　　　　　　41 200

月末在产品按照完工产品成本计算法,生产费用按完工产品和月末在产品的数量比例分配,简化了成本计算工作;但只适用于月末在产品已经接近完工,或者月末在产品已经完工,但尚未包装验收入库的产品。

五、约当产量法

约当产量法,是指按照完工产品数量和月末在产品约当产量的比例分配计算完工产品与月末在产品成本的一种方法。

6-8 微课视频

约当产量,是指将月末在产品数量按照在产品的完工程度或投料程度折算为相当于完工产品的数量。

约当产量法的计算公式如下:

月末在产品约当产量＝月末在产品实际数量×完工程度(或投料程度)

$$费用分配率=\frac{月初在产品成本+本月生产费用}{完工产品数量+月末在产品约当产量}$$

完工产品成本＝完工产品数量×费用分配率

月末在产品成本＝月末在产品约当产量×费用分配率

　　　　　　　＝生产费用总额－完工产品成本

【例 6-5】 某企业基本生产车间生产 A 产品,8 月份完工 600 件,月末在产品 400 件,在产品的完工程序为 50%;本月基本生产成本明细账所归集的累计生产费用为 79 000 元,其中直接材料 35 000 元,直接人工 24 000 元,制造费用 20 000 元。原材料系生产开始一次性投入。其计算过程如下:

(1) 月末在产品约当产量＝400×50%＝200(件)

(2) 直接材料分配:

$$直接材料分配率=\frac{3\ 000+32\ 000}{600+400}=35(元/件)$$

完工产品直接材料费用＝600×35＝21 000(元)

月末在产品直接材料费用＝400×35＝14 000(元)

(3) 直接人工分配:

$$直接人工分配率=\frac{2\ 000+22\ 000}{600+200}=30(元/件)$$

完工产品直接人工费用＝600×30＝18 000(元)

月末在产品直接人工费用＝200×30＝6 000(元)

(4) 制造费用分配:

$$制造费用分配率=\frac{1\ 000+19\ 000}{600+200}=25(元/件)$$

完工产品制造费用＝600×25＝15 000(元)

月末在产品制造费用＝200×25＝5 000(元)

(5) 本月完工产品总成本＝21 000+18 000+15 000＝54 000(元)

月末在产品总成本＝14 000＋6 000＋5 000＝25 000（元）

根据上述计算结果编制"产品成本计算单"，如表6-6所示。

表6-6　A产品成本计算单

产品：A产品　　　　　　　　　　20××年8月　　　　　　　　　　单位：元

摘　要	直接材料	直接人工	制造费用	合　计
月初在产品成本	3 000	2 000	1 000	6 000
本月生产费用	32 000	22 000	19 000	73 000
生产费用合计	35 000	24 000	20 000	79 000
完工产品产量（件）	600	600	600	—
在产品约当产量（件）	400	200	200	—
约当总产量（件）	1 000	800	800	—
完工产品单位成本（元/件）	35	30	25	—
完工产品总成本	21 000	18 000	15 000	54 000
月末在产品成本	14 000	6 000	5 000	25 000

根据成本计算结果，编制会计分录：

借：库存商品——A产品　　　　　　　　　　　　　　　　　　　　　54 000
　　贷：基本生产成本——A产品　　　　　　　　　　　　　　　　　　54 000

通过例6-5得知，采用约当产量法分配生产费用，分配材料费用取决于原材料的投入方式，分配其他费用取决于产品的完工程度，因此确定月末在产品的投料程度和完工程度是费用分配结果正确性的关键因素。

（一）直接材料费用的分配

采用约当产量法分配直接材料费用时，月末在产品的约当产量应按照其所耗材料的投料程度进行计算。企业材料投料方式主要有以下三种：

▶**1. 生产开始时一次性投料**

6-9 微课视频

如果企业生产产品所耗用的材料在生产开始时一次性投入，月末在产品与完工产品应负担相同材料费用，即月末在产品投料程度为100%，在产品的约当产量就是在产品的实际数量，因此直接材料费用按照完工产品和在产品的实际数量比例分配，如例6-5所示。

▶**2. 各工序生产开始一次性投料**

企业生产产品所耗用的材料在整个生产过程中分工序投入，且在各工序生产开始时一次性投入，则需要分工序确定投料程度。根据各工序直接材料消耗定额为依据，各工序在产品材料消耗定额均按该工序投料程序100%确定。其计算公式如下：

6-10 微课视频

$$某工序投料程度 = \frac{前面各工序累计材料消耗定额 + 本工序材料消耗定额}{单位完工产品材料消耗定额} \times 100\%$$

【例 6-6】 某企业基本生产车间生产 B 产品,需经过三道工序加工完成,其原材料在每道工序开始时一次性投入。8 月完工 290 件,期末在产品 400 件,直接材料合计为 43 000 元。其他有关资料及其计算过程如表 6-7 所示。

表 6-7 约当产量计算表

生产工序	材料消耗定额 (kg/件)	投料程度	月末在产品数量 (件)	约当产量 (件)
1	120	$\frac{120}{600} \times 100\% = 20\%$	200	40
2	360	$\frac{120+360}{600} \times 100\% = 80\%$	150	120
3	120	$\frac{120+360+120}{600} \times 100\% = 100\%$	50	50
合计	600	—	400	210

直接材料分配:

直接材料分配率 $= \frac{43000}{290+210} = 86$(元/件)

完工产品直接材料费用 $= 290 \times 86 = 24\ 940$(元)

月末在产品直接材料费用 $= 210 \times 86 = 18\ 060$(元)

▶ **3. 分工序逐步投料**

企业生产产品所耗用的材料随着生产的进度逐步投入,且各工序内也是逐步投入,也需要分工序确定投料程度。根据各工序累计材料消耗定额占单位完工产品消耗定额的比率确定投料程度,在产品所在工序的投料程度以 50% 确定。其计算公式如下:

$$某工序投料程度 = \frac{前面各工序累计材料消耗定额 + 本工序材料消耗定额 \times 50\%}{单位完工产品材料消耗定额} \times 100\%$$

【例 6-7】 如例 6-5 中原材料在各工序随着加工进度逐步投入。其他有关资料及其计算过程如表 6-8 所示。

表 6-8 约当产量计算表

生产工序	材料消耗定额 (kg/件)	投料程度	月末在产品数量 (件)	约当产量 (件)
1	120	$\frac{120 \times 50\%}{600} \times 100\% = 10\%$	200	20
2	360	$\frac{120+360 \times 50\%}{600} \times 100\% = 50\%$	150	75
3	120	$\frac{120+360+120 \times 50\%}{600} \times 100\% = 90\%$	50	45
合计	600	—	400	140

直接材料分配:

直接材料分配率＝$\frac{43\,000}{290+140}$＝100（元/件）

完工产品直接材料费用＝290×100＝29 000（元）

月末在产品直接材料费用＝140×100＝14 000（元）

（二）其他费用的分配

企业分配"基本生产成本"明细账中的"直接人工""制造费用""燃料和动力"等成本项目时，月末在产品的约当产量应按照产品的完工程度进行计算。在产品完工程度的确定主要有以下两种情况：

6-11 微课视频

▶ **1. 不分工序确定完工程度**

在生产进度比较均衡的企业，各工序在产品数量和各道工序的加工数量差不多的情况下，后面各工序在产品多加工的程度可以抵补前面工序少加工的程序，因此全部工序在产品完工程度均按50%平均计算确定。如例6-5即为不分工序确定完工程序，月末在产品约当产量直接按照在产品数量的50%折算。

▶ **2. 分工序确定完工程度**

在生产进度不均衡的企业，各道工序加工的数量相关很大的情况下，为了正确计算产品的成本，在产品的完工程度应按各工序的累计工时定额与单位完工产品的工时定额比率计算。为了简化完工程度的折算工作，在产品所在工序的完工程度均按50%折算。其计算公式如下：

某工序在产品完工程度＝$\frac{\text{前面各工序累计工时定额}+\text{本工序工时定额}\times 50\%}{\text{单位完工产品工时定额}}\times 100\%$

【例6-8】 某企业基本生产车间生产C产品，10月份完工350件，月末在产品650件。C产品月初在产品成本和本月生产费用累计为76 500元，其中直接材料45 000元，直接人工18 900元，制造费用12 600元。原材料在生产开始时一次性投入，按照完工产品和月末在产品数量比例分配。C产品需经过三道工序制成，各道工序内在产品完工程度为50%。各工序有关资料及计算结果如表6-9所示。

表6-9 约当产量计算表

生产工序	工时定额（小时）	完 工 程 度	月末在产品数量（件）	约当产量（件）
1	4	$\frac{4\times 50\%}{10}\times 100\%=20\%$	350	70
2	4	$\frac{4+4\times 50\%}{10}\times 100\%=60\%$	200	120
3	2	$\frac{4+4+2\times 50\%}{10}\times 100\%=90\%$	100	90
合计	10		650	280

（1）直接材料分配：

直接材料分配率＝$\frac{5\,000+40\,000}{350+650}$＝45（元/件）

完工产品直接材料费用＝450×45＝15 750(元)

月末在产品直接材料费用＝650×45＝29 250(元)

(2) 直接人工分配：

直接人工分配率＝$\frac{2\ 900+16\ 000}{350+280}$＝30(元/件)

完工产品直接人工费用＝350×30＝10 500(元)

月末在产品直接人工费用＝150×30＝8 400(元)

(3) 制造费用分配：

制造费用分配率＝$\frac{1\ 600+11\ 000}{350+280}$＝20(元/件)

完工产品制造费用＝350×20＝7 000(元)

月末在产品制造费用＝280×20＝5 600(元)

(4) 本月完工产品总成本＝15 750＋10 500＋7 000＝33 250(元)

月末在产品总成本＝29 250＋8 400＋5 600＝43 250(元)

根据上述计算结果编制产品成本计算单，如表6-10所示。

表6-10 产品成本计算单

产品：A产品　　　　　　　　20××年8月　　　　　　　　金额单位：元

摘　　要	直接材料	直接人工	制造费用	合　　计
月初在产品成本	5 000	2 900	1 600	9 500
本月生产费用	40 000	16 000	11 000	67 000
生产费用合计	45 000	18 900	12 600	76 500
完工产品产量(件)	350	350	350	—
在产品约当产量(件)	650	280	280	—
约当总产量(件)	1 000	630	630	—
完工产品单位成本(元/件)	45	30	20	
完工产品总成本	15 750	10 500	7 000	33 250
月末在产品成本	29 250	8 400	5 600	43 250

根据成本计算结果，编制会计分录：

借：库存商品——C产品　　　　　　　　　　　　　　　　　　　　　33 250

　　贷：基本生产成本——C产品　　　　　　　　　　　　　　　　　　　33 250

采用约当产量法应用范围较广泛，主要适用于月末在产品数量较大，月末在产品数量变化较大，且产品成本中各项生产费用所占总成本比重相差不多的产品。

六、定额比例法

定额比例法，是指按照本月完工产品定额消耗量(或定额费用)、定额工时和月末在产品定额消耗量(或定额费用)、定额工时的比例分配生产费用,以计算本月完工产品和月末在产品成本的方法。

定额比例法也按照成本项目分配生产费用,直接材料的分配标准为原材料定额消耗量(或定额费用)比例分配,直接人工和制造费用的分配标准为定额工时的比例分配。其计算公式如下:

6-12 微课视频

▶ 1. 直接材料分配

完工产品定额消耗量(费用)＝完工产品实际数量×单位材料消耗(费用)定额

月末在产品定额消耗量(费用)＝月末在产品实际数量×单位材料消耗(费用)定额

$$直接材料费用分配率=\frac{月初在产品材料费用+本月材料费用}{完工产品定额消耗量(费用)+月末在产品定额消耗量(费用)}$$

完工产品直接材料费用＝完工产品定额消耗量(费用)×直接材料费用分配率

月末在产品直接材料费用＝月末在产品产品定额消耗量(费用)×直接材料费用分配率

▶ 2. 其他费用分配

完工产品定额工时＝完工产品实际数量×单位工时定额

月末在产品定额工时＝月末在产品实际数量×单位工时定额

$$直接人工(制造费用)分配率=\frac{月初在产品人工(制造费用)+本月直接人工(制造费用)}{完工产品定额工时+月末在产品定额工时}$$

完工产品直接人工(制造费用)＝完工产品定额工时×直接人工(制造费用)分配率

月末在产品直接人工(制造费用)＝在产品定额工时×直接人工(制造费用)分配率

【例 6-9】 某企业基本生产车间生产丁产品,单位产品原材料消耗定额为 300 元,单位工时定额为 20 小时,本月生产完工产品 500 件,月末在产品 200 件。原材料在生产开始一次性投入,月末在产品的完工程序为 50%。有关资料及计算结果如表 6-11 所示。

表 6-11 产品计算单 金额单位:元

摘 要	直接材料	直接人工	制造费用	合 计
月初在产品成本	68 000	3 600	6 400	78 000
本月生产费用	100 000	30 000	20 000	150 000
生产费用合计	168 000	33 600	26 400	228 000
完工产品定额成本	150 000	10 000	10 000	—
月末在产品定额成本	60 000	2 000	2 000	—
定额成本合计	210 000	12 000	12 000	—
费用分配率	0.8	2.8	2.2	
完工产品总成本	120 000	28 000	22 000	170 000
完工产品单位成本(元/件)	240	56	44	340
月末在产品成本	48 000	5 600	4 400	58 000

其中：

完工产品定额费用＝500×300＝150 000(元)

月末在产品定额费用＝200×300＝60 000(元)

完工产品定额工时＝500×20＝10 000(元)

月末在产品定额工时＝200×50％×20＝2 000(元)

根据表6-11中成本计算结果，编制会计分录：

借：库存商品——丁产品　　　　　　　　　　　　　　　170 000

　　贷：基本生产成本——丁产品　　　　　　　　　　　　170 000

6-13 微课视频

定额比例法是以产品的定额消耗量(费用)或定额工时作为分配标准，计算完工产品和月末在产品的成本的定额成本，该成本与实际成本之间的差异在计算过程中随着完工产品与月末在产品之间的比例进行分配，因此对成本正确性影响不大。该方面适用于定额管理基础较好，制定各项定额比较准确、稳定，且各月月末在产品数量变化较大的产品。

七、定额成本法

定额成本法，是指月末在产品按照企业事先制定的单位定额成本和在产品的数量计算月末在产品成本，然后将本月生产费用总额减去月末在产品定额成本，倒挤出完工产品成本的方法。其计算公式如下：

6-14 微课视频

月末在产品成本＝月末在产品实际数量×单位定额成本

完工产品成本＝月初在产品成本＋本月生产费用－月末在产品成本

【例6-10】 某企业基本生产车间生产D产品，本月完工2 000件，月末在产品1 000件，其中第一工序400件，第二工序350件，第三工序250件。D产品单位产品工时定额为第一工序30小时，第二工序80小时，第三工序20小时，原材料在生产开始一次性投入，月末在产品在各工序的完工程序为50%。丁产品单位材料费用定额为400元/件，单位工时定额直接人工为4元/小时，单位工时定额制造费用为3元/小时。其费用资料及计算过程见表6-12所示。

(1) 在产品完成的定额工时

在产品完成的定额工时＝(30×50％)×400＋(30＋80×50％)×350＋(30＋80＋20×50％)×250＝58 000(小时)

(2) 月末在产品定额成本：

月末在产品直接材料费用＝1 000×400＝400 000(元)

月末在产品直接人工费用＝58 000×4＝232 000(元)

月末在产品制造费用＝58 000×3＝174 000(元)

月末在产品成本＝400 000＋232 000＋174 000＝806 000(元)

(3) 完工产品总成本：

完工产品总成本＝440 985＋1 580 875－806 000＝1 215 860(元)

表 6-12　成本计算单

产品：丁产品　　　　　　　　　20××年××月　　　　　　　　金额单位：元

摘　　要	直接材料	直接人工	制造费用	合　　计
月初在产品成本	150 000	180 150	110 835	440 985
本月生产费用	750 000	420 250	410 625	1 580 875
生产费用合计	900 000	600 400	521 460	2 021 860
完工产品总成本	500 000	368 400	347 460	1 215 860
完工产品单位成本（元/件）	250	184.2	173.73	607.93
月末在产品成本	400 000	232 000	174 000	806 000

根据表 6-12 中成本计算结果，编制会计分录：
　　借：库存商品——丁产品　　　　　　　　　　1 215 860
　　　　贷：基本生产成本——丁产品　　　　　　　　　　1 215 860

6-15 微课视频

定额成本法，月末在产品成本是按照定额消耗量（费用）或定额工时作为标准进行核算的，即月末在产品成本为定额成本，其定额成本与月末在产品实际成本之间的差异，倒挤到完工产品负担，如果月末在产品数量变化大则会影响成本的正确性，因此定额成本法适用于定额管理基础好，制定各项定额比较准确、稳定，且各月月末在产品数量变化较小的产品。

本章小结

本章主要介绍生产费用在完工产品和月末在产品之间分配的常用方法。

在产品有广义和狭义之分，广义在产品是就整个企业而言，没有完全全部生产过程，不能作为商品对外销售的产品，包括在制品、尚需继续加工的自制半成品、等待验收入库的产品和正在返修的废品；狭义在产品指的是本步骤正在加工的在制品；本章是指生产费用在狭义在产品和广义完工产品之间分配。

为了正确计算本月完工产品和期末在产品的成本，企业应当根据月末在产品数量多少、月末在产品数量变化大小、各项费用比重大小和定额管理基础好坏，选择适当的分配方法进行纵向，包括不计算在产品成本法、按月初数固定在产品成本法、只计算材料成本法、在产品按完工产品计算法、约当产量法、定额比例法和定额成本法。

复习思考题

1. 简述广义在产品和狭义在产品。
2. 如何进行在产品数量的核算？
3. 生产费用在完工产品和月末在产品之间的分配方法有哪些？论述各方法优缺点及适用范围。

4. 什么是约当产量法？

5. 定额成本法和定额比例法有何区别？

6. 计算题

（1）某公司生产 A 产品，本月完工产品产量 500 件，月末在产品 100 件。完工程度按平均 50% 计算，材料在开始时一次投入，其他费用按约当产量比例分配。A 产品本月耗用直接材料共计 24 000 元，直接人工费用 11 000 元，制造费用 5 500 元。

要求：采用约当产量法计算完工成本和月末在产品成本，并编制相关分录。

（2）某企业生产 A 产品，分三道工序制成，A 产品工时定额为 100 小时，其中：第一道工序 40 小时，第二道工序 30 小时，第三道工序 30 小时，每道工序按本道工序工时定额的 50% 计算，在产品数量：第一道工序 1000 件，第二道工序 1200 件，第三道工序 1500 件。要求：计算完工率及约当产量。

（3）某企业生产 A 产品，月初在产品直接材料 2 000 元，直接人工 800 元，制造费用 300 元。本月实际发生原材料费用 9 000 元，直接人工费 4 000 元，制造费用 1 500 元。完工产品 4 000 件，单件原材料费用定额 2 元，单件工时定额 1.25 小时。月末在产品 1 000 件，单件原材料费用定额 2 元，工时定额 1 小时。

要求：采用定额比例法计算完工产品和月末在产品的成本，并编制相关会计分录。

线上课堂——训练与测试

扫描封底二维码刮刮卡，获取答题权限。

在线自测

第七章 产品成本的计算方法概述

> **学习目标**
>
> 本章将学习和掌握：①工业企业生产特点的分类；②生产特点和管理要求对成本计算的影响；③成本计算基本方法和辅助方法的区别及合理选用成本计算方法应考虑的因素。

引言

产品成本是在生产过程中形成的，因此生产组织方式及工艺过程对成本计算方法有着很大影响。成本计算是为成本管理提供资料的，因此企业必须结合企业自身的实际情况，同时考虑生产特点和管理要求来确定成本计算方法。

第一节 生产特点与管理要求对产品成本计算方法的影响

一、成本计算方法的概述

通过前几章节的学习，明确了企业的生产费用在不同产品之间横向分配后，月末再将各产品成本在完工产品和月末在产品之间进行纵向分配，最终计算出产品总成本和单位成本。在实际工作中，成本是生产过程中形成的，所以企业生产的组织方式及生产工艺技术过程在很大程度上会影响产品成本的计算。另外，企业管理部门会结合自身企业的生产特点提出成本核算要求。因此，为了正确计算产品成本，应当根据产品生产组织类型、生产工艺过程特点及企业管理要求，确定成本计算方法。

（一）按生产工艺过程的特点分类

工业企业产品生产的工艺技术过程，是指从投入原材料到产成品验收入库所需经过的各个生产环节的过程。工业企业的生产按照工艺过程的特点，可以分为单步骤生产和多步骤生产两种类型。

▶ 1. 单步骤生产

单步骤生产，又称为简单生产，是指生产工艺过程在时间上不能间断，或者在空间上不便于分散在几个不同地点进行的生产，这类生产通常只能由一个企业整体进行，而不能由几个企业协作进行。例如发电、供水、采掘企业的生产属于比较典型的单步骤生产。

▶ 2. 多步骤生产

多步骤生产，又称为复杂生产，是指生产工艺过程由若干个可以间断、分散在不同地点、分别在不同时间进行的生产步骤所组成的生产，例如机械、钢铁、服装加工等的生产属于比较典型的多步骤生产。该类生产可以由一个企业的几个生产单位进行，也可以由几个企业协作进行。多步骤生产按其产品的加工方式，又分为连续式多步骤生产和装配式多步骤生产。

（1）连续式多步骤生产，又称为连续加工式生产，是指产品生产过程按照既定的生产程序，投入生产的原材料依次经过各个生产步骤的加工，每个步骤生产的半成品转到后一个生产步骤作为加工的对象，直到最后的生产步骤才能形成产成品。如造纸、纺织、服装加工、冶金等企业的生产方式都属于连续式多步骤生产。

（2）装配式多步骤生产，又称为平等加工式生产，是指将原材料投入生产以后，由各个生产步骤同时加工成半成品，最后全部交由装配车间进行装配形成产成品，如机械制造、船舶制造、电梯制造等企业的生产方式都属于装配式多步骤生产。

（二）按生产组织方式的特点分类

企业的生产按照组织特点不同，分为大量生产、成批生产和单件生产三种类型。

▶ 1. 大量生产

大量生产是指企业不断地重复生产品种相同的产品。大量生产的特点是产品品种比较稳定，产量大、品种较少，生产具有重复性，对于生产的产品长期不间断进行，一般采用专业设备重复进行生产，专业化水平较高，如发电、供水、采掘、冶金、化肥生产等。

▶ 2. 成批生产

成批生产是指企业按照客户的订单或市场的需求，按照产品各类和数量分批进行生产。分批生产的特点是品种规格较多，生产具有一定的重复性，如服装加工、工具制造、某些机械制造等。成批生产按照批量的大小，分为大批生产和小批生产。大批生产的性质接近大量生产，如服装加工等，小批生产的性质接近单件生产，如电梯制造等。

▶ 3. 单件生产

单件生产是指企业按照客户的要求为其生产个别的、性质特殊的产品。单件生产的特点是产量少、品种多，但规格多变且很少会重复，如重型机械制造、精密仪器制造、专用设备制造等。

二、生产特点和管理要求对成本计算的影响

生产特点和管理要求对成本计算的影响主要表现在成本计算对象、成本计算期和生产费用在完工产品和在产品之间分配三个方面。

（一）对成本计算对象的影响

成本计算对象指的是确定归集和分配生产费用的具体对象，即生产费用承担的客体。企业进行成本计算的首要工作是确定成本计算对象，并按照确定的成本计算对象设置"基本生产成本"明细账，据以归集和分配每个成本计算对象的生产费用。

就生产工艺过程角度而言，在单步骤生产情况下，生产工艺过程不能间断，因此不能按照生产步骤计算产品成本，只能按照品种来计算产品成本。多步骤生产时，可以按照生

产步骤来计算成本,但是对于规模不大、业务简单的企业,管理上不要求提供各步骤成本信息,因此也只需按照品种计算产品成本。从生产组织类型角度而言,大量生产的企业是连续不断重复生产一种或几种产品,因此管理上只要求也只能以产品品种作为成本计算对象;而大批生产的企业,其特点是产量大,品种相对稳定,故一般也只能以产品品种作为成本计算对象。总体而言,大量大批单步骤生产或者管理上不要求提供各步骤成本信息的多步骤生产企业,一般按照产品的品种确定成本计算对象。

单件小批生产的企业,产品批量较小且同批产品大多同时完工,因此可以按照产品批次作为成本计算对象。

大量大批多步骤生产且管理上要求提供各步骤成本信息的企业,一般按照产品的品种及其所经生产步骤确定成本计算对象。

(二)对成本计算期的影响

成本计算期是对在生产经营过程发生的费用计入成本计算对象,所规定的起止时间范围。大量大批生产的企业,通常需要定期按月计算产品成本,成本计算期与会计报告期一致,与生产周期不一致;单件小批生产的企业,由于产量较小且基本同时完工,成本计算只能在产品完工后才能进行,因此成本计算期与生产周期一致,与会计报告期不一致。

(三)对生产费用在完工产品和在产品之间分配的影响

生产费用在完工产品和在产品之间分配需要考虑生产特点及管理要求。单步骤生产,生产周期较短,生产过程不能间断,一般期末没有在产品或在产品很少,不存在生产费用在完工产品和期末在产品之间分配的问题。多步骤生产的企业,如生产组织方式是大量大批生产,生产通常是连续不间断进行,通常期末既有完工产品又有在产品,因此生产费用需要在完工产品和在产品之间分配;如生产组织方式是单件小批生产,由于成本计算期与生产周期一致,完工时才计算成本,因此通常生产费用不需要在完工产品和在产品之间分配。

第二节 产品成本计算的方法

一、产品成本计算的基本方法

根据生产组织特点和生产工艺过程以及企业成本管理要求,制造业产品成本计算的基本方法有三种,即品种法、分批法和分步法。

(一)品种法

品种法是以产品品种作为成本计算对象,按照产品品种设置基本生产成本明细账,归集生产费用,从而计算产品总成本和单位成本的方法。品种法是成本计算方法中最基本的方法,是其他方法的基础。

品种法主要适用于大量大批单步骤生产的企业,如发电、供水、采掘等企业;同时也适用于大量大批多步骤生产但管理上不要求分步骤计算成本的企业,如小型造纸厂、小型水泥厂，以及企业内部以大量大批单步骤组织生产的辅助生产车间，如供水车间、供电车间等。

品种法是以产品品种为成本计算对象，如果企业只生产一种产品，则当期的生产费用直接计入该产品成本；如果企业生产两种或以上产品，则需要采用适当的方法将生产费用在不同产品之间进行分配；成本计算期只能与会计报告期一致，定期按月计算成本，与生产周期不一致；当月末在产品很少且均衡时，通常不需要将生产费用在完工产品和在产品之间分配，当月末在产品多且不均衡时，则需要将生产费用在完工产品和在产品之间分配。

（二）分批法

分批法是以产品批别作为成本计算对象，按照产品批别设置基本生产成本明细账，归集生产费用，从而计算产品总成本和单位成本的方法。

分批法主要适用于管理上不要求分步骤计算产品成本的单件小批多步骤生产企业，如船舶制造、重型机械、精密仪器制造等企业。

分批法以产品批别作为成本计算对象；成本计算期与生产周期一致，产品完工时计算成本，与会计报告期不一致；通常月末不需要将生产费用在完工产品和在产品之间分配。

（三）分步法

分步法是以产品的品种及其所经生产步骤作为成本计算对象，按照产品的生产步骤设置基本生产成本明细账，归集生产费用，从而计算产品总成本和单位成本的方法。

分步法主要适用于管理上要求分步骤计算产品成本的大量大批多步骤生产企业，如机械制造、纺织、冶金等企业。

分步法是以产品的品种及其所经生产步骤作为成本计算对象；成本计算期与会计报告期一致，定期月末计算成本，与生产周期不一致；通常月末需要将生产费用在完工产品和在产品之间分配。

三种基本方法在成本核算对象、成本计算期、生产费用在完工产品与在产品之间分配（纵向分配）三个特点都有所区别，如表7-1所示。

表7-1 产品成本计算基本方法的区别

成本计算基本方法	成本计算对象	成本计算期	是否需要纵向分配
品种法	产品品种	定期（按月）	在产品多且不均衡时需要
分批法	生产批别	不定期（生产周期）	一般不需要
分步法	生产步骤	定期（按月）	一般需要

二、产品成本计算的辅助方法

在实际工作中，除了上述三种产品成本计算的基本方法外，为了简化成本计算或为有效控制成本，产生了其他的辅助方法。

（一）分类法

分类法是以产品的类别作为成本计算对象，按照类别设置基本生产成本明细账，归集费用，计算出各类产品的成本后，再按照一定的标准分配类内产品成本的一种产品成本计算方法。

分类法主要适用于产品品种规格繁多，且能够按照一定标准进行分类的企业，可见分类法是一种简化成本计算的方法，并不是一种独立的方法，必须与成本计算基本方法结合才能应用。

（二）定额法

定额法是根据产品的实际产量将符合额定的费用和脱离定额的差异分别核算，以完工产品的定额成本为基础，加上或减去定额差异、材料成本差异和定额变动差异，从而计算出产品实际成本的一种成本计算方法。

（三）标准成本法

标准成本法是在标准成本制度基础上，将成本计算、成本计划、成本控制和成本分析有机结合起来而形成的一种产品成本计算方法。标准成本法是为了加强成本控制、正确评价企业生产经营业绩，实现成本的标准化管理，而采用的一种成本计算方法，一般适用于标准成本制度健全、成本管理基础较好、成本管理水平较高的企业。

（四）作业成本法

作业成本法是指以作业为基础，按照成本动因来分配间接费用的一种成本计算方法。作业成本法提供了产品成本费用发生的动因，企业可以有针对性地采用各项具体措施，对成本费用实施有效控制，该方法可提高成本计算结果的准确性。

三、产品成本计算方法的应用

在实际工作中，由于各企业生产特点和成本管理要求不同，情况比较复杂，企业在进行成本计算时不能单独采用一种成本计算方法来进行成本计算时，也可以将几种方法同时应用或结合应用。

（一）同一企业同时应用几种方法

企业里生产的产品种类较多，各个生产单位生产不同的产品，其生产特点和管理要求各不同，应当采用不同的成本计算方法计算成本。

例如，一个生产单位内，由于不同产品的生产组织方式不同，也可以同时采用多种成本计算方法。大量大批生产的产品可以采用品种法或分步法计算产品成本，单件小批生产的产品则采用分批法计算成本。

又如，基本生产车间与辅助生产车间的生产特点和管理要求不同，也可以同时采用多种成本计算方法计算成本。基本生产车间可能采用品种法、分批法、分步法、分类法等；辅助生产车间里供水、供电等大量大批单步骤生产的车间可采用品种法计算，机修、运输等单件小批生产的车间可采用分批法计算产品成本。

7-1 知识链接

（二）同一企业结合应用几种方法

由于企业生产产品的特点不同，产品所经过的生产步骤的管理要求不同，导致采用的成本计算方法也有差异，可能同时结合使用几种成本计算方法来进行成本的计算；也可以以一种成本计算方法为主，结合辅助方法计算产品成本。

例如，大量大批单步骤生产车间，由于企业生产产品种类较多，可以按照一定标准分类成不同等级的产品，因此在主要采用品种法计算成本的同时，可以结合分类法计算产品成本。

本章小结

本章主要介绍工业企业的生产特点，包括生产工艺过程和生产组织类型。按照生产工艺过程，可分为单步骤生产和多步骤生产；按照生产组织类型可分为大量生产、成批生产和单件生产。企业的生产特点和管理要求对成本计算的影响主要体现在成本计算对象、成本计算期、生产费用在完工产品和在产品之间分配三个方面。工业企业计算产品成本方法主要包括品种法、分批法和分步法三个基本方法和分类法、定额法、标准成本法和作业成本法等辅助方法。在实际工作中，企业应该考虑生产特点和管理要求来选择适当的方法计算成本，可以同时应用或结合应用多种方法计算产品成本。

复习思考题

1. 简述生产组织方式的分类。
2. 连续式复杂生产的特点是什么？其典型企业有哪些？
3. 生产组织方式和企业管理要求对生产成本有何影响？
4. 产品成本计算基本方法有哪些？
5. 简述成本计算基本方法各自的特点。

线上课堂——训练与测试

扫描封底二维码刮刮卡，获取答题权限。

在线自测

第八章 品 种 法

学习目标

本章将学习和掌握：①品种法的成本计算特点、适用范围、计算程序以及具体方法的应用；②生产计入产品成本的基本程序，熟练应用品种法的基本原理来解决实际问题；③品种法的优缺点及适用范围，充分发挥其在实际生产中的应有作用。

引言

本章主要介绍成本计算方法——品种法，最基本的产品成本计算方法。品种法是以产品的品种作为成本计算对象，归集生产费用，计算各种产品成本的计算方法；主要适用于大量大批单步骤生产的生产企业，也适用于管理上不需要分步计算成本的大量大批多步骤生产企业。不论是何种生产类型、采用何种生产工艺，企业最终都必须计算出各种产品成本，因此品种法是最基本的方法。

第一节 品种法的概述

一、品种法的概念及适用范围

（一）品种法的概念

产品成本计算的品种法，是以产品的品种作为成本核算对象，用以归集生产、计算产品成本的一种方法。它是工业企业的一种基本成本计算方法。

（二）品种法的适用范围

品种法主要适用于大量大批的单步骤生产，例如发电、采掘等生产。在这种类型的生产企业中，产品的生产技术过程不能从生产技术上划分为几个生产步骤，因而也就不可能或者不需要按照生产步骤计算产品成本。

它还适用于大量大批多步骤生产，但管理上不要求按照生产步骤计算产品成本的企业。在大量大批多步骤生产中，如果企业或车间的规模较小，或者车间是封闭式的，即从原材料投入产品产出的全过程，都是在一个车间内进行的，或者生产是按流水线组织的，各步骤的半成品只能满足本企业连续加工的需要，直到

8-1 知识链接

产品加工完毕，因而管理上不要求分步骤计算产品成本，只要求按照产品品种计算成本。例如小型水泥厂、织布厂、造纸厂以及辅助生产的供水、供电车间等。

二、品种法的特点

品种法是以产品品种为对象计算产品成本的一种成本计算方法。它的主要特点表现在以下几个方面：

8-2 微课视频

（一）以产品的品种作为成本计算对象

品种法的成本计算对象是产品的品种。在采用品种法计算产品成本的企业或车间里，如果只生产一种产品，则企业只需要为这种产品开设一本产品成本明细账，明细账内按成本项目设立专栏或专行。在这种情况下，所发生的费用都为这一个产品所发生，所以发生的全部生产费用都是直接计入费用，可以直接计入该种产品成本明细账的有关成本项目中去，因而不存在在各成本计算对象之间分配费用的问题。如果是生产多种产品，则按照产品的品种分别设置产品成本明细账。所发生的费用中，若为某种产品直接耗用的，则可以直接计入该产品成本明细账的有关成本项目中，若是为几种产品共同耗用的，则要采用适当的分配方法在各成本计算对象之间进行分配，然后分别计入各产品成本明细账的有关成本项目中去。

（二）按月定期计算成本

在大量大批生产类型的企业，由于产品是连续不断地生产，不可能在产品生产完工时立即计算成本，只能定期在月末计算当月产出的产品成本，从而形成了成本计算期与会计报告期相一致。

（三）生产费用在完工产品与在产品之间分配

（1）在单步骤生产的企业，月末计算产品成本时，一般不存在尚未完工的产品，或者在产品的数量很小，因而可以不计算在产品成本。在这种情况下，产品成本明细账中按成本项目归集的生产费用，就是该产品的总成本，除以产量后即计算出产品的单位成本。

（2）对于管理上不要求按照生产步骤计算产品成本的大量大批多步骤生产的企业，月末一般都有在产品，且数量较多，这就需要将产品成本明细账中归集的生产费用，采用适当的方法在完工产品与月末在产品之间进行分配，以便计算出完工产品成本和月末在产品成本。

三、品种法的成本计算程序

品种法是最基本的成本计算方法，品种法的成本计算程序也就是产品成本计算的一般程序。采用品种法进行成本计算时，就是首先按照产品的品种开设基本生产成本明细账或成本计算单，然后按步骤归集和分配各项费用，计算产品成本。

（1）按生产车间产品品种设置生产成本明细账（产品成本计算单），并按成本项目登记月初在产品生产成本。如果一个企业只生产一种产品，则只需要设置一个基本生产成本明细账；如果企业生产两种或两种以上产品，则应按产品的品种设置多个明细账，同时开设辅助生产明细账和制造费用明细账。

(2) 月末根据各项生产费用的原始凭证和其他有关资料，分配各项要素费用，编制各项生产费用分配表，即根据费用分配表，将生产产品发生的直接费用，计入各生产成本明细账相应的成本项目中；将生产车间组织和管理生产发生的间接费用计入各车间制造费用明细账的有关项目中（日常发生的制造费用在发生时，就要根据有关凭证计入各车间制造费用明细账中）。

(3) 归集和分配待摊费用和预提费用。

(4) 根据辅助生产费用明细账归集的本月全部费用，采用适当方法分配给各受益对象，编制辅助生产费用分配表，并根据分配的结果，登记有关的明细账。

(5) 根据制造费用明细账归集的本月全部费用，采用适当的方法在各种产品之间进行分配，编制制造费用分配表，并据以登记各种基本生产成本明细账。

(6) 归集和分配废品损失和停工损失。

(7) 将基本生产成本明细账所归集的全部费用，采用适当的方法在本月完工产品与月末在产品之间进行分配，并计算出完工产品总成本和单位成本，即分配计算完工产品成本和月末在产品成本。

(8) 编制完工产品成本汇总表，结转完工产品成本。

第二节　品种法的应用

一、企业基本情况及有关资料

某企业设有第一、第二两个基本生产车间，大量生产甲、乙两种产品，第一车间生产甲产品，第二车间生产乙产品，其工艺过程为多步骤流水线加工生产，但在管理上不要求分步骤计算成本。该企业内部还设有供水、机修两个辅助生产车间，为基本生产车间和管理部门提供产品及劳务。该企业按品种法来计算产品成本，设置"直接材料""直接人工""制造费用"三个成本项目，各产品所耗材料在开工时一次投入，直接人工工资费用及制造费用随加工程度均匀发生，完工程度均为50%。月末在产品成本按约当产量比例法计算，制造费用按产品实际生产工时比例分配。下面以该企业8月份的费用资料为例，说明甲、乙两种产品采用品种法计算的成本计算程序和相应的财务处理。

该企业8月份有关产品产量及成本资料如下：

▶ 1. 月初在产品成本（如表8-1所示）

表8-1　月初在产品成本

20××年8月　　　　　　　　　　　　　　　　　金额单位：元

产品名称	直接材料	直接人工	制造费用	合　计
甲产品	8 400	4 650	4 250	17 300
乙产品	7 600	3 560	2 757.5	13 917.5
合计	16 000	8 210	7 007.5	31 217.5

▶ 2. 产量资料（如表 8-2 所示）

表 8-2 本月产量及工时记录

20××年8月　　　　　　　　　　　　　　　　　　　　　　单位：件

项　　目	甲 产 品	乙 产 品
月初在产品数量	50	40
本月投入	550	360
本月完工产品数量	400	300
月末在产品数量	200	100
完工程度	50%	50%

▶ 3. 本月发生生产费用（如表 8-3、表 8-4、表 8-5 和表 8-6 所示）

表 8-3 本月材料费用表

20××年8月　　　　　　　　　　　　　　　　　　　　金额单位：元

领料用途	直接领用A材料	共耗B材料	合　　计	B材料定额耗用量(kg)
甲产品	75 000		75 000	1 200
乙产品	45 000		45 000	800
合计	120 000	20 000	140 000	
基本生产车间一般耗用	5 000		5 000	
供水车间	3 600		3 600	
机修车间	2 400		2 400	
管理部门	800		800	
总计	131 800	20 000	151 800	

表 8-4 本月工资费用表

20××年8月　　　　　　　　　　　　　　　　　　　　金额单位：元

人员类别		应付工资	应付福利费
产品生产工人		20 000	2 800
基本生产车间管理人员	一车间	1 600	224
	二车间	900	126
供水车间		2 400	336
机修车间		1 800	252
管理部门		900	126
合计		27 600	3 864

表 8-5 折旧费用表

20××年8月　　　　　　　　　　　　　　　　金额单位：元

车间名称		金额
基本生产车间	一车间	3 200
	二车间	2 400
供水车间		1 500
机修车间		1 200
管理部门		600
合计		8 900

表 8-6 其他费用表

20××年8月　　　　　　　　　　　　　　　　金额单位：元

车间名称		费用项目					
		低值易耗品	办公费	外购动力费	差旅费	其他	合计
基本生产车间	一车间	400	350	1400	350	100	2 600
	二车间	350	200	800	300	150	1 800
辅助生产车间	供水车间	230	240	600	200	230	1 500
	机修车间	350	200	400	400	350	1 700
管理部门		200	150	500	250	200	1 300
合计		1 530	1 140	3 700	1 500	1 030	8 900

▶ 4. 工时记录

甲产品耗用工时为 4 500 小时，乙产品耗用工时为 5 500 小时。

▶ 5. 辅助生产产品及劳务供应量

辅助生产产品及劳务供应量资料如表 8-7 所示：

表 8-7 辅助生产产品及劳务供应量

20××年8月　　　　　　　　　　　　　　　　金额单位：元

受益单位	机修车间（小时）	供水车间（t）	单位计划成本
供水车间	20	—	2.5 元/t
机修车间	—	200	10 元/小时
基本生产车间	600	5 000	
合计	620	5 200	

注：计划成本与实际成本的差额全部计入管理费用

▶ 6. 有关费用分配方法

(1) 甲、乙产品共同耗用的材料费用按定额耗用量比例分配。

（2）生产工人工资按甲、乙两产品生产工时比例分配。

（3）制造费用按甲、乙两产品生产工时比例分配。

二、成本计算程序和计算方法

根据上述资料，按照品种法计算程序计算产品成本如下：

（一）开设成本明细账

企业按产品品种分别开设甲产品基本成本明细账和乙产品基本成本明细账，各产品基本生产成本明细账按"直接材料""直接人工""制造费用"成本项目设置专栏；同时按照辅助生产车间开设机修车间辅助生产成本明细账和供水车间辅助生产成本明细账；并开设基本生产车间制造费用明细账，明细账内按费用项目设置专栏。

（二）归集分配生产费用

▶ 1. 根据各项费用原始资料编制各要素费用分配表

（1）原材料费用的核算，根据8月份按原材料用途归类的领、退料凭证和有关分配标准（见表8-3），编制原材料费用分配表（如表8-8所示）。甲、乙产品按原材料定额消耗量比例分配共同耗用的实际原材料费用，本月甲产品的原材料定额消耗量为1 200kg，乙产品的定额消耗量为800kg。

表8-8 甲、乙产品共耗材料分配表

20××年8月　　　　　　　　　　　　　　　　金额单位：元

应借账户			A材料	B材料			合计
总账账户	明细账户	成本或费用项目		定额用量（kg）	分配率（元/kg）	分配额	
基本生产成本	甲产品	直接材料	75 000	1 200	10	12 000	87 000
	乙产品	直接材料	45 000	800	10	8 000	53 000
	小计		120 000	2 000		20 000	120 000
辅助生产成本	机修车间	机物料	2 400				2 400
	供水车间	机物料	3 600				3 600
	小计		6 000				6 000
制造费用	基本生产车间	机物料	5 000				5 000
管理费用			800				800
合计			131 800			20 000	151 800

根据原材料费用分配表（见表8-8），编制如下会计分录：

借：基本生产成本——甲产品　　　　　　　　　　　　　　　　87 000
　　　　　　　　——乙产品　　　　　　　　　　　　　　　　53 000
　　制造费用——基本生产车间　　　　　　　　　　　　　　　 5 000
　　辅助生产成本——机修车间　　　　　　　　　　　　　　　 2 400

——供水车间			3 600
管理费用			800
贷：原材料——甲材料			131 800
——乙材料			20 000

（2）根据各车间、部门的工资结算凭证和应付福利费的计提方法（见表 8-4），编制工资及福利费分配表（如表 8-9 所示）。其中，甲、乙产品按生产工时比例分配工资费用，甲产品生产工时 4 500 小时，乙产品生产工时 5 500 小时；应付福利费按工总额的 14% 计提。

表 8-9　工资及福利费分配表

20ⅩⅩ年 8 月　　　　　　　　　　　　　金额单位：元

应借账户		分配标准（生产工时）	分配率（元/工时）	应分配工资	应分配福利费	合计
总账账户	明细账户					
基本生产成本	甲产品	4 500	2	9 000	1 260	10 260
	乙产品	5 500	2	11 000	1 540	12 540
	小计	10 000		20 000	2 800	22 800
辅助生产成本	机修车间			1 800	252	2 052
	供水车间			2 400	336	2 736
	小计			4 200	588	4 788
制造费用	基本生产车间			2 500	350	2 850
管理费用				900	126	1 026
合计		10 000		27 600	3 864	31 464

根据工资及福利费分配表（见表 8-9），编制如下会计分录：

借：基本生产成本——甲产品		10 260
——乙产品		12 540
制造费用——基本生产车间		2 850
辅助生产成本——机修车间		2 052
——供水车间		2 736
管理费用		1 026
贷：应付职工薪酬——职工工资		27 600
应付职工薪酬——职工福利费		3 864

（3）计提固定资产折旧和分配本月现金和银行存款支付费用（分配结果如表 8-10 所示）。

表 8-10　折旧及其他费用分配表

20××年 8 月　　　　　　　　　　　　　　　　金额单位：元

应借账户		金　　额						
总账账户	二级账户	折旧费	低值易耗品	办公费	外购动力费	差旅费	其他	合计
制造费用	基本生产车间	5 600	750	550	2 200	650	250	10 000
辅助生产成本	机修车间	1 200	350	200	400	400	350	2 900
	供水车间	1 500	230	240	600	200	230	3 000
	小计	2 700	580	440	1 000	600	580	5 900
管理费用		600	200	150	500	250	200	1 900
合计		8 900	1 530	1 140	3 700	1 500	1 030	17 800

根据折旧及其他费用分配表(见表 8-10)，编制如下会计分录：

借：制造费用——基本生产车间　　　　　　　　　　　　10 000
　　辅助生产成本——机修车间　　　　　　　　　　　　2 900
　　　　　　　　　——供水车间　　　　　　　　　　　　3 300
　　管理费用　　　　　　　　　　　　　　　　　　　　1 900
　贷：累计折旧　　　　　　　　　　　　　　　　　　　　8 900
　　　周转材料——低值易耗品　　　　　　　　　　　　1 530
　　　银行存款　　　　　　　　　　　　　　　　　　　　7 370

▶ 2. 辅助生产费用的核算

(1) 根据上列有关各种费用要素分配表，将属于辅助生产车间耗用的费用归集到辅助生产费用明细账(如表 8-11、表 8-12 所示)。

表 8-11　辅助生产成本明细账

车间名称：机修车间　　　　　20××年 8 月　　　　　　　　金额单位：元

××年		凭证号	摘　要	机物料	工资及福利费	折旧费	其他费用	合计
月	日							
8	31	略	材料费用分配表	2 400				2 400
	31		工资及福利费分配表		2 052			2 052
	31		折旧及其他费用分配表			1 200	1 700	2 900
	31		合　计	2 400	2 052	1 200	2 200	7 352

(2) 该企业采用计划成本分配法分配辅助生产费用(资料见表 8-7)。根据辅助生产成本明细账和辅助生产车间制造费用明细账中的待分配费用、机修和运输车间提供劳务数量，编制辅助生产费用分配表分配辅助生产费用，如表 8-13 所示。

表 8-12　辅助生产成本明细账

车间名称：供水车间　　　　　　　20××年8月　　　　　　　　　金额单位：元

××年		凭证号	摘　要	机物料	工资及福利费	折旧费	其他费用	合　计
月	日							
8	31	略	材料费用分配表	3 600				3 600
	31		工资及福利费分配表		2 736			2 736
	31		折旧及其他费用分配表			1 500	1 500	3 000
	31		合　计	3 600	2 736	1 500	1 500	9 336

表 8-13　辅助生产费用分配表

20××年8月　　　　　　　　　金额单位：元

劳务托费		劳务供应	机修车间		供水车间		合　计
			数量(小时)	费用	数量(t)	费用	
待分配的数量和费用			620	7 352	5 200	9 336	16 688
计划单位成本				10(元/小时)		2.5(元/t)	
辅助生产成本	机修车间	水费			200	500	500
	供水车间	修理费	20	200			200
		小计	20	200		500	700
制造费用	基本生产车间	水费			5 000	12 500	12 500
		修理费	600	6 000			6 000
		小计	600	6 000	5 000	12 500	18 500
按计划成本分配合计				6 200		13 000	19 200
辅助生产实际成本				7 852		9 536	17 388
辅助生产成本差异				1 652		3 464	1 812

根据辅助生产费用分配表，编制如下会计分录：

1）按计划成本结转辅助生产费用

借：制造费用——基本生产车间　　　　　　　　　　　　　　　　18 500
　　辅助生产成本——机修车间　　　　　　　　　　　　　　　　　　500
　　　　　　　　——供水车间　　　　　　　　　　　　　　　　　　200
　　贷：辅助生产成本——机修车间　　　　　　　　　　　　　　　6 200
　　　　　　　　　　——供水车间　　　　　　　　　　　　　　　13 000

2）分配差异

借：管理费用　　　　　　　　　　　　　　　　　　　　　　　　1 812
　　贷：辅助生产成本——机修车间　　　　　　　　　　　　　　　1 652
　　　　　　　　　　——供水车间　　　　　　　　　　　　　　　3 464

▶ 3. 归集和分配基本生产车间的制造费用

（1）根据上列各种费用分配表，登记基本生产车间制造费用明细账，如表8-14所示。

（2）根据基本生产车间制造费用明细账归集的制造费用和甲、乙产品的生产工时，编制基本生产车间制造费用分配表分配制造费用，如表8-15所示。

表8-14 制造费用明细账

车间名称：基本生产车间　　　　　20××年8月　　　　　　　　　金额单位：元

| ××年 | | 凭证号 | 摘要 | 机物料 | 工资及福利费 | 折旧费 | 其他 | 合计 |
月	日							
8	31	略	材料费用分配表	5 000				5 000
	31		工资福利费分配表		2 850			2 850
	31		折旧其他费分配表			5 600	4 400	10 000
	31		辅助生产费分配表				18 500	18 500
	31		月末合计	5 000	2 850	5 600	22 900	36 350
	31		月末分配转出	5 000	2 850	5 600	22 900	36 350

表8-15 制造费用分配表

20××年8月　　　　　　　　　　　　　　　金额单位：元

分配对象	生产工时（小时）	分配率（元/小时）	分配金额
甲产品	4 500	3.635	16 357.5
乙产品	5 500	3.635	19 992.5
合计	10 000		36 350

根据如上计算结果编制会计分录：

借：基本生产车间——甲产品　　　　　　　　　　　　　　　16 357.5
　　　　　　　　——乙产品　　　　　　　　　　　　　　　19 992.5
　　贷：制造费用——基本生产车间　　　　　　　　　　　　36 350

▶ 5. 成本明细账与分配、归集生产费用

根据上列各种费用分配表和其他有关资料，登记产品成本明细账，分配归集甲、乙两种产品的生产费用，并采用适当的分配方法，分配计算甲、乙产品的完工产品成本和月末在产品成本。

（1）根据上月产品成本明细账和本月各种费用分配表，登记产品成本明细账的上月末即本月初在产品成本和本月生产费用发生额。甲、乙产品成本明细账见表8-16、表8-17。

表 8-16 基本生产成本明细账

产品名称：甲产品　　完工数量：400 件　　月末在产品数量：200 件　　金额单位：元

××年		凭证号	摘要	成本项目			合计
月	日			直接材料	直接人工	制造费用	
8	1		月初在产品成本	8 400	4 650	4 250	17 300
	31	略	材料费用	87 000			87 000
	31		工资费用		10 260		10 260
	31		制造费用			16 357.5	16 357.5
	31		生产费用合计	95 400	14 910	20 607.5	
	31		单位成本	159	29.82	41.22	230.04
	31		结转完工产品成本	63 600	11 928	16 486	92 014
	31		月末在产品成本	31 800	2 982	4 121.5	38 903.5

表 8-17 基本生产成本明细账

产品名称：乙产品　　完工数量：300 件　　月末在产品数量：100 件　　金额单位：元

××年		凭证号	摘要	成本项目			合计
月	日			直接材料	直接人工	制造费用	
8	1		月初在产品成本	7 600	3 560	2 757.5	13 917.5
	31	略	材料费用	53 000			53 000
	31		工资费用		12 540		12 540
	31		制造费用			19 992.5	19 992.5
	31		生产费用合计	60 600	16 100	22 750	99 450
	31		单位成本(元/件)	151.5	46	65	262.5
	31		结转完工产品成本	45 450	13 800	19 500	78 750
	31		月末在产品成本	15 150	2 300	3 250	20 700

(2)根据甲、乙产品成本明细账中的完工产品成本，汇编产成品成本汇总表，结转产成品成本。产成品成本汇总表如表 8-18 所示。

表 8-18 产成品成本汇总表

20××年8月　　　　　　　　　　　　　　　　金额单位：元

成本项目	甲产品(产量：400 件)		乙产品(产量：300 件)	
	总成本	单位成本(元/件)	总成本	单位成本(元/件)
直接材料	63 600	159	45 450	151.5
直接人工	11 928	29.82	13 800	46
制造费用	16 486	41.215	19 500	65
合计	92 014	230.04	78 750	262.5

根据表 8-18 编制完工产品结转的会计分录：

借：库存商品——甲产品　　　　　　　　　　　　　　　　　　92 014
　　　　　　——乙产品　　　　　　　　　　　　　　　　　　78 750
　　贷：基本生产成本——甲产品　　　　　　　　　　　　　　92 014
　　　　　　　　　——乙产品　　　　　　　　　　　　　　78 750

本章小结

品种法是以产品的品种作为成本核算对象，用以归集生产费用、计算产品成本的方法。品种法的主要特点：①以产品品种作为成本核算对象；②成本计算定期按月进行；③有期末在产品时需要在完工产品和期末在产品之间分配生产费用。品种法适用于：①大量大批单步骤生产；②企业或生产车间的规模较小，而管理上又不要求按照生产步骤计算成本的大量大批多步骤生产；③企业的辅助生产单位。品种法的成本计算程序为：①按照产品品种设置有关成本明细账；②归集和分配本月发生的各项费用；③分配辅助生产费用；④分配基本生产单位制造费用；⑤计算完工产品实际总成本和单位成本。⑥结转完工产品成本。

复习思考题

1. 简述品种法的特点。
2. 品种法的适用范围是什么？
3. 简述品种法的成本计算程序。
4. 为什么说品种法是产品成本计算的最基本的方法？

实务题

练习产品成本计算的品种法

（一）企业基本情况及有关资料

某企业设有第一、二两个基本生产车间，大量生产甲、乙两种产品，第一车间生产甲产品，第二车间生产乙产品，其工艺过程为多步骤流水线加工生产，但在管理上不要求分步骤计算成本。该企业内部还设有供水、机修两个辅助生产车间，为基本生产车间和管理部门提供产品及劳务。该企业按品种法来计算产品成本，设置"直接材料""直接人工""制造费用"三个成本项目，各产品所耗材料在开工时一次投入，直接人工工资费用及制造费用随加工程度均匀发生，完工程度均为 50%。月末在产品成本按约当产量比例法计算，制造费用按产品实际生产工时比例分配。下面以该企业 4 月份的费用资料为例，说明甲、乙两种产品采用品种法计算的成本计算程序和相应的财务处理。

该企业 4 月份有关产品产量及成本资料如下：

(1) 月初在产品成本（如表 8-19 所示）。

表 8-19　月初在产品成本

20××年 4 月　　　　　　　　　　　　　　　　　　金额单位：元

产品名称	直接材料	直接人工	制造费用	合　计
甲产品	20 000	25 000	14 000	59 000
乙产品	30 000	22 000	12 000	54 000
合计	50 000	47 000	26 000	113 000

(2) 产量资料（如表 8-20 所示）。

表 8-20　本月产量及工时记录

20××年 4 月　　　　　　　　　　　　　　　　　　单位：件

项　目	甲产品	乙产品
月初在产品数量	200	300
本月投入	500	700
本月完工产品数量	300	600
月末在产品数量	400	400
完工程度	50%	50%

(3) 本月发生生产费用（见表 8-21、表 8-22、表 8-23、表 8-24 所示）。

表 8-21　本月材料费用表

20××年 4 月　　　　　　　　　　　　　　　　　　金额单位：元

领料用途	直接领用 A 材料	共耗 B 材料	合　计	B 材料定额耗用量(kg)
甲产品	100 000		100 000	1 600
乙产品	240 000		240 000	400
合计	340 000	200 000	540 000	
基本生产车间一般耗用		60 000	60 000	
供水车间		36 000	36 000	
机修车间		24 000	24 000	
管理部门	18 000		18 000	
总计	358 000	320 000	678 000	

表 8-22　本月工资费用表

20××年4月　　　　　　　　　　　　　　　金额单位：元

人员类别		工　资	福　利　费
产品生产工人		32 000	4 480
基本生产车间管理人员	一车间	16 000	2 240
	二车间	14 000	1 960
供水车间		8 000	1 120
机修车间		10 000	1 400
管理部门		12 000	1 680
合计		92 000	12 880

表 8-23　折旧费用表

20××年4月　　　　　　　　　　　　　　　金额单位：元

车间名称		金　额
基本生产车间	一车间	6 000
	二车间	4 000
供水车间		2 000
机修车间		1 600
管理部门		1 400
合计		15 000

表 8-24　其他费用表

20××年4月　　　　　　　　　　　　　　　金额单位：元

车间名称		费用项目					
		低值易耗品	办公费	外购动力费	差旅费	其他	合计
基本生产车间	一车间	4 000	1 200	1 800	2 200	800	10 000
	二车间	3 000	1 400	1 600	2 100	900	9 000
辅助生产车间	供水车间	1 000	800	1 200	900	100	4 000
	机修车间	1 300	1 200	1 400	1 100	200	5 200
管理部门		1 200	1 000	1 000	1 300	200	4 700
合计		10 500	5 600	7 000	7 600	2 200	32 900

(4) 工时记录。

甲产品耗用工时为 5 600 小时，乙产品耗用工时为 4 400 小时。

(5) 辅助生产产品及劳务供应量。

辅助生产产品及劳务供应量资料如表 8-25 所示。

表 8-25 辅助生产产品及劳务供应量

20××年4月 金额单位：元

受益单位	机修车间/小时	供水车间（吨）	单位计划成本
供水车间	4 000	—	10元/t
机修车间	—	6 000	0.8元/小时
基本生产车间	50 000	30 000	
合计	54 000	36 000	

计划成本与实际成本的差额全部计入管理费用。

（6）有关费用分配方法。

1）甲、乙产品共同耗用的材料费用按定额耗用量比例分配。

2）生产工人工资按甲、乙两产品生产工时比例分配。

3）制造费用按甲、乙两产品生产工时比例分配。

（二）要求：根据上述资料，按照品种法计算产品成本

1. 根据各项费用原始资料编制各要素费用分配表

（1）根据甲、乙两产品直接耗原材料比例分配共同耗用材料，根据发出材料汇总表（如表 8-21 所示），和分配结果（如表 8-26 所示），编制会计分录并计入有关账户。

表 8-26 甲、乙产品共耗材料分配表

20××年4月 金额单位：元

产品	直接材料	分配率	分配共同用料	耗料合计
甲产品				
乙产品				
合计				

（2）根据甲、乙两种产品的实际生产工时分配产品生产工人工资和福利费，根据应付工资和福利费汇总表（如表 8-22 所示）及分配结果（如表 8-27 所示），编制会计分录并计入相关账户。

表 8-27 工资及福利费分配 金额单位：元

产品	生产工时	工资分配		福利费分配	
		分配率	分配金额	分配率	分配金额
甲产品					
乙产品					
合计					

（3）计提固定资产折旧和分配本月现金和银行存款支付费用（如表 8-28 所示）。

表 8-28　折旧及其他费用汇总表

20××年4月　　　　　　　　　　　　　　　　　　　　　金额单位：元

应借账户		金　额						
总账账户	二级账户	折旧费	低值易耗品	办公费	外购动力费	差旅费	其他	合计
制造费用	基本生产车间							
辅助生产成本	机修车间							
	供水车间							
	小计							
管理费用								
合计		8 900	1 530	1 140	3 700	1 500	1 030	17 800

2. 辅助生产费用的核算

（1）根据上列有关各种费用要素分配表，将属于辅助生产车间耗用的费用归集到辅助生产费用明细账（如表 8-29、表 8-30 所示）。

表 8-29　辅助生产成本明细账

车间名称：机修车间　　　　　　　　　　　　　　　　　　　　金额单位：元

××年		凭证号	摘　要	机物料	工资及福利费	折旧费	其他费用	合计
月	日							
		略	材料费用分配表					
			工资及福利费分配表					
			折旧及其他费用分配表					
			月末合计					
			月末分配转出					

表 8-30　辅助生产成本明细账

车间名称：供水车间　　　　　　　　　　　　　　　　　　　　金额单位：元

××年		凭证号	摘　要	机物料	工资及福利费	折旧费	其他费用	合计
月	日							
		略	材料费用分配表					
			工资及福利费分配表					
			折旧及其他费用分配表					
			月末合计					
			月末分配转出					

(2) 该企业采用计划成本分配法分配辅助生产费用(资料如表8-25所示)。编制辅助生产费用分配表分配辅助生产费用,如表8-31所示。

表 8-31 辅助生产费用分配表

20××年4月　　　　　　　　　　　　　　　　　　　　　　金额单位:元

劳务耗费 \ 劳务供应			机修车间		供水车间		合计
			数量/小时	费用	数量/吨	费用	
待分配的数量和费用							
计划单位成本							
辅助生产成本	机修车间	水费					
	供水车间	修理费					
	小计						
制造费用	基本生产车间	水费					
		修理费					
	小计						
按计划成本分配合计							
辅助生产实际成本							
辅助生产成本差异							

4. 归集和分配基本生产车间的制造费用

(1) 根据上列各种费用分配表,登记基本生产车间制造费用明细账,如表8-32所示。

表 8-32 制造费用明细账

20××年4月　　　　　　　　　　　　　　　　　　　　　　金额单位:元

××年		凭证号	摘　要	机物料	工资及福利费	折旧费	其他	合计
月	日							
		略	材料费用分配表					
			工资福利费分配表					
			折旧其他费汇总表					
			辅助生产费分配表					
			待分配费用合计					
			月末分配转出					

(2) 根据基本生产车间制造费用明细账归集的制造费用和甲、乙产品的生产工时,编制基本生产车间制造费用分配表分配制造费用,如表8-33所示。

表 8-33　基本生产车间制造费用分配表

20××年4月　　　　　　　　　　　　　　　　　　　　金额单位：元

分配对象	生产工时	分配率	分配金额
甲产品			
乙产品			
合计			

5. 登记产品成本明细账并汇总

（1）根据上列各种费用分配表和其他有关资料，登记产品成本明细账，分配归集甲、乙两种产品的生产费用，并采用适当的分配方法，分配计算甲、乙产品的完工产品成本和月末在产品成本。如表 8-34、表 8-35 所示。

表 8-34　基本生产成本明细账

产品名称：甲产品　　　完工数量：　件　　　月末在产品数量：　件　　　金额单位：元

××年		凭证号	摘要	成本项目			合计
月	日			直接材料	直接人工	制造费用	
			月初在产品成本				
		略	材料费用				
			工资费用				
			制造费用				
			生产费用合计				
			单位成本				
			结转完工产品成本				
			月末在产品成本				

表 8-35　基本生产成本明细账

产品名称：乙产品　　　完工数量：　件　　　月末在产品数量：　件　　　金额单位：元

××年		凭证号	摘要	成本项目			合计
月	日			直接材料	直接人工	制造费用	
			月初在产品成本				
		略	材料费用				
			工资费用				
			制造费用				
			生产费用合计				
			单位成本				
			结转完工产品成本				
			月末在产品成本				

（2）根据甲、乙产品成本明细账中的完工产品成本，汇编产成品成本汇总表，结转产成品成本。产成品成本汇总表如表 8-36 所示。

表 8-36　产成品成本汇总表

20××年 4 月　　　　　　　　　　　　　　　金额单位：元

成本项目	甲产品（产量：　件）		乙产品（产量：　件）	
	总　成　本	单位成本	总　成　本	单位成本
直接材料				
直接人工				
制造费用				
合计				

线上课堂——训练与测试

扫描封底二维码刮刮卡，获取答题权限。

在线自测

第九章 分 批 法

> **学习目标**
>
> 本章将学习和掌握：①分批法的含义、特点及适用范围；②分批法的成本计算程序；③分批法及简化分批法的计算程序及应用。

引言

由于制造业生产类型不同，其计算方法也不尽相同。在单件、小批生产的企业里，主要是根据客户的订单组织生产，由于订单里订制产品的种类、规格、型号、批量不同，还有些特殊定制的个性化产品订单，对于这种类型的企业应按照订单分批核算产品成本。

第一节 分批法的概述

一、分批法的概念及适用范围

分批法又称订单法，是指以产品的批次或批别作为成本计算对象，归集生产费用，计算各批产品成本的一种计算方法。

分批法主要适用于单件、小批生产，且管理上不要求分步骤计算成本的多步骤生产生产企业等。主要有以下几类：

▶1. 根据客户订单组织生产的企业

有些企业通常根据客户的订单要求，组织生产特殊规格、特定数量的专用产品，例如大型重型机械、船舶、精密工具仪器等，对于这类不会组织大量生产，且不会定期重复的生产，应当采用分批法进行成本计算。

▶2. 品种经常变化的小规模企业

这类企业会根据市场需求来确定产品的品种和数量分批投入生产，符合小批生产的特点，所以在进行成本计算时，也必须按照批别来进行核算。

▶3. 从事新产品试制的企业（或车间）

处于试制阶段的产品，属于单件、小批量生产，也应按照批别进行成本计算。

▶4. 承揽修理业务的企业（或车间）

由于修复业务的多样性，企业或车间应该根据不同的修复劳务分别计算成本，按照生产成本加成的方式收取费用,所以必须按照批别分别核算每次的劳务成本,如企业的机修车间。

二、分批法的特点

(一)成本计算对象

9-1 微课视频

分批法是以产品的批别作为成本计算对象,即根据产品的批别开设基本生产成本明细账,并按成本项目设专栏,归集生产费用核算各批产品的成本。单件、小批生产的企业通常是以客户的订单来组织生产,所以企业按照订单来划分批别计算产品成本。

一张订单的产品可以作为一批生产,在特殊情况下时也可以一张订单分批组织生产。例如一张订单中不止一种产品,为了便于生产管理,则需要按照产品品种划分批别,分批组织生产计算成本。

如果一张订单中只要求生产一种产品,但订单数量较多,企业不便于一次性投产,则企业可以根据生产条件分批组织生产计算成本。

如果一张订单中要求生产一件大型复杂的产品(如船舶、大型重型机械),生产周期长且价值大,则可以按照生产的进度或者产品的组成部分分批组织生产计算成本。

如果几张订单同时订购同一产品,则可以将全部订单中该产品合并为一批,统一组织生产计算成本。

确定生产批次后由企业生产部门下发任务通知单,会计部门根据任务通知单的批号,开设基本生产成本明细账(或产品成本计算单),并在明细账上注明产品批号,按照产品批别归集发生的生产费用,直接计入费用直接记入该批产品的基本生产成本明细账,间接计入费用则需要采用适当的分配方法,分配后分别计入各批产品的基本生产成本明细账。

(二)成本计算期

分批法是以产品的批别作为成本计算对象,需要按月归集各批产品的生产费用,但只有完工后才能计算出其实际成本,因此分批法的成本计算期与会计报告期不一致,与生产周期一致,在产品完工月份计算成本。

(三)生产费用在完工产品和在产品之间分配

分批法的成本计算期与生产周期一致,即完工月份计算各批产品成本,如为单件生产,完工时计算成本,则生产费用就是本月该产品的实际成本;如果小批生产同一批次内产品同时完工,则没有期末在产品,则生产费用就是该批产品完工的实际成本;以上两种情况要么全部完工即生产费用全部是完工成本,要么全部未完工即生产费用全部是在产品成本,因此生产费用不需要在完工产品和在产品之间分配。

如果小批生产的一个批次内产品出现跨月陆续完工并交付客户的情况,则生产费用需要在完工产品与在产品之间分配。

如果完工产品数量占该批次总量比重较小,为了简化成本核算,可以按照计划单位成本、单位定额成本和近期单位实际成本计算完工产品成本。

如果完工产品数量占该批次总量比重较大,则需要采用适当方法(如约当产量法、定额比例法等)将费用在完工产品和在产品之间分配,以正确计算本月完工产品成本和期末在产品成本。

三、分批法成本计算程序

(一)按批别开设生产成本明细账

分批法根据客户订单分批组织生产,以产品批次作为成本计算对象,按照批别设置基本生产成本明细账,并按成本项目设专栏。

(二)归集和分配要素费用

根据各项要素费用发生的原始凭证和其他相关资料,编制各要素费用分配表,将要素费用在各受益对象之间分配;并根据要素费用分配表编制会计分录,登记基本生产成本、辅助生产成本和制造费用等相关明细账。

(三)归集和分配辅助生产费用

根据辅助生产成本明细账中归集的费用,采用适当的分配方法在各受益部门之间分配,编制辅助生产成本分配表,进行相关账务处理后登记相应的明细账中。

(四)归集和分配基本生产车间的制造费用

根据基本生产车间制造费用明细账的归集的生产费用,采用适当的分配方法在各批产品之间进行分配,编制制造费用分配表,进行相关账务处理后登记各批次基本生产成本明细账。

(五)计算完工产品成本

通过上述步骤,基本生产成本明细账中归集了各批次产品的全部产品生产成本,在完工月份时即可编制完工产品汇总表。采用分批法不需要将生产费用在完工产品和在产品之间分配,如产品同时完工即为该批产品的完工总成本。如果出现跨月陆续完工的情况,则需要采用适当的方法进行分配,通过编制完工产品成本汇总表,计算完工产品的总成本和单位成本。

(六)结转完工产品成本

期末根据完工产品成本汇总表的结果结转本期完工产品的实际成本并编制完工产品验收入库的账务处理。

第二节 分批法的应用

【例9-1】 某企业设有一个基本生产车间,根据客户订单分批组织生产,属于小批生产类型的企业。该车间5月份生产403批次甲产品、501批次乙产品和502批次丙产品。2019年5月份的生产情况如表9-1所示。其中502批次的丙产品,本月完工20件,月末按照单位定额成本结转完工产品成本,单位定额成本如下:直接材料600元,直接人工450元,制造费用340元,合计单位定额成本为1 390元。

表 9-1　20××年 5 月份生产情况

产品批号	产品名称	批量/台	投产日期	完工日期
403	甲产品	80	4月10日	5月18日
501	乙产品	40	5月12日	5月24日
502	丙产品	60	5月20日	6月15日

根据以上资料，企业以基本生产车间为成本中心，以产品的批次作为成本计算对象，设置 403 批次、501 批次和 502 批次三个产品基本生产成本明细账（如表 9-2、表 9-3、表 9-4 所示），并成本项目以直接材料、直接人工和制造费用设置专栏。

表 9-2　基本生产成本明细账

产品批号：403　　　　　　产品名称：甲产品　　　　　　投产日期：4月10日
委托单位：××单位　　　　产品批量：80 台　　　　　　完工日期：5月18日

金额单位：元

20××年		凭证号	摘要	直接材料	直接人工	制造费用	合计
月	日						
5	1	略	月初在产品成本	50 000	20 000	10 000	80 000
5	31		本月生产费用	14 000	4 000	6 000	24 000
5	31		本月累计	64 000	24 000	16 000	104 000
5	31		完工产品总成本	64 000	24 000	16 000	104 000
5	31		完工产品单位成本（元/台）	800	300	200	1 300

表 9-3　基本生产成本明细账

产品批号：501　　　　　　产品名称：乙产品　　　　　　投产日期：5月12日
委托单位：××单位　　　　产品批量：40 台　　　　　　完工日期：5月24日

金额单位：元

2019 年		凭证号	摘要	直接材料	直接人工	制造费用	合计
月	日						
5	31	略	本月生产费用	23 000	14 000	10 200	47 200
5	31		完工产品总成本	23 000	14 000	10 200	47 200
5	31		完工产品单位成本（元/台）	575	350	255	1 180

表 9-4　基本生产成本明细账

产品批号：502　　　　　　产品名称：丙产品　　　　　　投产日期：5月20日
委托单位：××单位　　　　产品批量：60 台　　　　　　完工日期：6月15日
　　　　　　　　　　　　　（本月完工 20 台）　　　　　金额单位：元

20××年		凭证号	摘要	直接材料	直接人工	制造费用	合计
月	日						
5	31	（略）	本月生产费用	34 000	26 000	21 000	81 000

续表

20××年		凭证号	摘要	直接材料	直接人工	制造费用	合计
月	日						
5	31		单位定额成本（元/台）	600	450	340	1 390
5	31		完工产品总成本	12 000	9 000	6 800	27 800
5	31		月末在产品成本	22 000	17 000	14 200	53 200

根据完工产品各批产品的成本，编制完工产品成本汇总表，见表9-5。

表9-5　完工产品成本汇总表　　　　　　　　金额单位：元

成本项目	甲产品（产量80台）		乙产品（产量40台）		丙产品（产量60台）	
	总成本	单位成本（元/台）	总成本	单位成本（元/台）	总成本	单位成本（元/台）
直接材料	64 000	800	23 000	575	12 000	600
直接人工	24 000	300	14 000	350	9 000	450
制造费用	16 000	200	10 200	255	6 800	340
合计	104 000	1 300	47 200	1 180	27 800	1 390

根据完工产品成本汇总表编制会计分录如下：

借：库存商品——甲产品　　　　　　　　　　　　　　　　　　　104 000
　　　　　　——乙产品　　　　　　　　　　　　　　　　　　　 47 200
　　　　　　——丙产品　　　　　　　　　　　　　　　　　　　 27 800
　贷：基本生产成本——403批次　　　　　　　　　　　　　　　104 000
　　　　　　　　——501批次　　　　　　　　　　　　　　　　 47 200
　　　　　　　　——502批次　　　　　　　　　　　　　　　　 27 800

第三节　简化分批法的概述

一、简化分批法的概念

在一些单件、小批生产的企业，如果同一月份内投产的批次很多且月末完工批次较少时，发生的各项间接计入费用，不仅每月需要在各批产品之间分配，还需要在月末完工产品和月末在产品之间分配，使得分配及登账工作非常繁重。为了简化费用的计算，可以采用简化分批法。

简化分批法，又称为累计间接费用分配法，只有在各批产品完工时才分配结转间接计入费用，不分批核算在产品成本的分批法。这种方法不计算各批产品的在产品成本，而是在完工前累计在基本生产成本二级账中反映，累计到完工月份时再予以分配。因此，该方法也称为不分批计算在产品成本的分批法。

二、简化分批法的特点

（一）设立基本生产成本二级账

简化分批法最显著的特点就是除了按照产品的批别设置"基本生产成本"明细账以外，还必须按照生产车间开设"基本生产成本"二级账。

"基本生产成本"二级账，按照成本项目登记全部产品的全部费用和生产工时，包括月初在产品的成本、本月发生的生产费用和累计的生产费用，同时登记月初在产品的生产工时、本月发生的生产工时和累计生产工时。

"基本生产成本"明细账，平时只登记各批产品的直接计入费用（直接材料费用）和生产工时。各月发生的间接计入费用（如直接人工和制造费用）不按照月份在各批产品之间分配，而是未完工前都累计登记在"基本生产成本"二级账中。

在有完工产品出现月份的月末，将"基本生产成本"二级账中累计的间接计入费用在各批完工产品之间分配结转登记到"基本生产成本"明细账中。在产品应负担的间接费用不予分配，仍累计反映在二级账中。

（二）不分批次计算月末在产品成本

将本月完工批次产品应负担的间接计入费用分配转入各完工产品"基本生产成本"明细账以后，基本生产成本二级账反映全部批次月末在产品的成本。未完工批次产品的"基本生产成本"明细账中只反映累计直接计入费用和累计工时，不反映间接计入费用，即不反映月末在产品成本。结转后，"基本生产成本"二级账的直接费用和生产工时和"基本生产成本"明细账中在产品的直接费用和生产工时相等。

（三）分配间接计入费用

如果当月有某批产品完工或部分完工，则需要将二级账中累计的间接计入费用分配转入基本生产成本明细账，从而计算完工产品成本。间接计入费用的分配主要是根据二级账中的累计间接计入费用分配率进行的。其计算公式如下：

9-2 知识链接

$$累计间接计入费用分配率 = \frac{月初累计间接计入费用 + 本月发生间接计入费用}{月初累计生产工时 + 本月发生生产工时}$$

某批完工产品应负担的间接计入费用＝该批完工产品累计工时×累计间接计入费用分配率

三、简化分批法举例

（一）企业基本情况

【例9-2】 某企业有一个基本生产车间和两个辅助生产车间，根据客户的订单组织生产甲、乙、丙、丁四种产品。该企业属于小批生产的工业企业，投产批次和未完工批次都较多，为了简化产品成本计算工作，该企业采用简化分批法计算成本。20××年3月份生产情况如表 9-6 所示。

表 9-6 生产记录表
20××年 12 月

批　　次	产品名称	批　　量	投产日期	完工日期
108	甲产品	10 台	1 月 20 日	3 月 18 日
110	乙产品	16 台	1 月 24 日	3 月 20 日
205	丙产品	15 台	2 月 13 日	尚未完工
301	丁产品	10 台	3 月 5 日	尚未完工

(二) 成本计算程序

(1) 设置"基本生产成本"二级账及"基本生产成本"明细账

前两个月份投产的产品 108 批次、110 批次和 205 批次在投产当月已经分别设置"基本生产成本明细账"并登记了以前月份发生的直接计入费用及生产工时(见表 9-8、表 9-9、表 9-10);本月投产的 301 批次应本月开设"基本生产成本"明细账(见表 9-11)。该厂设置的"基本生产成本"二级账(见表 9-7)。

(2) 编制各项要素费用分配表(略)。

(3) 根据各要素费用分配表登记"基本生产成本"二级账和所有"基本生产成本"明细账如表 9-7、表 9-8、表 9-9、表 9-10、表 9-11 所示。

(4) 将完工产品从"基本生产成本"二级账中累计间接计入费用,分配转入各"基本生产成本"明细账如表 9-8、表 9-9、表 9-10、表 9-11 所示。

(5) 汇总编制各批完工产品成本汇总表,如表 9-12 所示。

表 9-7 基本生产成本二级账　　　　　　　　金额单位:元

| 20××年 | | 凭证号 | 摘　要 | 直接材料 | 生产工时 | 直接人工 | 制造费用 | 合计 |
月	日							
2	28	略	月末在产品成本	63 000	9 300	23 580	21 720	108 300
3	31		本月发生费用	37 000	5 700	36 420	30 780	104 200
3	31		本月累计费用	100 000	15 000	60 000	52 500	212 500
			累计间接费用分配率(元/台)			4	3.5	
3	31		本月完工产品成本	56 000	8 300	33 200	29 050	118 250
3	31		月末在产品成本	44 000	1 700	26 800	23 450	94 250

表 9-8　基本生产成本明细账

生产批号：108 批次　　　　　　　　投产日期：1 月 20 日　　　　　　　　生产批量：10 台
产品名称：甲产品　　　　　　　　　完工日期：3 月 18 日　　　　　　　　金额单位：元

| 20××年 | | 凭证号 | 摘　要 | 直接材料 | 生产工时 | 直接人工 | 制造费用 | 合计 |
月	日							
1	31	略	本月发生费用	12 000	2 200			
2	28		本月发生费用	18 000	2 800			
2	28		本月累计费用	30 000	5 000			
3	31		本月发生费用	6 000	800			
3	31		本月累计费用	36 000	5 800			
3	31		累计间接费用分配率（元/台）			4	3.5	
3	31		分配间接费用		5 800	23 200	20 300	
3	31		本月完工产品总成本	36 000	5 800	23 200	20 300	79 500
3	31		本月完工产品单位成本（元/台）	3 600		2 320	2 030	7 950

表 9-9　基本生产成本明细账

生产批号：110 批次　　　　　　　　投产日期：1 月 24 日　　　　　　　　生产批量：16 台
产品名称：乙产品　　　　　　　　　完工日期：3 月 20 日（完工 10 台）　金额单位：元

| 20××年 | | 凭证号 | 摘　要 | 直接材料 | 生产工时 | 直接人工 | 制造费用 | 合计 |
月	日							
1	31	略	本月发生费用	8 200	1 400			
2	28		本月发生费用	15 800	1 600			
2	28		本月累计费用	24 000	3 000			
3	31		本月发生费用	8 000	1 200			
3	31		本月累计费用	32 000	4 200			
3	31		累计间接费用分配率（元/台）			4	3.5	
3	31		分配间接费用		2 500	10 000	8 750	
3	31		本月完工产品总成本	20 000	2 500	10 000	8 750	38 750
3	31		本月完工产品单位成本（元/台）	2 000		1 000	875	3 875

注：原材料在生产开始一次性投入，生产记录中记录完工工时为 2 500 小时。

原材料分配率 $= \dfrac{32\,000}{10+6} = 2\,000$（元/件）

完工产品应负担的材料费用 $= 10 \times 2\,000 = 20\,000$（元）

表 9-10 基本生产成本明细账

生产批号：205 批次　　　　　投产日期：2 月 13 日　　　　　生产批量：15 台
产品名称：丙产品　　　　　　完工日期：　　　　　　　　　　金额单位：元

20××年		凭证号	摘　要	直接材料	生产工时	直接人工	制造费用	合计
月	日							
2	28	略	本月发生费用	9 000	1 300			
3	31		本月发生费用	11 000	2 700			
3	31		本月累计费用	20 000	4 000			

表 9-11 基本生产成本明细账

生产批号：301 批次　　　　　投产日期：3 月 5 日　　　　　　生产批量：10 台
产品名称：丁产品　　　　　　完工日期：　　　　　　　　　　金额单位：元

20××年		凭证号	摘　要	直接材料	生产工时	直接人工	制造费用	合计
月	日							
3	31	略	本月发生费用	12 000	1 000			

表 9-12 完工产品成本汇总表

20××年 3 月　　　　　　　　　　　　　　　金额单位：元

成本项目	甲产品（10 台）		乙产品（16 件）	
	总 成 本	单位成本	总 成 本	单位成本
直接材料	36 000	3 600	20 000	2 000
直接人工	23 200	2 320	10 000	1 000
制造费用	20 300	2 030	8 750	8 750
合　计	79 500	7 950	38 750	3 875

根据完工产品成本汇总表，编制会计分录如下：

借：库存商品——甲产品　　　　　　　　　　　　　　　　　79 500
　　　　　　　——乙产品　　　　　　　　　　　　　　　　　38 750
　贷：基本生产成本——108 批次　　　　　　　　　　　　　　79 500
　　　　　　　　　——110 批次　　　　　　　　　　　　　　38 750

本章小结

本章主要介绍适用于管理上不需要分步计算成本的单件、小批组织生产企业的分批法。

分批法的特点是以产品的批别作为成本计算对象，成本计算期与生产周期一致，除跨月陆续完工的月份外，通常不需要将生产费用在完工产品与月末在产品之间分配。

简化分批法，也称为累计间接费用分配率法，主要特点是不分批计算在产品成本，主要适用于投产批次较多,其中未完工批次较多且各月间接费用水平相关不大的企业。

复习思考题

1. 简述分批法的含义及特点。
2. 分批法与品种法有何异同?
3. 什么是简化分批法?
4. 简述简化分批法的特点及适用范围。

线上课堂——训练与测试

扫描封底二维码刮刮卡,获取答题权限。

在线自测

第十章 分 步 法

> **学习目标**
>
> 本章将学习和掌握：①结转分步法和平行结转分步法的含义、适用范围、特点和成本计算程序；②逐步结转分步法中按实际成本综合结转的方法、成本还原的方法和平行结转分步法中广义在产品约当产量的计算方法；③产品成本计算分步法的特点，逐步结转分步法和平行结转分步法的区别；④逐步结转分步法以及平行结转分步法的运用，难点是综合结转法计算产品成本过程中的成本还原。

引言

对于多步骤生产的企业，有半成品对外销售或加工成不同产品的情况下，必须核算各步骤半成品成本，这就必须按照生产步骤计算成本，即分步法。

分步法是以产品分步作为成本计算对象，归集费用，计算产品成本的方法按照是否需要计算半成品成本分为逐步结转分步法和平行结转分步法。

第一节 分步法的概述

一、分步法的概念及适用范围

（一）分步法的概念

产品成本计算的分步法，是指按照产品的品种及其所经生产步骤作为成本核算对象来归集生产费用，计算产品成本的方法。

（二）分步法的适用范围

分步法主要适用于大量、大批的多步骤的生产企业，例如造纸、纺织、冶金、木材加工以及大量大批多步骤生产的机械制造企业等。因为在这些企业中，产品生产可以划分为若干个生产步骤进行。例如机器制造企业生产可以分为铸造、加工、装配等步骤；冶金企业生产可分为炼铁、炼钢、轧钢等步骤；造纸企业可以分为制浆、制纸、包装等步骤；纺织企业生产可以分为纺织、织布等步骤；木材加工生产可以分为原木、成材、成品等步骤。为了加强成本管理，不但要求按照产品品种归集生产费用，计算产品成本，而且要求按照产品的生产步骤归集生产费用，计算各步骤产品成本，提供反映各种产品品种及其各生产步骤成本计划执行情况的资料。

应当指出的是，在实务操作中分步法与第九章所述的分批法常常结合起来运用。例如汽车生产厂家的汽车一般都是大批量的生产。每批产品生产完成了之后，就会调整装配线用以生产另外一种型号的汽车。每批生产都作为一个"批次"，但在该批次中，各个生产步骤的成本被分别计算，以便向管理人员提供生产各种型号汽车和卡车的过程中每一生产步骤的制造成本。

二、分步法的特点

分步法计算产品成本具有的特点主要表现在以下几个方面：

（一）以品种及其所经生产步骤作为成本计算对象

10-1 微课视频

由于分步法是按照产品的生产步骤归集生产费用的，因此，其成本计算对象，不仅要求按照产品的品种计算产品成本，还要求按照产品的生产步骤来计算产品的成本。产品成本明细账也就要求按照产品的品种及其所经过的生产步骤来设置。如果企业只生产一种产品，则成本计算对象就是该种产成品及其所经过的各生产步骤，产品成本明细账应该按照产品的生产步骤开立；假如生产多种产品，成本计算对象则应是各种产成品及其所经过的各生产步骤，产品成本明细账应该按照每种产品的各个步骤开立。在进行成本计算时，应按照步骤分产品分配和归集生产费用，单设成本项目的直接计入费用，直接计入各成本计算对象；单设成本项目的间接计入费用，单独分配计入各成本计算对象；不单设成本项目的费用，一般是先按车间、部门或者费用用途，归集为综合费用，月末再直接计入或者分配计入各成本计算对象。

需要指出的是，在实际工作中，产品成本计算中生产步骤的划分，与实际生产步骤的划分不一定完全一致，企业应根据管理的要求，本着简化核算程序的原则，可以只对管理上要求分步计算成本的生产步骤，来设置产品成本明细账，单独计算产品的成本；反之，不要求单独计算产品成本的步骤，则可以与其他的生产步骤合并在一起来计算成本。

另外，在按照生产步骤设立车间的企业中，一般来说，分步计算成本也分车间计算成本。但是，如果企业生产规模很小，管理上不要求分车间计算成本时，也可以将几个车间合并为一个步骤计算成本；反之，如果企业生产规模很大，车间内还可以分成几个生产步骤，管理上又要求分步计算成本，这时，也可在车间内分步计算成本。因此可知，分步计算成本不一定就是分车间来计算成本，但应根据管理的要求，本着简化计算工作的原则，确定成本计算对象。

（二）成本计算期与会计报告期一致

在大量大批的多步骤生产的企业中，由于生产过程相对来说比较长，原材料连续不断投入，产品也是连续不断完工，不可能在所有产品全部完工之后再计算成本，因此，成本计算一般都是按月、定期的进行，而与产品的生产周期不一致，与产品的会计报告期是一致的。

（三）月末要将生产费用采用适当方法在完工产品与在产品之间进行分配

大量大批多步骤生产的情况下，月末通常都会是既有完工的产品，又会有在产品存在，因此，必须采用适当的方法，例如定额比例法、定额计价法、约当产量法等，按照加工步骤将所归集的生产费用在完工产品与在产品之间进行分配。

（四）各步骤间成本的结转

由于产品生产是分步骤进行的，上一步骤生产的半成品是下一个生产步骤的加工对象。因此，为了计算各种产品的产成品成本，还需要按照产品品种，结转各步骤的成本。也就是说，与其他成本计算方法不同，在采用分步法计算产品成本时，在各步骤之间还有个成本结转问题。这是分步法的一个重要特点。

10-2 知识链接

但是，由于各个企业生产工艺过程的特点和成本管理对各步骤成本资料的要求（要不要计算半成品成本）不同，以及对简化成本计算工作的考虑，各生产步骤成本的计算和结转采用两种不同的方法：逐步结转和平行结转。因此，产品成本计算的分步法也就相应地分为逐步结转分步法和平行结转分步法两种。

第二节　逐步结转分步法的概述

一、逐步结转分步法的概念及适用范围

（一）逐步结转分步法的概念

逐步结转分步法，是指按照产品的生产步骤逐步计算并结转半成品成本，最后计算出产成品成本的方法。

（二）逐步结转分步法的特点

（1）逐步结转分步法是计算半成品成本的分步法，其成本核算对象是产成品及其所经生产步骤的半成品，以此来开设成本明细账。

（2）半成品成本要随同着半成品实物一起在各生产步骤之间顺序转移。

逐步结转分步法在完工产品与月末在产品之间分配生产费用时，生产费用是指本生产步骤发生的费用加上上一个生产步骤转入的半成品成本；完工产品是指的本生产步骤已经完工的半成品（最后生产步骤为产成品）；月末在产品是指本生产步骤正在加工而尚未完工的在制品，即狭义的在产品。

（三）逐步结转分步法的适用范围

在采用分步法的大量大批多步骤生产企业中，有的产品的制造过程是由一系列循序渐进的、性质不同的加工步骤所组成。在这一类的生产中，从原材料投入到产品的最终制成，中间要经过几个生产步骤的逐步加工，除最后步骤生产的是产成品以外，前面所有的步骤生产出来的都是半成品。与这类生产工艺过程特点相联系，为了加强对各生产步骤成本的管理，往往要求不仅计算各种产成品成本，而且要求计算各步骤半成品的成本，其原因有以下几点：

▶ 1. 有自制半成品对外销售的企业

各步骤所产的半成品不仅交由本企业的下一个步骤进一步加工，还可以常常作为商品

或者产品对外销售,如纺织企业的棉纱等。为了正确地计算对外销售的半成品成本,全面考核和分析商品或者产品成本的计划执行情况,就要计算这些半成品的成本。

▶ 2. 自制半成品可以加工为不同产品的企业

有些半成品,为了企业几种产品所耗用的,为了分别正确计算各种产品的成本,也需要计算这些半成品的成本。

▶ 3. 需要考核自制半成品成本的企业

为了方便横向和纵向比较,以及全面地考核和分析各个生产步骤的生产耗费和资金的占用情况,需要随着半成品实物在各生产步骤之间的转移,结转半成品,为此也需要计算半成品的成本。

由此可见,逐步结转分步法就是为了计算半成品成本而采用的,是按照生产步骤逐步计算并结转半成品成本,直到最后步骤计算出产成品成本的一种分步方法。这种方法也称为计算半成品成本的分步法。

具体而言,逐步结转分步法是按照产品加工的顺序,逐步计算并结转半成品成本,直到最后一个加工步骤才能计算出产成品成本的一种方法。这种计算方法是先计算每一步骤的半成品成本和本步骤未完工的在产品成本,并将本步骤已完工的半成品成本结转到下一生产步骤,第二生产步骤将第一生产步骤转来的半成品成本加上本步骤发生的成本,计算出第二步骤的半成品成本和未完工的在产品成本,再依次随着生产步骤顺序累计结转,直到最后一个生产步骤,计算出产成品成本。

如上所述可知逐步结转分步法的适用范围是:半成品需要对外销售,要求计算对外销售的半成品成本;半成品可加工为不同产品时必须计算半成品的成本;或是管理上要求提供半成品成本资料的大量大批多步骤生产的企业。

二、逐步结转分步法的计算程序

采用逐步结转分步法计算各个生产步骤的产品成本时,上一个步骤所生产的半成品的成本,要随着半成品实物的转移,而从上一个步骤的成本明细账转入下一步骤相同产品成本明细账中,因而其计算程序要受到半成品实物流转程序的制约。半成品实物的流转程序有两种方式,即通过仓库收发和不通过仓库收发两种。

▶ 1. 半成品不通过仓库收发

如果半成品不通过仓库收发,逐步结转分步法的产品成本计算程序是:首先计算出第一个步骤所生产的半成品成本,然后随着半成品实物的转移,将其成本转入到第二个生产步骤的成本明细账中,再加上第二个生产步骤本身所发生的各项费用,加总计算出第二步骤半成品成本,依次逐步累计结转,直到最后一个生产步骤计算出产成品成本为止。具体程序如图 10-1 所示。

▶ 2. 半成品完工和领用都通过仓库收发

采用逐步结转分步法时,半成品实物如果通过仓库收发,成本核算的基本程序与上面所说的半成品不通过仓库收发基本相同,唯一的区别是:半成品实物通过仓库收发时,应

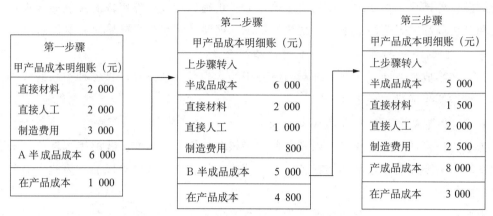

图 10-1　逐步结转分步法成本计算程序图（不通过仓库收发）

该在各步骤设立"自制半成品明细账"核算各步骤半成品的收、发、存情况。具体的计算程序如图 10-2 所示。

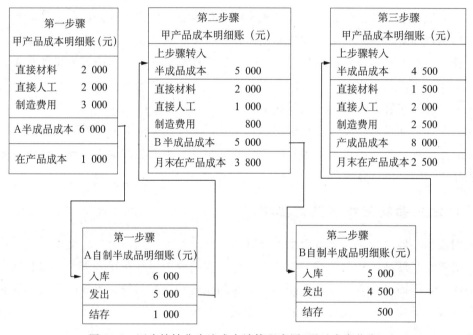

图 10-2　逐步结转分步法成本计算程序图（通过仓库收发）

上述成本结转的核算程序表明，每一个步骤都是一个品种法，逐步结转分步法实际上是品种法的多次连续应用，即在采用品种法计算上一个生产步骤的半成品成本以后，按照下一个生产步骤的耗用数量转入下一个生产步骤成本；下一个生产步骤再一次采用品种法归集所耗半成品的费用和本步骤其他费用，计算其半成品成本；如此逐步结转，直到最后一个生产步骤计算出产成品的成本。

三、半成品成本结转的方式

按照结转的半成品成本在下一个生产步骤产品成本明细账中的反映不同，逐步结转分步法分为综合结转法和分项结转法两种方法。

(一) 综合结转法

综合结转法的特点是将上一生产步骤转入下一生产步骤的半成品成本,不分成本项目,以合计的金额全部计入下一生产步骤产品生产成本明细账中的"直接材料"成本项目或"自制半成品"成本项目,综合反映各步骤所耗上一步骤所产半成品成本。综合结转,可以按照上一步骤所产半成品的实际成本结转,也可以按照企业确定的半成品计划成本或定额成本结转。

▶ 1. 半成品按实际成本综合结转法

采用这种结转方法,各步骤所耗上一步骤的半成品费用,应根据所耗半成品的实际数量乘以半成品的实际单位成本计算。由于各月所产半成品的实际单位成本不同,所以所耗半成品实际单位成本的计算,可根据企业的实际情况选择使用以下方法确定:

(1) 先进先出法。以先入库的先发出这一假定为依据,并根据这一种假定的成本流转顺序对发出和结存的半成品进行计价。

(2) 加权平均法。用期初结存半成品数量和本期入库半成品数量作为权数计算半成品平均单位成本的计价方法。

(3) 移动加权平均法。以本批收入数量加本批收入前的结存数量为权数计算的平均单价作为发出半成品的实际单价,来确定发出半成品实际成本的一种方法。

(4) 后进先出法。以后入库的先发出这一假定为前提,并根据这种假定的成本流转顺序对发出和结存的半成品进行计价。

为了提高各步骤成本计算的及时性,在半成品月初余额较大,本月所耗半成品全部或大部分是以前月份所产的情况下,本月所耗半成品费用也可按上月末半成品的加权平均单位成本计算确定。下面举例说明。

【例 10-1】 某工厂从 20×× 年 4 月份开始生产甲产品,该产品经过三个生产车间加工,一车间投入原材料加工成 A 半成品,交半成品仓库验收;二车间按照所需要数量从半成品仓库领用 A 半成品,加工成 B 半成品后交半成品仓库验收,三车间按照所需要数量从半成品仓库领用 B 半成品,加工成甲产品。原材料在一车间生产时一次性投入,各步骤的在产品在本步骤的完工程度均为 50%,该企业要求计算每个车间的半成品成本和产成品成本。有关资料见表 10-1 和表 10-2。

表 10-1 产 量 资 料

20×× 年 4 月　　　　　　　　　　　　　　　　数量单位:件

项　　目	一 车 间	二 车 间	三 车 间
投入(领用)产量	10	8	6
本月完工产品	8	6	4
月末在产品	2	2	2

表 10-2　费用资料

20××年 4 月　　　　　　　　　　　　　　　金额单位：元

项　目	直接材料	直接人工	制造费用
一车间	2 000	1 440	1 080
二车间	—	1 400	1 050
三车间	—	1 300	900

各生产步骤成本计算程序和方法见表 10-3、表 10-4、表 10-5 的基本生产成本明细账。

表 10-3　第一车间基本生产成本明细账

产品名称：A 半成品　　　　　20××年 4 月　　　　　　　金额单位：元

项　目	直接材料	直接人工	制造费用	合　计
本月生产费用	2 000	1 440	1 080	4 520
分配率（元/件）	200	160	120	480
完工半成品成本	1 600	1 280	960	3 840
月末在产品成本	400	160	120	680

其中：（1）直接材料分配率＝2 000÷(8＋2)＝200(元/件)

　　　月末在产品成本＝200×2＝400(元)

　　　完工转出 A 半成品成本＝2 000－400＝1 600(元)

（2）直接人工分配率＝1 440÷(8＋2×50％)＝160(元/件)

　　　月末在产品成本＝2×50％×160＝160(元)

　　　完工转出 A 半成品成本＝1 440－160＝1 280(元)

（3）制造费用分配率＝1 080÷(8＋2×50％)＝120(元/件)

　　　月末在产品成本＝2×50％×120＝120(元)

　　　完工转出 A 半成品成本＝1 080－120＝960(元)

根据表 10-3 编制如下会计分录：

A 半成品入库：

借：自制半成品——A 半成品　　　　　　　　　　　　　　　　3 840

　　贷：基本生产成本——第一车间(A 半成品)　　　　　　　　　　　3 840

表 10-4　第二车间基本生产成本明细账

产品名称：B 半成品　　　　　20××年 4 月　　　　　　　金额单位：元

项　目	自制半成品	直接人工	制造费用	合　计
本月生产费用	3 840	1 400	1 050	6 290
分配率（元/件）	480	200	150	830
完工半成品成本	2 880	1 200	900	4 980
月末在产品成本	960	200	150	1 310

其中：（1）直接材料分配率＝3 840÷(6+2)＝480(元/件)

月末在产品成本＝2×480＝960(元)

完工转出 B 半成品成本＝3 840－960＝2 880(元)

（2）直接人工分配率＝1 400÷(6+2×50％)＝200(元/件)

月末在产品成本＝2×50％×200＝200(元)

完工转出 B 半成品成本＝1 400－200＝1 200(元)

（3）制造费用分配率＝1 050÷(6+2×50％)＝150(元/件)

月末在产品成本＝2×50％×150＝150(元)

完工转出 B 半成品成本＝1 050－150＝900(元)

根据表 10-4 编制如下会计分录：

（1）领用上一步骤 A 半成品时：

借：基本生产车间——第二车间　　　　　　　　　　　　　　　　3 840

　　贷：自制半成品——A 半成品　　　　　　　　　　　　　　　　　3 840

（2）B 半成品入库时：

借：自制半成品——B 半成品　　　　　　　　　　　　　　　　　4 980

　　贷：基本生产成本——第二车间(B 半成品)　　　　　　　　　　　4 980

表 10-5　第三车间基本生产成本明细账

产品名称：甲产成品　　　　　　20××年4月　　　　　　金额单位：元

项　　目	自制半成品	直接人工	制造费用	合　　计
本月生产费用	4 980	1 300	900	7 180
分配率	830	260	180	1 270
完工产成品成本	3 320	1 040	720	5 080
月末在产品成本	1 660	260	180	2 100

其中：（1）直接材料分配率＝4 980÷(4+2)＝830(元)

月末在产品成本＝2×830＝1 660(元)

完工转出 B 半成品成本＝4 980－1 660＝3 320(元)

（2）直接人工分配率＝1 300÷(4+2×50％)＝260

月末在产品成本＝2×50％×260＝260(元)

完工转出 B 半成品成本＝1 300－260＝1 040(元)

（3）制造费用分配率＝900÷(4+2×50％)＝180

月末在产品成本＝2×50％×180＝180(元)

完工转出 B 半成品成本＝900－180＝720(元)

根据上表编制如下会计分录：

1) 领用上一步骤 B 半成品时：

借：基本生产车间——第三车间　　　　　　　　　　　　　　　　4 980

贷：自制半成品——B半成品　　　　　　　　　　　　　　　　　　　　　　　4 980

2）甲产成品入库时：

　　借：库存商品——甲产成品　　　　　　　　　　　　　　　　　　　　　　　5 080

　　贷：基本生产成本——第三车间　　　　　　　　　　　　　　　　　　　　　5 080

以例【10-1】各步骤计算没有月初在产品成本，下面再举一个有月初在产品成本的例子说明其各生产步骤成本计算程序。

【例10-2】 假定【例10-1】中该厂5月份继续生产甲产品，原材料在一车间生产开始时一次性投入，各步骤的在产品在本步骤的完工程度还是均为50%。5月份有关资料如表10-6和表10-7所示。

表10-6　产量资料

20××年5月　　　　　　　　　　　　　　　　　数量单位：件

项　目	一　车　间	二　车　间	三　车　间
月初在产品	2	2	2
投入（领用）产量	12	12	10
本月完工产品	12	10	8
月末在产品	2	4	4

表10-7　费用资料

20××年5月　　　　　　　　　　　　　　　　　金额单位：元

项　目	直接材料	直接人工	制造费用
一车间	2 400	1 400	1 180
二车间	—	1 600	1 410
三车间	—	1 000	800

根据上述资料，计算各步骤产品成本的方法如表10-8、表10-9、表10-10所示。

表10-8　第一车间基本生产成本明细账

产品名称：A半成品　　　　　　20××年5月　　　　　　　　金额单位：元

项目	直接材料	直接人工	制造费用	合计
月初在产品成本	400	160	120	680
本月生产费用	2 400	1 400	1 180	4 980
合计	2 800	1 560	1 300	5 660
分配率（元/件）	200	120	100	420
完工半成品成本	2 400	1 440	1 200	5 040
月末在产品成本	400	120	100	620

其中：（1）直接材料分配率＝2 800÷（12＋2）＝200（元/件）

月末在产品成本＝2×200＝400(元)

完工转出 B 半成品成本＝2 800－400＝2 400(元)

(2) 直接人工分配率＝1 560÷(12＋2×50%)＝120(元/件)

月末在产品成本＝2×50%×120＝120(元)

完工转出 B 半成品成本＝1 560－120＝1 440(元)

(3) 制造费用分配率＝1 300÷(12＋2×50%)＝100(元/件)

月末在产品成本＝2×50%×100＝100(元)

完工转出 B 半成品成本＝1 300－100＝1 200(元)

根据表10-8所示，编制如下会计分录：

A 半成品入库：

借：自制半成品——A 半成品　　　　　　　　　　　　　　　　　5 040

　　贷：基本生产成本——第一车间(A 半成品)　　　　　　　　　　　　　5 040

表 10-9　第二车间基本生产成本明细账

产品名称：B 半成品　　　　　　20××年5月　　　　　　金额单位：元

项　目	直接材料	直接人工	制造费用	合　计
月初在产品成本	960	200	150	1 310
本月生产费用	5 040	1 600	1 410	8 050
合计	6 000	1 800	1 560	9 360
分配率(元/件)	428.57	150	130	708.57
完工半成品成本	4 285.71	1 500	1 300	7 085.71
月末在产品成本	1 714.29	300	260	2 274.29

根据表10-9所示，编制如下会计分录：

1) 领用上一步骤 A 半成品时：

借：基本生产车间——第二车间　　　　　　　　　　　　　　　　5 040

　　贷：自制半成品——A 半成品　　　　　　　　　　　　　　　　　　5 040

2) B 半成品入库时：

借：自制半成品——B 半成品　　　　　　　　　　　　　　　　7 085.71

　　贷：基本生产成本——第二车间(B 半成品)　　　　　　　　　　　　7 085.71

表 10-10　第三车间基本生产成本明细账

产品名称：甲产成品　　　　　　20××年5月　　　　　　金额单位：元

项　目	直接材料	直接人工	制造费用	合　计
月初在产品成本	1 660	260	180	2 100
本月生产费用	7 085.71	1 000	800	8 885.71
合计	8 745.71	1 260	980	10 985.71

续表

项 目	直接材料	直接人工	制造费用	合 计
分配率(元/件)	728.81	126	98	952.81
完工产成品成本	5 830.47	1 008	784	7 622.47
月末在产品成本	2 915.24	252	196	3 363.24

根据表 10-10 所示，编制如下会计分录：

(1) 领用上一步骤 B 半成品时：

借：基本生产车间——第三车间　　　　　　　　　　　　　　　7 085.71

　　贷：自制半成品——B 半成品　　　　　　　　　　　　　　　　7 085.71

(2) 甲产成品入库时：

借：库存商品——甲产成品　　　　　　　　　　　　　　　　　7 622.47

　　贷：基本生产成本——第三车间　　　　　　　　　　　　　　　7 622.47

以上两个例题都是各个生产步骤生产的半成品实物通过半成品仓库收发，如果上步骤生产的半成品直接转入下一加工步骤继续加工，不通过半成品库收发，则不需要编制半成品入库和仓库领用的会计分录。

上述两个例题都是本步骤生产时领用了上一个步骤的全部半成品进行生产，如下步骤仅只领用上步骤部分半成品，则各步骤成本计算方法与上例题基本相同。

【例 10-3】 现仍以上题为例，但假设各个步骤只领用上个生产步骤的部分半成品，其余资料不变(如表 10-11 所示)。则各步骤成本的计算如表 10-12、表 10-13、表 10-14 所示的基本生产成本明细账。

表 10-11　产 量 资 料

20××年 5 月　　　　　　　　　　　　　　　数量单位：件

项 目	一 车 间	二 车 间	三 车 间
月初在产品	2	2	2
投入(领用)产量	12	10	6
本月完工产品	12	8	4
月末在产品	2	4	4

表 10-12　第一车间基本生产成本明细账

产品名称：A 半成品　　　　　20××年 5 月　　　　　　　　金额单位：元

项 目	直接材料	直接人工	制造费用	合 计
月初在产品成本	400	160	120	680
本月生产费用	2 400	1 400	1 180	4 980
合计	2 800	1 560	1 300	5 660

续表

项　　目	直接材料	直接人工	制造费用	合　　计
分配率(元/件)	200	120	100	420
完工半成品成本	2 400	1 440	1 200	5 040
月末在产品成本	400	120	100	620

注：这张表的做法与前一个例题是一样的。

根据表10-11、表10-12所示，编制如下会计分录：

A半成品入库：

借：自制半成品——A半成品　　　　　　　　　　　　　　　　　　5 040

　　贷：基本生产成本——第一车间(A半成品)　　　　　　　　　　　5 040

表10-13　第二车间基本生产成本明细账

产品名称：B半成品　　　　　20××年5月　　　　　金额单位：元

项　　目	直接材料	直接人工	制造费用	合　　计
月初在产品成本	960	200	150	1 310
本月生产费用	4 200	1 600	1 410	7 210
合计	5 160	1 800	1 560	8 520
分配率(元/件)	430	180	156	766
完工半成品成本	3 440	1 440	1 248	6 128
月末在产品成本	1 720	360	312	2 392

根据表10-13所示，编制如下会计分录：

(1) 领用上一步骤A半成品时：

借：基本生产车间——第二车间　　　　　　　　　　　　　　　　4 200

　　贷：自制半成品——A半成品　　　　　　　　　　　　　　　　4 200

(2) B半成品入库时：

借：自制半成品——B半成品　　　　　　　　　　　　　　　　　　6 128

　　贷：基本生产成本——第二车间(B半成品)　　　　　　　　　　　6 128

表10-14　第三车间基本生产成本明细账

产品名称：甲产成品　　　　　20××年5月　　　　　金额单位：元

项　　目	直接材料	直接人工	制造费用	合　　计
月初在产品成本	1 660	260	180	2 100
本月生产费用	4 596	1 000	800	6 396
合计	6 256	1 260	980	8 496
分配率(元/件)	782	210	163.33	1 155.33

续表

项　　目	直接材料	直接人工	制造费用	合　　计
完工产成品成本	3 128	840	653.33	4 621.33
月末在产品成本	3 128	420	326.67	3 874.67

根据表 10-14 所示编制如下会计分录：

(1) 领用上一步骤 B 半成品时：

借：基本生产车间——第三车间　　　　　　　　　　　　　　　　　　　4 596
　　贷：自制半成品——B 半成品　　　　　　　　　　　　　　　　　　　4 596

(2) 甲产成品入库时：

借：库存商品——甲产成品　　　　　　　　　　　　　　　　　　　4 621.33
　　贷：基本生产成本——第三车间　　　　　　　　　　　　　　　　4 621.33

▶ 2. 半成品按计划成本综合结转法

半成品按计划成本综合结转法，就是日常收入发出的半成品明细核算按计划成本计价，在半成品实际成本计算出来后，再计算半成品成本差异额和差异率，调整领用半成品的计划成本。而半成品收发的总分类核算则按实际成本计价。

半成品按计划成本综合结转所用账表的特点是：

(1) 自制半成品明细账不仅要反映半成品收发和结存的数量和实际成本，而且要反映其计划成本，以及成本差异额和成本差异率。

(2) 在产品成本明细账中，对于所耗用半成品的成本，可以按照调整成本差异后的实际成本登记，也可以按照计划成本和成本差异分别登记，以便于分析上一步骤半成品成本差异对本步骤成本的影响。如采用的一种做法，产品成本明细账中的"半成品"项目下，要分设"计划成本""成本差异"和"实际成本"三栏。

【例 10-4】　仍以【例 10-2】为例，采用按计划成本结转法计算各生产步骤产品成本。假定 A 半成品的计划单位成本为 404 元，B 半成品的计划单位成本为 295.24 元，且半成品实物仍然通过仓库收发，产量资料不变（如表 10-6 所示）。

1) 第一车间 A 半成品成本计算方法同表 10-8 所示。

2) 第一车间 A 半成品入库的自制半成品明细账如表 10-15 所示。

表 10-15　自制半成品明细账

半成品名称：A 半成品　　　　　数量单位：12 件　　　　　计划单位成本：404 元

月份	月初结存			本月增加			合　　计					本月减少		
	数量	计划成本	实际成本	数量	计划成本	实际成本	数量	计划成本	实际成本	成本差异	差异率	数量	计划成本	实际成本
1	2	3	4	5	6	7=1+4	8=2+5	9=3+6	10=9−8	11=10÷8	12	13	14=1+13×11
				12	4 848	5 040	12	4 848	5 040	192	4%	12	4 848	5 040

3）第二车间领用 A 自制半成品后编制基本生产成本明细账（如表 10-16 所示）。

表 10-16 第二车间基本生产成本

半成品名称：B 半成品　　　本月完工 10 件　　　月末在产品：5 件　　　金额单位：元

××年		凭证号	摘　要	半 成 品			直接人工	制造费用	合　计
月	日			计划成本	成本差异	实际成本			
5	1	略	月初在产品成本	1 000	−40	960	200	150	1 310
	31		本月生产费用	5 250	−210	5 040	1 600	1 410	8 050
	31		合计	6 250	−250	6 000	1 800	1 560	9 360
	31		分配率（元/件）	446.43	−17.86	428.57	150	130	708.57
	31		完工产品成本	4 464.28	−178.57	4 285.71	1 500	1 300	7 085.71
	31		月末在产品成本	1 785.72	−71.43	1 714.29	300	260	2 274.29

由以上例子可知，各个生产步骤领用上一步骤的半成品，就相当于是领用原材料。因此，综合结转半成品成本的核算就相当于各生产步骤领用原材料核算。按实际成本或计划成本综合结转半成品成本的核算原理与按材料实际或计划成本进行产品所耗原材料的核算原理基本相同。但两者相比，按计划成本综合结转半成品成本具有以下优点：

第一，可以简化和加速半成品核算和产品成本计算工作。按计划成本结转半成品成本，可以简化和加速半成品收发的凭证计价和记账工作。半成品成本差异率如果不是按半成品品种，而是按类计算，更可以省去大量的计算工作；如果月初半成品成本差异调整也可以根据上月半成品成本差异率计算。这样，不仅简化了计算工作各步骤的成本计算，还可以同时进行，从而加速产品成本的计算工作。

第二，便于各步骤进行成本的考核和分析。按计划成本结转半成品成本，在各步骤的产品成本明细账中，可以分别反映所耗半成品的计划成本、成本差异和实际成本，因而在分析各步骤产品成本时，可以剔除上一步骤半成品成本变动对本步骤产品成本的影响，有利于厘清经济责任，考核各步骤的经济效益。如果各步骤所耗半成品的成本差异，不调整计入各步骤的产品成本，而是直接调整计入最后的产成品成本，不但可以进一步简化和加速各步骤的成本计算工作，而且由于各步骤产品成本中不包括上一步骤半成品成本变动的影响，更便于厘清各步骤的经济责任，更便于各步骤产品成本的考核和分析。

▶ 3. 综合结转的成本还原

在综合结转法下，由于各个步骤的自制半成品都没有分成本项目，而是以合计的金额直接全部转入到下一个步骤的"直接材料"或是"自制半成品"里，其自制半成品的"直接人工"和"制造费用"等其他费用都记入了产成品的"直接材料"成本项目里面，而产成品其他费用相对地在产成品成本中所占比重很小，这显然不符合产成品成本的实际构成，也不便于企业分析与考核产品成本的成本构成和水平。例如某种产品由三个步骤加工完成，上一个生产步骤直接为下一个生产步骤提供半成品直到最后一个步骤，各生产步骤月末均无在产品，其逐步结转的结果如表 10-17 所示。

表 10-17　各步骤成本逐步结转情况

生产步骤＼成本项目	半成品	直接材料	直接人工	制造费用	合计
第一步		2 000	800	400	3 200
第二步	3 200		600	300	4 100
第三步	4 100		400	500	5 000
原始成本项目合计		2 000	1 800	1 200	5 000

从表 10-17 可能看出，第一步骤完工的半成品成本 3 200 元转作第二步骤的半成品费用；第二步骤完工的半成品成本 4 100 元转作第三步骤的半成品费用。在第三步骤产成品成本 5 000 元中，其中数额很大的半成品费用 4 100 元，占了产成品总成本 5 000 元的 82%，除此之外，直接人工费 400 元，制造费用 500 元，两项合计只占产成品成本的 18%。这与该企业该产品成本的实际构成，即直接材料 2 000 元占产成品成本的 40%、直接人工 1 800 元占产成品成本的 36%、制造费用 1200 元占产成品成本的 24% 相差甚远。所以，如果管理上要求从整个企业角度分析和考核成本项目构成时，要将逐步综合结转算出的产成品成本进行还原，使其成为按原始成本项目反映的成本。

成本还原采用的方法，是从最后一个生产步骤开始，将各步骤所耗上一步骤的"自制半成品"成本，按上一生产步骤所生产的自制半成品的成本构成进行分解，最后将各生产步骤同一成本项目的金额相加，得到按原始成本项目反映的产品成本。

如表 10-17 所列，各步骤领用上一步骤完工的全部半成品，即所耗用的上一步骤半成品费用恰好是上一步骤完工的半成品成本，即两者是相等的，那么成本还原的方法非常简单：将各步骤半成品费用略而不计，其余的成本项目分别汇总即可。如直接人工是 800 元、600 元、400 元，相加得到产成品的实际工资为 1 800 元。但在实际工作中，全部领用上一步骤半成品的情况很少，不能在采用上面的方法来计算，需要采用别的方法进行专门的成本还原，其具体方法能以下两种方式：

（1）综合比率还原（即系数法）。这种方法是把各个步骤所耗上一步骤半成品的综合成本，按照上一步骤所产半成品成本的结构，逐步分解还原，算出按原始成本项目反映的产成品成本。其计算公式如下：

$$成本还原分配率 = \frac{本月产成品所耗上一步半成品成本}{本月所产该种半成品成本合计}$$

某项成本项目金额＝上一步骤生产的半成品某个成本项目的成本×成本还原分配率

仍根据例 10-3（具体资料见表 10-12、表 10-13、表 10-14），从最后一个步骤起进行还原的方法和步骤如下：

A. 第一次还原：

还原分配率＝3 128÷6 128＝0.5104

甲产成品所耗 B 半成品费用中的直接材料费用＝3 440×0.5104＝1 755.93(元)

甲产成品所耗 B 半成品费用中的直接人工费用＝1 440×0.5104＝735.04(元)

甲产成品所耗 B 半成品费用中的制造费用＝3 128－1 755.93－735.04＝637.03（元）

B. 第二次还原：

还原分配率＝1 755.93÷5 040＝0.3484

B 半成品所耗 A 半成品费用中的直接材料费用＝2 400×0.3484＝836.16（元）

B 半成品所耗 A 半成品费用中的直接人工费用＝1 440×0.3484＝501.7（元）

B 半成品所耗 A 半成品费用中的制造费用＝1 755.93－836.16－501.7＝418.07（元）

成本还原的计算一般都反映在成本还原计算表里面。根据以上计算编制甲产成品的成本还原计算表如表 10-18 所示。

表 10-18 产品成本还原计算表

产品：甲产品　　　　　　20××年 5 月　　　　　　产量：4 件　　　　　　金额单位：元

摘　要	还原分配率	成本项目				
		B 半成品	A 半成品	直接材料	直接人工	制造费用	合计
还原前总成本		3 128			840	653.33	4 621.33
本月所产 B 半成品成本			3 440		1 440	1 248	6 128
B 半成品成本还原	0.5104	－3 128	1755.93		735.04	637.03	0
本月所产 A 半成品成本				2 400	1 440	1 200	5 040
A 半产品成本还原	0.3484		－1755.93	836.16	501.7	418.07	0
还原后总成本				836.16	2076.74	1708.43	4 621.33
还原后单位成本（元/件）				209.04	519.19	427.11	1 155.33

（2）半成品比重法。这种方法是按所产半成品各成本项目占全部成本结构的比重还原。进行成本还原应计算所产半成品成本项目比例，公式为：

$$所产半成品成本比重 = \frac{上一步骤半成品各成本项目}{上一步骤半成品成本合计}$$

将产成品所耗上一步骤的半成品成本分别乘以所产半成品成本比重，即可将产成品中半成品综合成本进行分解。

仍以同题为例，其计算程序为：

1）本月 B 半成品比重构成：

直接材料比重＝3 440÷6 128＝0.561 2

直接人工比重＝1440÷6 128＝0.235 0

制造费用比重＝1248÷6 128＝0.203 8

2）本月 B 半成品成本还原：

直接材料＝3 128×0.5612＝1 755.93（元）

直接人工＝3 128×0.2350＝735.04（元）

制造费用＝3 128－1 755.93－735.04＝637.03(元)

3) 本月A半成品比重构成：

直接材料比重＝2 400÷5 040＝0.476 2

直接人工比重＝1 440÷5 040＝0.285 7

制造费用比重＝1 200÷5 040＝0.238 1

4) 本月A半成品成本还原：

直接材料＝1 755.93×0.4762＝836.16(元)

直接人工＝1 755.93×0.2857＝501.7(元)

制造费用＝1 755.93－836.16－501.7＝418.07(元)

根据以上计算编制甲产成品的成本还原计算表如表10-19所示。

表10-19 产品成本还原计算表

产品：甲产品　　　　20××年5月　　　　产量：8件　　　　金额单位：元

摘要	成本项目					
	B半成品	A半成品	直接材料	直接人工	制造费用	合计
还原前总成本	3 128			840	653.33	4 621.33
B半成品成本构成		56.12%		23.50%	20.38%	100%
B半成品成本还原	－3 128	1755.93		735.04	637.03	0
A半成品成本构成			47.62%	28.57%	23.81%	100%
A半成品成本还原		－1 755.93	836.16	501.7	418.07	0
还原后总成本			836.16	2076.74	1708.43	4 621.33
还原后单位成本(元/件)			209.04	519.19	427.11	1 155.33

以上两种方法，都是以所产半成品成本构成为标准进行成本还原的，但是没有考虑到以前月份所产半成品成本结构的影响，在各月所产半成品的成本结构变化较大的情况下，采用这种方法进行成本还原会产生误差。如果企业有半成品的定额成本或计划成本并且比较准确，可以按半成品的定额成本或计划成本的成本结构进行还原。

采用综合结转法逐步结转半成品的成本，优点是有利于加强内部成本控制，努力地降低成本，但是成本还原的工作量太大了，管理上要求计算各步骤完工产品所耗半成品费用，但又不要求进行成本还原的情况下才采用。

(二) 分项结转法

分项结转法，是将上一生产步骤转入下一生产步骤的半成品成本，按其原始成本项目分别计入下一生产步骤产品生产成本明细账中对应的成本项目之中，分项反映各步骤所耗上一步骤所产半成品成本。如果半成品通过半成品仓库收发，那么自制半成品明细账也要按照成本项目分别登记半成品成本。

分项结转，可以按照半成品的实际单位成本结转；也可按照半成品的计划单位成本结转，然后按成本项目分项调整成本差异。但是，按计划成本结转的计算工作量太大，因此，在实际工作中，一般采用实际成本分项结转的方法。分项结转当的基本原理与综合结转法基本相同，这里就不举例说明了，只说明其成本结转程序，如表 10-20、表 10-21、表 10-22 所示。

表 10-20　第一车间基本生产成本明细账

产品名称：A 半成品　　　　　　　20××年 5 月　　　　　　　　金额单位：元

项　　目	直接材料	直接人工	制造费用	合　　计
月初在产品成本	12 000	10 000	8 000	30 000
本月生产费用	36 000	30 000	22 000	88 000
合计	48 000	40 000	30 000	118 000
分配率（元/件）	4 000	4 000	3 000	11 000
完工半成品成本	32 000	32 000	24 000	88 000
月末在产品成本	16 000	8 000	6 000	30 000

表 10-21　第二车间基本生产成本明细账

产品名称：B 半成品　　　　　　　20××年 5 月　　　　　　　　金额单位：元

项　　目	直接材料	直接人工	制造费用	合　　计
月初在产品成本	4 000	4 000	1 000	9 000
本月生产费用		4 000	3 000	7 000
本月所耗半成品	32 000	32 000	24 000	88 000
合计	36 000	40 000	28 000	104 000
分配率（元/件）	3 000	4 000	2 800	9 800
完工半成品成本	24 000	32 000	22 400	78 400
月末在产品成本	12 000	8 000	5 600	25 600

表 10-22　第三车间基本生产成本明细账

产品名称：甲产成品　　　　　　　20××年 5 月　　　　　　　　金额单位：元

项　　目	直接材料	直接人工	制造费用	合　　计
月初在产品成本	1 000	2 000	1 100	4 100
本月生产费用		1 000	2 000	3 000
本月所耗半成品	24 000	32 000	22 400	78 400
合计	25 000	35 000	25 500	85 500
分配率	5 000	8 750	6 375	20 125
完工产成品成本	15 000	26 250	19 125	60 375
月末在产品成本	10 000	8 750	6 375	25 125

其账务处理：

　　借：库存商品——甲产品　　　　　　　　　　　　　　　60 375
　　　　贷：基本生产成本——第三步骤　　　　　　　　　　　　　　60 375

从以上例子可得知，采用分项结转半成品成本可以直接、正确地提供按原始成本项目反映的企业产成品成本资料，便于从整个企业角度考核和分析产品成本计划的执行情况，不需要进行成本还原。但是，这种方法的成本结转工作比较复杂，而且在各步骤完工产品成本中看不出其所耗上一步骤半成品费用的多少以及本步骤加工费用的多少，不便于进行各步骤完工产品的成本分析。因此，分项结转法一般适用于管理上只要求按原始成本项目计算产品成本、不要求计算各步骤完工产品所耗半成品费用和本步骤加工费用的企业。

10-3 知识链接

五、逐步结转分步法的优缺点

（一）逐步结转分步法的优点

第一，逐步结转分步法的成本计算对象是产成品及其所经生产步骤的半成品，这就可以为分析和考核各生产步骤半成品成本计划的执行情况，以及正确计算自制半成品的销售成本提供资料。

第二，逐步结转分步法计算并结转并结转半成品成本，半成品成本随着其实物的转移而结转，设有半成品仓库时，设置"自制半成品"账户，同时进行数量和金额的核算。这样，各生产步骤产品生产成本明细账中的月末在产品成本，与该步骤月末在产品的实物一致，有利于加强在产品和自制半成品的管理。

第三，采用综合结转法结转半成品成本时，由于各生产步骤产品成本中包括所耗上一步骤半成品成本，从而能全面反映各步骤完工产品中所耗上一步骤半成品费用水平和本步骤加工费用水平，有利于各步骤的成本管理。采用分项结转法结转半成品成本时，可以直接提供按原始成本项目反映的产品成本，满足企业分析和考核产品构成和水平的需要，而不必进行成本还原。

（二）逐步结转分步法的缺点

第一，两种结转方法都要逐步结转，所以核算工作比较复杂，提供核算资料的及时性也较差。

第二，采用综合结转法结转半成品成本时，需要进行成本还原；采用分项结转法结转半成品成本时，结转的核算工作量大。如果半成品按计划成本结转，还要调整和计算半成品成本差异；如果半成品按实际成本结转，需要分别核算上步骤成本和本步骤成本，成本计算的及时性差。

第三节　平行结转分步法的概述

一、平行结转分步法的概念及适用范围

（一）平行结转分步法的概念

平行结转分步法是将各生产步骤应计入相同产成品成本的份额平行汇总，以求得产成

品成本的方法。平行结转分步法按照生产步骤归集费用，但只计算完工产成品在各生产步骤的成本"份额"，不计算和结转各生产步骤的半成品成本，因此，这种方法也称为不计算半成品成本的分步法。

(二) 平行结转分步法的适用范围

在采用分步法的大量大批多步骤生产的企业中，半成品种类较多（如机械制造企业），且不需要对外出售又或者很少出售，仅供下一步骤继续加工，在管理上不要求提供各步骤半成本的成本资料，只要求反映和考核各生产步骤所发生的生产耗费用的大量大批多步骤生产的企业，如机械修配厂等。

二、平行结转分步法的特点

第一，各个生产步骤都不需要计算半成品的成本，只用计算本生产步骤所发生的生产费用。除第一生产步骤生产费用中包括所耗用的原材料和其他各项加工费用外，其他各个生产步骤只计算本生产步骤发生的各项加工费用。

第二，采用平行结转分步法的情况下，各生产步骤半成品成本不随着实物转移而结转，各加工步骤只归集本步骤发生的费用，不反映所耗用上一生产步骤的半成品成本。

第三，各个生产步骤的生产费用也需要在完工产品与月末在产品之间进行分配。这里所说的完工产品与月末在产品都是就广义而言的。生产费用是指本步骤所发生的费用（不包括所耗上一生产步骤的半成品成本）；完工产品是指企业最终完工的产成品；在产品是指的广义在产品，即包括①本步骤正在加工的在制品（狭义在产品）；②本步骤已经加工完成转入半成品仓库的半成品；③已经转入以后各生产步骤继续加工，但尚未最终制成产品的自制半成品。

第四，将各步骤费用中应计入产成品的"份额"，平行结转，汇总计算出该种产成品的总成本和单位成本。

三、平行结转分步法的计算程序

(1) 按照产品的品种和生产步骤设置基本生产成本明细账，并且按照成本项目归集本步骤所发生的成本费用。

(2) 月末将各步骤归集的生产费用在产成品与月末在产品之间进行分配。计算各步骤应计入产成品成本的"份额"。

(3) 将各步骤应计入产成品成本的份额按成本项目平行结转，汇总计算出产成品的总成本和单位成本。

平行结转分步法的关键在于合理计算产成品的成本"份额"。各步骤应计入产成品成本的份额，一般按下列公式计算：

某步骤计入产成品成本份额＝产成品数量×单位产成品耗用该步骤半成品数量×该步骤半成品单位成本

其中，"该步骤半成品单位成本"，在实际计算时，要分项目成本来计算其分配率。按成本项目计算分配率时可采用定额比例法或者是约当产量法来计算。

（一）按定额比例法分配

某步骤某项费用的分配率＝

$$\frac{该步骤该项期初费用＋该步骤该项本月发生费用}{产成品定额消耗量(工时)或定额费用量＋月末广义在产品定额消耗量(工时)或定额费用}$$

其中：

该步骤月末广义在产品定额消耗量（工时）或定额费用＝月初广义在产品定额消耗量（工时）或定额费用＋本月投入的定额消耗量（工时）或定额费用－本月产成品定额消耗量（工时）或定额费用

本月产成品定额消耗量（工时）或定额费用＝产成品数量×单位产成品的消耗定额（工时）或费用定额

某步骤某项费用应计入产成品成本的份额＝产成品定额消耗量（工时）或定额费用×某步骤某费用分配率

【例 10-5】 某产品本月产成品的数量为 60 件。该产成品的工时定额为 140 小时，其中第一步骤为 40 小时。第一步骤月初广义在产品直接工资为 40 000 元，本月发生直接工资 24 000 元。第一步骤月初广义在产品的定额工时为 4 200 小时，本月投入定额工时 3 800 小时。则第一步骤直接工资在产成品与月末在产品之间按定额比例法分配，计算过程如下：

第一步骤：

直接人工费分配率＝（40 000＋24 000）÷（4 200＋3 800）＝8（元/小时）

产成品第一步骤定额工时＝60×40＝2 400（小时）

月末广义在产品第一步骤定额工时＝4 200＋3 800－2 400＝5 600（小时）

第一步骤直接人工费应计入产成品的份额＝2 400×8＝19 200（元）

第一步骤广义在产品应分配的直接人工费用＝5 600×8＝44 800（元）

（二）按约当产量法分配

$$某步骤某项费用分配率＝\frac{该步骤该项期初费用＋本月发生费用}{产成品数量＋该步骤广义在产品约当产量}$$

某步骤应计入产成品成本的份额＝产成品产量×单位产成品耗用该步骤半成品的数量×该步骤半成品单位成本

其中：

某步骤广义在产品约当产量＝该步骤月末在产品数量×在产品完工程度×该步骤已完成转入以后各步骤但未最后完工的半成品数量

某步骤在产品成本＝该步骤期初成本＋本月生产费用－该步骤计入产成品成本份额

【例 10-6】 某企业生产的甲产品顺序经过第一、第二和第三个基本生产车间加工，自制半成品不通过半成品仓库收发，直接转入下一步骤继续加工，每件产成品耗用半成品一件。原材料在第一车间生产开始时一次投入，各车间工资和制造费用发生比较均衡，月末本车间在产品完工程度均为 50%。采用平行结转分步法计算甲产品成本，并且采用约当产量法计算各步骤应计入产成品成本中的份额。11 月份有关资料如表 10-23 及表 10-24 所示。

表 10-23　生产数量资料

产品：甲产品　　　　　　　　　20××年11月　　　　　　　　　　单位：件

项　目	第 一 车 间	第 二 车 间	第 三 车 间
月初在产品	50	100	200
本月投入或上步转入	450	400	300
本月完工转入下步或交库	400	300	400
月末在产品	100	200	100

表 10-24　生产费用资料

产品：甲产品　　　　　　　　　20××年11月　　　　　　　　金额单位：元

项　目	第 一 车 间	第 二 车 间	第 三 车 间
月初在产品成本	300 000	180 000	80 000
其中：直接材料	180 000		
直接人工	64 000	110 000	50 000
制造费用	56 000	70 000	30 000
本月本步发生生产费用	550 000	360 000	370 000
其中：直接材料	280 000		
直接人工	140 000	250 000	220 000
制造费用	130 000	110 000	150 000

采用约当产量法计算各步骤应计入产成品成本中的份额其计算过程如下：

(1) 第一车间成本计算。

直接材料成本：

期末广义在产品约当产量＝100×100％＋200＋100＝400(件)

材料费用分配率＝(180 000＋280 000)÷(400＋400)＝575(元/件)

原材料费用应计入产成品成本份额＝400×575＝230 000(元)

期末广义在产品的原材料费用＝(180 000＋280 000)－230 000＝230 000(元)

直接人工成本：

期末广义在产品约当产量＝100×50％＋200＋100＝350(件)

直接人工分配率＝(64 000＋140 000)÷(350＋400)＝272(元/件)

直接人工费用应计入产成品成本份额＝400×272＝108 800(元)

期末广义在产品的直接人工费用＝(64 000＋140 000)－108 800＝95 200(元)

制造费用成本：

制造费用分配率＝(56 000＋130 000)÷(350＋400)＝248(元/件)

直接人工费用应计入产成品成本份额＝400×248＝99 200(元)

期末广义在产品的制造费用＝56 000＋130 000－99 200＝86 800(元)

将上述计算结果，登记于基本生产成本明细账中，如表 10-25 所示：

表 10-25　第一车间产品生产成本明细账

产品：甲产品　　　　　　　　　20××年 11 月　　　　　　　　金额单位：元

摘　　要		直接材料	直接人工	制造费用	合　　计
月初在产品成本		180 000	64 000	56 000	300 000
本月发生生产费用		280 000	140 000	130 000	550 000
生产费用合计		460 000	204 000	186 000	850 000
最终产成品数量(件)		400	400	400	—
在产品约当产量(件)	本步在产品约当产量	100	50	50	—
	已交下步末完工半成品	300	300	300	—
生产总量(分配标准)		800	750	750	—
单位产成品成本份额(元/件)		575	272	248	1 095
结转 400 件产成品成本份额		230 000	108 800	99 200	438 000
月末在产品成本		230 000	95 200	86 800	412 000

(2) 第二车间成本计算。

直接人工成本：

期末广义在产品约当产量＝200×50％＋100＝200(件)

直接人工分配率＝(110 000＋250 000)÷(200＋400)＝600(元/件)

直接人工费用应计入产成品成本份额＝400×600＝240 000(元)

期末广义在产品的直接人工费用＝(110 000＋250 000)－240 000＝120 000(元)

制造费用成本：

制造费用分配率＝(70 000＋110 000)÷(200＋400)＝300(元/件)

制造费用应计入产成品成本份额＝400×300＝120 000(元)

期末广义在产品的制造费用＝70 000＋110 000－12 000＝60 000(元)

将上述计算结果，登记于基本生产成本明细账中，如表 10-26 所示。

表 10-26　第二车间产品生产成本明细账

产品：甲产品　　　　　　　　　20××年 11 月　　　　　　　　金额单位：元

摘　　要		直接材料	直接人工	制造费用	合　　计
月初在产品成本			110 000	70 000	180 000
本月发生生产费用			250 000	110 000	360 000
生产费用合计			360 000	180 000	540 000
最终产成品数量(件)			400	400	—
在产品约当产量(件)	本步在产品约当产量		100	100	—
	已交下步末完工半成品		100	100	—

续表

摘 要	直接材料	直接人工	制造费用	合 计
生产总量(分配标准)(件)		600	600	—
单位产成品成本份额(元/件)		600	300	900
结转400件产成品成本份额		240 000	120 000	360 000
月末在产品成本		120 000	60 000	180 000

(3) 第三车间成本计算。

直接人工成本：

期末广义在产品约当产量＝100×50％＝50(件)

直接人工分配率＝(50 000＋220 000)÷(50＋400)＝600(元/件)

直接人工费用应计入产成品成本份额＝400×600＝240 000(元)

期末广义在产品的直接人工费用＝(50 000＋220 000)－240 000＝30 000(元)

制造费用成本：

制造费用分配率＝(30 000＋150 000)÷(50＋400)＝400(元/件)

制造费用应计入产成品成本份额＝400×400＝160 000(元)

期末广义在产品的制造费用＝30 000＋150 000－160 000＝20 000(元)

将上述计算结果，登记于基本生产成本明细账中，如表10-27所示：

表10-27　第三车间产品生产成本明细账

产品：甲产品　　　　　　　　20××年11月　　　　　　　　金额单位：元

摘　要		直接材料	直接人工	制造费用	合　计
月初在产品成本			50 000	30 000	80 000
本月发生生产费用			220 000	150 000	370 000
生产费用合计			270 000	180 000	450 000
最终产成品数量(件)			400	400	—
在产品约当产量(件)	本步在产品约当产量		50	50	—
	已交下步末完工半成品		0	0	—
生产总量(分配标准)(件)			450	450	—
单位产成品成本份额(元/件)			600	400	1 000
结转400件产成品成本份额			240 000	160 000	400 000
月末在产品成本			30 000	20 000	50 000

其账务处理：

借：库存商品——甲产品　　　　　　　　　　　　　　　　1 198 000

　　贷：基本生产成本——第一步骤　　　　　　　　　　　　438 000

　　　　　　　　　　——第二步骤　　　　　　　　　　　　360 000

——第三步骤	400 000

由上述例题可看出，采用平行结转分步法计算产成品的成本，可以简化各步骤的成本计算工作，减少了各步骤成本前后等待时间；经过汇总以后的产成品成本，能够直接反映成本项目的结构，不需要成本还原。但也在不同程度上影响各步骤成本管理所需资料的提出，不能全面反映各步骤的生产耗费和半成品成本的情况，不便于加强车间成本管理。

四、平行结转分步法与逐步结转分步法的比较

第一，成本管理的要求不同。

逐步结转分步法在管理上要求计算半成品成本，是计算半成品成本的分步法；平行结转分步法在管理上要求分步归集费用，但不要求计算半成品成本，是不计算半成品成本的分步法。

第二，产成品成本的计算方式不同。

平行结转分步法是将各生产步骤应计入相同产成品成本的份额汇总，来求得产成品成本的。各生产步骤只归集本步发生的生产费用，应计入产成品成本的份额可以同时进行计算，不需要等待，可以简化和加速成本核算工作。

逐步结转分步法是按照产品成本核算所划分的生产步骤，逐步计算和结转半成品成本，直到最后步骤计算出产成品成本。各步骤的成本核算要等待上一步骤的成本核算结果。综合结转法的还原工作量和分项结转法结转工作量都很大。

第三，在产品的含义不同。

平行结转分步法下，在产品是指广义的在产品，它不仅包括本步骤在制品，还包括经过本步骤加工完毕，但没有最后成为产成品的所有半成品；且半成品的成本不随实物的转移而结转，对于半成品仓库只进行数量核算。

而逐步结转分步法下，在产品是指狭义的在产品，即本步骤加工的在产品；且半成品的成本要随着实物的转移而随之结转，对于半成品，要设置"自制半成品"账户，同时进行数量和金额的核算。

本章小结

分步法是以产品品种及其所经生产步骤作为成本核算对象，来归集生产费用，计算产品成本的方法。它的基本特点：一是以产品的品种及其所经生产步骤作为成本核算对象；二是成本计算定期按月进行，与产品生产周期不一致；三是通常需要在完工产品与在产品之间分配生产费用。分步法按照是否要在各步骤之间结转半成品成本，分为逐步结转分步法和平行结转分步法两种方式。

逐步结转分步法是按照生产步骤逐步计算并结转半成品成本，直到最后步骤计算出产成品成本的方法，也称作计算半成品成本的分步法。逐步结转分步法是以产成品及其所经生产步骤作为成本核算对象，按月在本步骤完工产品和狭义在产品之间分配生产费用。按照半成品成本在下一步骤成本明细账中的反映方法不同分为综合结转和分项结转两种方

法。两种方法都是既可以按实际成本结转，也可以按照计划成本结转半成品成本。

综合结转分步法下，由于各步骤所耗上一步骤成本是以"半成品"或"原材料"项目综合反映的，因而最后一个步骤产成品的成本不能反映原始的成本项目构成，就不能据以从整个企业的角度来分析产品成本的构成和水平。因此必须进行成本还原，使其成为按原始成本项目反映的真实成本。

平行结转分步法是将各生产步骤应计入相同产成品成本的份额平行汇总以求得产成品成本的方法，也称为不计算半成品成本的分步法。平行结转分步法以产成品及其所经生产步骤作为成本核算对象，按月将生产费用在最终产成品与广义在产品之间进行分配。采用平行结转分步法可以同时计算产品成本，能够直接提供按原始成本项目反映的产品成本资料，不必进行成本还原，因而能够简化和加速成本计算工作。但是，这种方法不计算和随着实物转移而结转半成品成本，所以不能提供各步骤半成品成本资料，不能为各个生产步骤在产品的实物管理和资金管理提供资料且不能全面地反映各步骤产品的生产耗费水平，不能更好地满足这些步骤成本管理的要求。综上所述，一般半成品种类较多，逐步结转半成品成本的工作量较大，管理上又不要求提供各步骤半成品成本资料的情况下采用。

复习思考题

1. 什么是分步法？简述分步法的特点。
2. 什么是成本还原？为什么要进行成本还原？
3. 简述逐步结转分步法与平行结转分步法的区别。
4. 简述综合结转分步法的优缺点。
5. 简述逐步结转分步法的计算程序。
6. 简述平行结转分步法的适用范围。

实务题

（一）练习逐步结转分步法

1. 资料：某企业生产甲产品经过三个基本生产车间加工，第一车间完工产品为 A 半成品，完工后全部交第二车间继续加工；第二车间完工产品为 B 半成品，完工后全部交第三车间继续加工；第三车间完工产品为甲产成品。甲产品原材料在每一车间生产开始时一次投入，各车间的工资和费用发生比较均衡，月末在产品完工程度均为 50%。本月有关成本计算资料如下：

（1）生产数量资料（如表 10-28、表 10-29 所示）。

表10-28　生产数量资料

产品：甲产品　　　　　　　　20××年6月　　　　　　　　单位：件

项　目	第一车间	第二车间	第三车间
月初在产品	200	100	100
本月投入或上步转入	400	500	400
本月完工转入下步或交库	500	400	200
月末在产品	100	200	300

表10-29　生产费用资料

产品：甲产品　　　　　　　　20××年6月　　　　　　　　单位：元

项　目	第一车间	第二车间	第三车间
月初在产品成本	300 000	180 000	80 000
其中：直接材料	180 000		
直接人工	64 000	110 000	50 000
制造费用	56 000	70 000	30 000
本月本步发生生产费用	550 000	360 000	370 000
其中：直接材料	280 000		
直接人工	140 000	250 000	220 000
制造费用	130 000	110 000	150 000

2. 要求：根据资料采用逐步分步法，计算甲产成品及其A半成品、B半成品成本（月末在产品成本按约当产量法计算），编制结转完工产品的会计分录，登记产品生产成本明细账（如表10-30、表10-31、表10-32所示）。

表10-30　第一车间产品生产成本明细账

产品：A半成品　　　　　　　　20××年6月　　　　　　　　金额单位：元

摘　要	直接材料	直接人工	制造费用	合　计
月初在产品成本				
本月本步发生费用				
生产费用合计				
本月完工产品数量（件）				
月末在产品约当量（件）				
约当总产量（件）				
完工产品单位成本（元/件）				
完工产品总成本				
月末在产品成本				

表 10-31　第二车间产品生产成本明细账

产品：B半成品　　　　　　　　20××年6月　　　　　　　　单位：元

摘　要	上步转入	本步发生		合　计
	A半成品	直接人工	制造费用	
月初在产品成本				
本月本步发生费用				
本月上步转入费用				
生产费用合计				
本月完工产品数量(件)				
月末在产品约当量(件)				
约当总产量(件)				
完工产品单位成本(元/件)				
完工产品总成本				
月末在产品成本				

表 10-32　第三车间产品生产成本明细账

产品：甲产成品　　　　　　　　20××年6月　　　　　　　　金额单位：元

摘　要	上步转入	本步发生		合　计
	A半成品	直接人工	制造费用	
月初在产品成本				
本月本步发生费用				
本月上步转入费用				
生产费用合计				
本月完工产品数量(件)				
月末在产品约当量(件)				
约当总产量(件)				
完工产品单位成本(元/件)				
完工产品总成本				
月末在产品成本				

(二)练习半成品成本综合结转的成本还原

1. 资料：见练习(一)计算结果。

2. 要求：根据资料采用两种方法，对第三车间所产甲产品总成本中的自制半成品进行成本还原，并填入表 10-33、表 10-34 中。

表 10-33　产品成本还原计算表

产品：甲产品　　　　20××年6月　　　　产量：件　　　　金额单位：元

摘　要	成　本　项　目					
	B半成品	A半成品	直接材料	直接人工	制造费用	合计
还原前总成本						
B半成品成本构成						
B半成品成本还原						
A半成品成本构成						
A半成品成本还原						
还原后总成本						
还原后单位成本（元/件）						

表 10-34　产品成本还原计算表

产品：甲产品　　　　20××年6月　　　　产量：件　　　　金额单位：元

摘　要	还原分配率	成　本　项　目					
		B半成品	A半成品	直接材料	直接人工	制造费用	合计
还原前总成本							
本月所产B半成品成本							
B半成品成本还原							
本月所产A半成品成本							
A半产品成本还原							
还原后总成本							
还原后单位成本（元/件）							

（三）练习平行结转分步法

1. 资料：某企业生产的甲产品顺序经过第一、第二和第三个基本生产车间加工，原材料在第一车间生产开始时一次投入，各车间工资和制造费用发生比较均衡，月末本车间在产品完工程度均为50%。采用平行结转分步法计算甲产品成本，并且采用约当产量法计算各步骤应计入产成品成本中的份额。10月份有关资料如表10-35、表10-36所示。

表 10-35　生产数量资料

产品：甲产品　　　　20××年10月　　　　单位：件

项　目	第一车间	第二车间	第三车间
月初在产品	200	100	100
本月投入或上步转入	400	500	400
本月完工转入下步或交库	500	400	200
月末在产品	100	200	300

表 10-36　生产费用资料

产品：甲产品　　　　　　　　　20××年11月　　　　　　　　　金额单位：元

项　　目	第 一 车 间	第 二 车 间	第 三 车 间
月初在产品成本	44 000	41 000	5 900
其中：直接材料	24 000		
直接人工	8 000	30 000	3100
制造费用	12 000	11 000	2800
本月本步发生生产费用	160 000	160 000	35 000
其中：直接材料	20 000		
直接人工	22 000	18 000	16 000
制造费用	118 000	142 000	19 000

2. 要求：根据资料采用平行结转分步法计算甲产品成本，计入产品生产成本明细账（如表10-37、表10-38、表10-39所示）。编制产品成本计算汇总表（如表10-40所示）并根据产品成本计算汇总表编制会计分录。

表 10-37　第一车间产品生产成本明细账

产品：甲产品　　　　　　　　　20××年10月　　　　　　　　　金额单位：元

摘　　要		直接材料	直接人工	制造费用	合　　计
月初在产品成本					
本月发生生产费用					
生产费用合计					
最终产成品数量（件）					
在产品约当产量	本步在产品约当产量				
	已交下步未完工半成品				
生产总量（分配标准）（件）					
单位产成品成本份额（元/件）					
结转400件产成品成本份额					
月末在产品成本					

表 10-38　第二车间产品生产成本明细账

产品：甲产品　　　　　　　　　20××年10月　　　　　　　　　金额单位：元

摘　　要	直接材料	直接人工	制造费用	合　　计
月初在产品成本				
本月发生生产费用				
生产费用合计				

续表

摘　　要		直接材料	直接人工	制造费用	合　　计
最终产成品数量(件)					
在产品约当产量(件)	本步在产品约当产量				
	已交下步未完工半成品				
生产总量(分配标准)(件)					
单位产成品成本份额(元/件)					
结转 400 件产成品成本份额					
月末在产品成本					

表 10-39　第三车间产品生产成本明细账

产品：甲产品　　　　　　　20××年 10 月　　　　　　　单位：元

摘　　要		直接材料	直接人工	制造费用	合　　计
月初在产品成本					
本月发生生产费用					
生产费用合计					
最终产成品数量(件)					
在产品约当产量(件)	本步在产品约当产量				
	已交下步未完工半成品				
生产总量(分配标准)(件)					
单位产成品成本份额(元/件)					
结转 400 件产成品成本份额					
月末在产品成本					

表 10-40　产品成本计算汇总表

产品：甲产品　　　　　　　20××年 10 月　　　　　　　金额单位：元

车　　间	直接材料	直接人工	制造费用	合　　计
第一车间				
第二车间				
第三车间				
完工产品总成本				
完工产品单位成本(元/件)				

线上课堂——训练与测试

扫描封底二维码刮刮卡，获取答题权限。

在线自测

第十一章　成本计算的辅助方法

> **学习目标**
>
> 本章将学习和掌握：①分类法、定额法的含义、特点及适用范围；②分类法及定额法的成本计算程序；③分类法及定额法的成本计算方法。

引言

成本计算的基础方法介绍了品种法、分批法和分步法，在此基础上为了简化成本计算过程，还有成本计算的辅助方法，本章主要介绍分类法、定额法和作业成本法。

分类法，是必须通过系数法进行类内分配，适用于产品规格、型号繁多、能够按照一定的标准分类的产品，如同类产品、联产品、副产品和等级产品等。

定额法，是以事先制定的产品定额成本为标准，调整脱离实际的差异额，求得产品实际成本的一种有利于成本控制的方法。

作业成本法，最主要的特点是以制造费用发生的成本动因分别设立作业中心，按作业中心建立制造费用成本库。制造费用分配标准由单标准改为多标准，提高了产品成本中制造费用项目的准确性。

第一节　分类法的概述

一、分类法的概念

分类法是指按照产品的类别作为成本计算对象来归集生产费用，计算出各类产品实际成本，再按照一定的方法或标准在各类产品的完工产品和月末在产品之间进行类内分配，计算出类内各种产品总成本和单位成本的方法。

二、分类法的特点

（一）成本计算对象

分类法是以产品的类别作为成本计算对象，按照类别归集生产费用，最终计算出各种产品成本。采用类别作为成本计算对象时，应先将不同品种、规格的产品按照定标准进行分类，按照类别开设"基本生产成本"明细账，归集生产费用，计算各种完工产品的成本，但最终还需要类内分配计算出类内各种产品完工产品的成本，所以以产品类别作为成本计算对象是为了简化成本计算工作，实际上是品种法的一种延伸。

（二）成本计算期

企业生产的产品品种、规格繁多的情况下，可以按照一定标准进行分类的企业或车间，均可采用分类法作为辅助方法计算产品成本，即分类法与企业生产类型没有直接关系，它可以在任何类型的企业生产中应用。大量大批生产的企业或车间采用分类法结合品种法或分步法进行计算，成本计算期与会计报告期一致，定期按月计算成本；单件小批生产的企业或车间采用分类法结合分批法计算成本时，成本计算期与生产周期一致，完工时计算产品成本。

（三）生产费用在完工产品和月末在产品之间分配

采用分类法计算成本时，如果月末在产品没有或较少且均衡时，则不需要在完工产品和月末在产品之间分配；如果月末在产品较多且不均衡时，则需要采用适当的方法在完工产品和月末在产品之间分配。

（四）类内分配

以类别作为成本计算对象，计算出各类产品成本并不是最终结果，还需要采用合理的分配标准在各类完工产品内各种产品之间进行类内分配，最终计算出各种产品完工产品的总成本和单位成本。

无论采用何种方法进行类内产品之间分配，成本计算的结果都带有一定的假定性。因此在分类标准和类内分配方法选择上需要特别注意合理性。

三、分类法的适用范围

分类法主要适用于品种、规格繁多，并且可以按照一定的要求和标准划分不同产品类别的企业或车间。只要企业产品可以按照其性质、用途、生产工艺过程各原材料消耗等方法的特点划分为一定类别，都可以采用分类法，包括同类产品、联产品、副产品以及等级产品都可以采用分类法进行成本计算。

分类法并非独立的成本计算方法，必须和品种法、分批法或分步法等基本方法结合使用，从而简化成本计算工作。

四、分类法的成本计算程序

（一）按照产品类别开设基本生产成本明细账，计算各类产品实际成本

首先根据产品所耗用原材料、结构、生产工艺技术过程等的不同，将产品划分为若干类别，然后按照产品的类别开设"基本生产成本"明细账，按类别归集生产费用，计算出各类产品的成本。

（二）选择合理方法进行类内分配

选择合理的分配标准，将各类产品的完工产品成本在类内各种产品之间进行分配，计算出各类产品里的各种产品的总成本和单位成本。

分类法的基本程序图 11-1 所示。

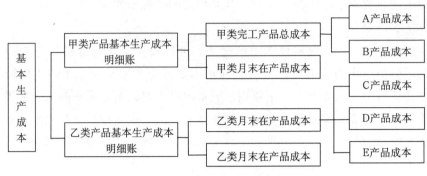

图 11-1　分类法成本计算程序图

五、类内成本的分配方法

类内各种不同产品之间成本的分配，各成本项目可以按同一个分配标准进行分配，也可以分不同成本项目，分别采用不同的分配标准进行分配，使其分配结果更为合理。如直接材料费用可按照定额消耗量或定额费用比例进行分配，其他加工费用可以按照定额工时比例进行分配。

为了简化核算工作，分配结果较为合理，通常采用系数分配法。系数分配法是将产品定额消耗量、定额费用、定额工时、长度、体积、产量、售价等分配标准折合为相对固定的系数，按照固定的系数在类内各种产品之间分配共同成本。

系数分配法的计算步骤如下：

（1）确定标准产量

在类内产品中选择一种产量大、生产稳定、规模适中的有代表性的产品作为标准产品，将标准产品的单位系数定为"1"。

（2）确定系数

将类内其他产品与标准产品比较，分别求出其他产品与标准产品的比例，即系数。

$$某产品系数 = \frac{该产品分配标准}{标准产品分配标准}$$

标准产品总产量（总系数）＝各种产品的实际产量×各自系数

（3）类内分配

$$费用分配率 = \frac{该类产品共同成本}{标准产品总系数}$$

类内各种产品成本＝该产品总系数×费用分配率

六、分类法举例

【例 11-1】　某企业基本生产车间大量生产七种产品，由于产品的规格不同，但其结构相似，所耗用原材料相同，生产工艺过程也相近，为简化核算工作，将七种产品分为甲、乙两大类。甲类产品包括 301、302、303 三种不同规格的产品，乙类产品包括 801、802、

803、804等四种不同规格的产品。该企业属于大量大批单步骤的生产企业,由于成本管理不要求分步计算产品成本,则可以采用品种法计算出甲、乙两类产品本月完工产品的实际总成本,然后采用系数分配法将各大类产品的总成本进行类内分配。5月生产的两类产品的成本已经采用品种法进行归集和分配,两类产品的生产费用在本月完工产品和月末在产品之间的分配均采用约当产量法。

本月各产品的完工产品与月末在产品的有关资料如表11-1所示。

表11-1 月末产量及定额资料

产品名称	完工产品产量(件)	在产品产量(件)	材料单位定额成本(元/件)	工时消耗定额(件/小时)
301	200	600	30	4
302	400	500	60	5
303	400	200	72	5.5
801	100	500	40	7
802	200	600	45	9
803	400	800	50	10
804	100	500	60	14

根据上述资料,采用系数比例法,计算过程如下:

▶ 1. 计算各类产品实际成本

采用品种法计算企业甲、乙两类产品本月完工产品成本,其计算程序如表11-2和表11-3所示。

表11-2 基本生产成本明细账

产品名称:甲类产品　　　　　20××年5月　　　　　　　金额单位:元

项　目	直接材料	直接人工	制造费用	合　计
月初在产品成本	6 000	2 000	1 000	9 000
本月生产费用	30 000	26 000	23 000	79 000
生产费用合计	36 000	28 000	24 000	88 000
完工产品总成本	24 500	20 000	18 000	62 500
月末在产品成本	11 500	8 000	6 000	25 500

表11-3 基本生产成本明细账

产品名称:乙类产品　　　　　20××年5月　　　　　　　金额单位:元

项　目	直接材料	直接人工	制造费用	合　计
月初在产品成本	5 000	3 000	2 000	10 000
本月生产费用	22 000	18 000	16 000	56 000

续表

项　　目	直接材料	直接人工	制造费用	合　　计
生产费用合计	27 000	21 000	18 000	66 000
完工产品总成本	24 960	14 220	12 640	51 820
月末在产品成本	2 040	6 780	5 360	14 180

▶ 2. 计算类内各种产品成本

表 11-4　产品系数计算表

产品名称：甲类产品　　　　　　　　20××年5月

产品名称	产品产量(件)	材料			工时		
		单位定额成本(元/件)	系数	总系数	工时消耗定额(件/小时)	系数	总系数
301	200	30	$\frac{30}{60}=0.5$	100	4	$\frac{4}{5}=0.8$	160
302（标准产品）	400	60	1	400	5	1	400
303	400	72	$\frac{72}{60}=1.2$	480	5.5	$\frac{5.5}{5}=1.1$	440
合计				980			1 000

表 11-5　产品系数计算表

产品名称：乙类产品　　　　　　　　20××年5月

产品名称	产品产量(件)	材料			工时		
		单位定额成本(元/件)	系数	总系数	工时消耗定额(件/小时)	系数	总系数
801	100	40	$\frac{40}{50}=0.8$	80	7	$\frac{7}{10}=0.7$	70
802	200	45	$\frac{45}{50}=0.9$	180	9	$\frac{9}{10}=0.9$	180
803（标准产品）	400	50	1	400	10	1	400
804	100	60	$\frac{60}{50}=1.2$	120	14	$\frac{14}{10}=1.4$	140
合计				780			790

3. 计算类内各种产品的总成本和单位成本

表 11-6　产品成本计算单

产品名称：甲类产品　　　　　　　20××年5月　　　　　　　金额单位：元

产品名称	产品产量（件）	材料总系数	直接材料	工时总系数	直接人工	制造费用	产成品总成本	产品单位成本（元/件）
（分配率）			(25.00)		(20.00)	(18.00)		
301	200	100	2 500	160	3 200	2 880	8 580	42.90
302	400	400	10 000	400	8 000	7 200	25 200	63.00
303	400	480	12 000	440	8 800	7 920	28 720	71.8
合计	1 000	980	24 500	1 000	20 000	18 000	62 500	

其中：直接材料分配率＝24 500÷980＝25（元/件）

　　　直接人工分配率＝20 000÷1 000＝20（元/件）

　　　制造费用分配率＝18 000÷1 000＝18（元/件）

表 11-7　产品成本计算单

产品名称：乙类产品　　　　　　　20××年5月　　　　　　　金额单位：元

产品名称	产品产量（件）	材料总系数	直接材料	工时总系数	直接人工	制造费用	产成品总成本	产品单位成本（元/件）
（分配率）			(32.00)		(18.00)	(16.00)		
801	100	80	2 560	70	1 260	1 120	4 940	49.40
802	200	180	5 760	180	3 240	2 880	11 880	59.40
803	400	400	12 800	400	7 200	6 400	26 400	66.00
804	100	120	3 840	140	2 520	2 240	8 600	86.00
合计	800	780	24 960	790	14 220	12 640	51 820	

根据上述资料及计算过程，编制结转完工产品的会计分录如下：

借：库存商品——301产品　　　　　　　　　　　　　　　　　8 580

　　　　　　——302产品　　　　　　　　　　　　　　　　　25 200

　　　　　　——303产品　　　　　　　　　　　　　　　　　28 720

　　　　　　——801产品　　　　　　　　　　　　　　　　　4 940

　　　　　　——802产品　　　　　　　　　　　　　　　　　11 880

　　　　　　——803产品　　　　　　　　　　　　　　　　　26 400

　　　　　　——804产品　　　　　　　　　　　　　　　　　8 600

　贷：基本生产成本——甲类产品　　　　　　　　　　　　　62 500

　　　　　　　　　——乙类产品　　　　　　　　　　　　　51 820

第二节 定额法的概述

一、定额法概述

(一) 定额法含义

定额法是以企业事先制定的产品定额成本为基础,加上(或减去)脱离定额差异、材料成本差异和定额变动差异,从而计算出产品实际成本的一种方法。其计算公式如下:

产品实际成本＝定额成本±脱离等额差异±材料成本差异±定额变动差异

(二) 定额法特点

▶ 1. 事先制造产品的定额成本

定额法与产品成本计算的基本方法不同,它主要是以产品的定额成本为基础计算产品的实际成本,即企业必须事先制定产品消耗定额、费用定额和定额成本,作为降低成本的目标。

▶ 2. 分别核算符合定额的费用和脱离定额的差异

在生产费用发生时,企业必须将符合定额的费用和脱离定额的差异分别核算,及时反映实际生产费用脱离定额的差异,以加强对成本差异的日常核算、分析和控制。

▶ 3. 计算产品实际成本

月末时,在定额成本的基础上加减各种成本差异,计算产品的实际成本,作为成本的定期考核和分析提供相关数据。

定额法通过事先制定定额成本,计算定额差异和分析差异责任,将产品成本的计划、控制、核算和分析结合在一起,从而促使企业节约产品生产耗费、降低产品成本。因此,定额法不仅是一种成本计算方法,更是一种成本控制方法。

(三) 定额法适用范围

定额法是产品计算的辅助方法,不是基本方法,与企业生产类型没有直接关系。该方法主要以制定的定额成本为基础,计算产品实际成本,因此主要适用于定额管理基础较好、产品生产较为成熟、制造的各项消耗定额或费用定额较准确、稳定的企业。

11-1 知识链接

二、定额法成本计算程序

(一) 制定定额成本

定额成本是根据企业现行直接材料、燃料和动力、工时等各项消耗定额,及其计划单价、人工费用率、制造费用率等资料,计算出产品的定额成本的一种成本控制目标。产品实际成本是在其定额成本的基础上计算的,即只有科学地制定定额成本,才能有效地对产品成本进行事前控制的过程,也是企业对生产费用的事中控制和事后分析的控制,以保证成本计划的顺利完成。

定额成本是由企业的财会部门会同计划、生产和技术等部门,在正常生产条件下工人

第十一章 成本计算的辅助方法

的生产耗费为基本共同确定的,其计算公式如下:

产品原材料定额成本＝产品产量×原材料消耗定额×材料计划单价

产品直接人工定额成本＝产品产量×工时定额×小时工资率

产品制造费用定额成本＝产品产量×工时定额×小时费用率

对于企业的产品是由许多零件、部件组成时分情况处理:如果产品的零件、部件不多,一般可以先计算各零件、部件的定额成本,最后汇总计算产成品的定额成本。如果产品的零件、部件较多,为了简化成本计算也可以不计算各种零件的定额成本,而是根据零件定额卡里所列零件的材料消耗定额、工时定额,以及材料、燃料动力计划单价和小时工资率、小时费用率等资料,计算各部件的定额成本,再汇总计算产成品的定额成本;或者根据"零件定额卡""部件定额卡"直接计算产成品定额成本,定额成本表如表11-8所示。

【例11-2】 某企业基本生产车间大量生产甲、乙两种产品,采用定额法计算产品生产成本。产品定额成本根据"零件定额卡""部件定额卡"直接计算,6月有关表格如表11-8、表11-9所示。

表11-8 零件定额卡

零件编号:D501　　　　　20××年6月　　　　　金额单位:元

材料名称编号	计量单位	材料消耗定额
A10	kg	8kg
工序	工时定额/小时	累计工时定额/小时
1	2	2
2	3	5
3	2	7

表11-9 部件定额成本计算表

部件编号:E2002　　　　　20××年6月　　　　　金额单位:元

耗用零件编号	零件数量	材料定额						金额合计	工时定额(元/小时)
		A材料			B材料				
		消耗量(件)	计划单价(元/件)	金额	消耗量(件)	计划单价(元/件)	金额		
D501	4	32	10	320				320	28
D601	2				12	5	60	60	18
装配									4
合计				320			60	380	50

甲产品定额成本项目					
原材料	直接人工		制造费用		定额成本合计
	计划小时工资率	金额(元/小时)	计划小时费用率	金额(元/小时)	
380	6	300	4	200	880

（二）核算脱离定额差异

在生产费用发生时，企业应将实际生产费用区分为符合定额的费用和脱离定额的差异，将两者分别核算，并予以汇总。

脱离定额差异指的是生产过程中各项生产费用的实际支出脱离现行定额或预算的数额。企业根据符合定额的费用和脱离定额的差异分别编制定额凭证和差异凭证，并在有关的费用分配表和明细分类账中按照各成本项目分别予以登记。

▶ 1. 直接材料费用脱离定额差异的计算

直接材料脱离差异是指实际产量的现行定额消耗量与实际消耗量之间的差异与计划单价的乘积，这里仅指直接材料消耗量差异（量差），其公式如下：

直接材料费用脱离定额差异 $=\sum$ ［（材料实际消耗量－实际产量×单位产品材料消耗量定额）×材料计划单价］

（1）限额法：在定额法下，为了加强材料费用的控制，原材料的领用通常实行限额领料制度。在限额范围内的原材料应当根据"限额领料单"领用。

如果因增加产量需要追加材料时，应当按照规定程序办理追加限额手续后，也可以根据定额领发；减少用料时，应当扣减"限额领料单"上的领料限额。

由于其他原因的超额用料，属于材料脱离定额的差异，应当填写专设的超额领料单等差异凭证，经审批后方可领料。

对于采用代用材料和废料利用，应当在相关的"限额领料单"中注明，从原限额中予以扣除；生产任务结束后，将车间已领未用的材料填写"退料单"办理假退料手续。"超限额领料单"上的数量为超支差异。

（2）切割核算法：在分批组织生产的企业，为了有效控制用料差异，对于需要切割后才能进一步进行加工的材料，应当通过"材料切割核算单"来计算材料脱离定额的差异。

"材料切割核算单"应当按照切割材料的批别开立，核算单中列明材料的种类、数量、消耗定额和应切割的毛坯数量。切割完成后填列实际割成毛坯数量和材料的实际消耗量等，并据此计算出材料定额消耗量后，可以与材料实际消耗量比较，确定材料脱离定额的差异。"材料切割核算单"基本格式如表 11-10 所示。

【例 11-3】 某企业基本生产车间 A 材料"材料切割核算单"如表 11-10 所示。

表 11-10　材料切割核算单

材料编号和名称：A 材料　　　　计量单位：kg　　　　　　计划单价：5 元
产品名称：乙产品　　　　　　　零件编号名称：D502　　　图纸号：5112
机床号：112　　　　　　　　　　　　　　　　　　　　　　切割人：李辉
切割日期：20××年 6 月 13 日　　　　　　　　　　　　　完工日期：20××年 6 月 13 日

发料数量	退回余料数量	材料实际消耗量	废料实际回收量
320	20	300	8

续表

单位产品消耗定额	单位回收废料定额	应切割成毛坯数量	实际切割成毛坯数量	材料定额消耗量	废料定额回收量
4	0.5	75	72	288	6.8

材料脱离定额差异		废料脱离定额差异			脱离差异原因	责任人
数量	金额	数量	单价	金额	未按规定切割，导致废料增多	李辉
12	60	－1.2	2	－2.4		

其计算过程如下：

应切割成毛坯数量＝300÷6＝75(件)

材料定额消耗量＝72×4＝288(千克)

废料定额回收量＝72×0.5＝36(千克)

材料脱离定额差异＝(300－288)×5＝60(元)

废料脱离定额差异＝(6.8－8)×2＝－2.4(元)

(3)盘存法：盘存法是指通过定期盘存方法计算原材料脱离定额的差异，即通过在产品实际盘存数量和完工产品数量计算出投产总量；然后再用本期投产数量乘以材料消耗量定额，计算出材料定额消耗量；再根据限额领料单、超额领料单、退料单以及车间余料盘存数量，计算出材料实际消耗量；最后将原材料的定额消耗量与实际消耗量相比较，从而确定原材料脱离定额差异，其计算公式如下：

本期投产数量＝本期完工产品数量＋期末盘存在产品数量－期初盘存在产品数量

直接材料定额消耗量＝本期投产数量×单位产品材料消耗量定额

直接材料脱离定额差异＝(本期材料实际消耗量－本期材料定额消耗量)×材料计划单价

【例11-4】 某企业基本生产车间生产甲产品本月投产量为100件，根据单位产品材料定额成本和实际消耗材料数量汇总编制的"直接材料费用定额和脱离定额差异汇总表"如表11-11所示。

表11-11 直接材料费用定额和脱离定额差异汇总表

产品名称：甲产品

投产量：100件　　　　　　　　　　20××年6月　　　　　　　　　金额单位：元

材料名称	材料编号	计量单位	计划单价	定额耗用		实际耗用		脱离定额差异	
				单位定额	数量	金额	数量	金额	数量	金额
B材料	E01	kg	4	30	3 000	12 000	2 900	11 600	－100	－400
C材料	E02	kg	5	45	4 500	22 500	4 350	22 000	－150	－750
其他		元		75		8 250		8 800		550
合计						42 750		42 400		－350

2. 直接人工脱离定额差异的计算

(1) 计件工资制度下直接人工脱离定额差异的计算：在计件工资制度下，直接人工属于直接计入费用，按照计件单价计算的产品工人薪酬即为直接人工定额费用，将其反映在产量记录中，脱离定额的差异应单独设置"工资补付单"等凭证。

(2) 计时工资制度下直接人工脱离定额差异的计算：在计时工资制度下，需要等到月末实际工资单才能确定直接工资脱离定额的差异。其计算公式如下：

$$计划小时工资率 = \frac{计划产量的定额直接人工费用}{计划产量的定额生产工时}$$

$$实际小时工资率 = \frac{实际直接人工费用}{实际生产总工时}$$

产品定额直接人工费用 = 产品实际产量定额生产工时 × 计划小时工资率

产品实际直接人工费用 = 产品实际产量生产工时 × 实际小时工资率

直接人工脱离定额的差异 = 产品实际直接人工费用 − 产品定额直接人工费用

【例 11-5】 某企业基本生产车间本月生产甲、乙两种产品，其实际生产工人工时分别为 16 000 小时和 14 000 小时；两种产品的定额工时分别为 15 000 小时和 17 000 小时；本月实际直接人工费用总额为 184 500 元；实际小时工资率为 6.15 元(184 500÷30 000)，计划小时工资率为 6 元(见表 11-8)。根据上述资料计算，编制"直接人工费用定额和脱离定额差异汇总表"，如表 11-12 所示。

表 11-12 直接人工费用定额和脱离定额差异汇总表

20××年6月 金额单位：元

产品名称	定额人工费用			实际人工费用			脱离定额差异
	定额工时	计划工资率	定额工资	实际工时	实际工资率	实际工资	
甲产品	15 000	6	90 000	16 000	6.15	98 400	8 400
乙产品	17 000	6	102 000	14 000	6.15	86 100	−15 900
合计	32 000		192 000	30 000		184 500	−7 500

3. 制造费用脱离定额差异的计算

在生产多种产品的企业里，制造费用属于间接计入费用，月末确定实际制造费用总额后，将其制造费用定额费用相比较加以确定脱离定额的差异。其计算公式如下：

$$计划小时费用率 = \frac{计划制造费用总额}{计划产量的定额生产总工时}$$

$$实际小时费用率 = \frac{实际制造费用总额}{实际生产总工时}$$

产品实际制造费用 = 产品实际生产工时 × 实际小时费用率

产品定额制造费用 = 产品实际产量的定额工时 × 计划小时费用率

产品制造费用脱离定额差异 = 产品实际制造费用 − 产品定额制造费用

【例 11-6】 某企业基本生产车间本月生产甲、乙两种产品，6月发生实际生产工人工时和实际定额工时如表 11-12 所示，实际制造费用总额为 121 500 元，实际小时费用率为 4.05 元，计划为 4 元（如表 11-9 所示）。根据上述资料计算，编制"制造费用定额和脱离定额差异汇总表"，如表 11-13 所示。

表 11-13　制造费用定额和脱离定额差异汇总表

20××年 6 月　　　　　　　　　　　　　　金额单位：元

产品名称	定额制造费用			实际制造费用			脱离定额差异
	定额工时	计划小时费用率	定额费用	实际工时	实际小时费用率	实际费用	
甲产品	15 000	4	60 000	16 000	4.05	64 800	4 800
乙产品	17 000	4	68 000	14 000	4.05	56 700	−11 300
合计	32 000		128 000	30 000		121 500	−6 500

（三）材料成本差异的计算

采用定额法计算产品成本的企业，原材料的日常核算应按计划成本进行，有利于加强产品成本的控制和考核，因此直接材料定额成本和脱离定额的差异都是按照原材料的计划单位成本计算的。在月末计算产品的实际原材料费用时，还应当计算和分配本月材料成本差异，即所耗材料的成本差异。其计算公式如下：

某产品应分配的材料成本差异＝（该产品材料定额成本±材料脱离定额差异）×材料成本差异率

【例 11-7】 某企业基本生产车间生产丙产品，10 月份所耗原材料定额成本为 48 000 元，材料脱离定额差异为节约差 3 000 元，材料成本差异率为－0.5%，则：

丙产品应分配的材料成本差异＝（48 000－3 000）×－0.5%＝－225（元）

（四）定额变动差异的计算

企业产品的定额成本是根据现行定额计算确定的，随着经济发展、设备更新、劳动生产率提高等因素，现行定额需要重新修订，其定额成本也应随之修订，确保各项定额能够准确有效地对企业生产经营活动进行控制。

现行定额的修订，通常是在期初进行的。月初的产品定额成本重新修订后，当月投产的产品应按照新修订的定额成本计算，而月初在产品的定额成本是上月末按旧定额计算的，因此为了统一以修订的新定额成本为基础，必须计算月初在产品的定额变动差异，以调整月初在产品的定额成本。其计算公式如下：

$$定额变动系数＝\frac{按新定额计算的单位产品定额费用}{按旧定额计算的单位产品定额费用}$$

月初在产品定额变动差异＝按旧定额计算的月初在产品成本×（1－定额变动系数）

【例 11-8】 某企业基本生产车间生产丁产品，本月初实行新的材料消耗定额。单位产品直接材料的新定额为 3 000 元，直接材料的旧定额为 3 200 元。丁产品月初在产品按旧定额计算的直接材料费用为 48 000 元。根据上述资料，月初在产品定额变动差异计算过程如下：

定额变动系数 $=\dfrac{3\,000}{3\,200}=0.937\,5$

月初在产品定额变动差异 $=48\,000\times(1-0.937\,5)=3\,000(元)$

(五) 产品实际成本的计算

▶ 1. 登记本月发生的生产费用

根据本月实际发生的生产费用,将符合定额的费用和脱离定额的差异分别核算,编制相关会计分录,登记产品基本生产成本明细账的相应成本项目中,见表 11-9 所示。

(1) 结转领料计划成本(资料如表 11-11 所示)。

借:基本生产成本——甲产品(定额成本)　　　　　　　　　　42 750
　　　　　　　　——甲产品(脱离定额差异)　　　　　　　　　600
　　贷:原材料　　　　　　　　　　　　　　　　　　　　　　41 150

(2) 结转人工费用(资料如表 11-12 所示)。

借:基本生产成本——甲产品(定额成本)　　　　　　　　　　90 000
　　　　　　　　——甲产品(脱离定额差异)　　　　　　　　　8 400
　　　　　　　　——乙产品(定额成本)　　　　　　　　　　102 000
　　　　　　　　——乙产品(脱离定额差异)　　　　　　　　　15 900
　　贷:应付职工薪酬　　　　　　　　　　　　　　　　　　184 500

(3) 结转制造费用(资料如表 11-13 所示)。

借:基本生产成本——甲产品(定额成本)　　　　　　　　　　60 000
　　　　　　　　——甲产品(脱离定额差异)　　　　　　　　　4 800
　　　　　　　　——乙产品(定额成本)　　　　　　　　　　68 000
　　　　　　　　——乙产品(脱离定额差异)　　　　　　　　　11 300
　　贷:制造费用　　　　　　　　　　　　　　　　　　　　121 500

(4) 结转材料成本差异(资料如例 11-7 所示)。

借:基本生产成本——甲产品(材料成本差异)　　　　　　　　225
　　贷:材料成本差异　　　　　　　　　　　　　　　　　　　225

▶ 2. 分配脱离定额差异

分配差异时,应按脱离定额差异、材料成本差异、定额变动差异分别进行。为了简化核算,材料成本差异和定额变动差异可以全部由完工产品负担;如果差异较大且各月在产品的数量变动也较大时,应按定额成本比例法进行分配。其计算公式如下:

$$差异分配率=\dfrac{差异月初额+差异本月发生额}{完工产品定额成本+期末在产品定额成本}$$

$$完工产品应分配差异=完工产品定额成本\times 差异分配率$$

脱离定额差异通常可以按照本月完工产品和月末在产品定额成本的比例分配。甲产品"成本计算单"如表 11-14 所示。

表 11-14　产品成本计算单

产品：甲产品　　　　　　　　　　20××年 6 月　　　　　　　　　　金额单位：元

项　目	行　次	直接材料	直接人工	制造费用	合　计
一、月初在产品成本					
定额成本	1	7 400	6 320	2 500	18 360
脱离定额差异	2	−200	60	20	240
二、月初在产品定额调整					
定额成本调整	3	−150	−320	0	
定额变动差异	4	150	320	0	
三、本月发生生产费用					
定额成本	5	42 750	90 000	60 000	192 750
脱离定额差异	6	−350	840	480	12 850
材料成本差异	7	−225			−225
四、生产费用合计					
定额成本	8=1+3+5	50 000	96 000	62 500	208 500
脱离定额差异	9=2+6	−550	900	500	850
材料成本差异	10=7	−225			−225
定额变动差异	11=4	150	320	0	470
五、差异分配率	12	−1.1%	0.937 5%	0.8%	
六、完工产品成本					
定额成本	13	40 000	84 000	58 000	182 000
脱离定额差异	14	−440	7 875	464	7 899
材料成本差异	15	−225			−225
定额变动差异	16	150	320	0	470
实际成本	17	39 485	92 195	58 464	190 144
七、月末在产品					
定额成本	18	10 000	12 000	4 500	26 500
脱离定额差异	19	−110	1 125	36	1 051

上述资料计算过程如下：

1）直接材料项目

直接材料脱离定额差异分配率 $=\dfrac{-550}{40\,000+10\,000}=-1.1\%$

完工产品脱离定额差异 $=40\,000\times-1.1\%=-440$（元）

月末在产品脱离定额差异 $=10\,000\times-1.1\%=-110$（元）

2) 直接人工项目

直接人工脱离定额差异分配率 = $\dfrac{900}{84\,000+12\,000}$ = 0.937 5%

完工产品脱离定额差异 = 84 000×0.937 5% = 7 875(元)

月末在产品脱离定额差异 = 12 000×0.937 5% = 1 125(元)

3) 制造费用项目

制造费用脱离定额差异分配率 = $\dfrac{500}{58\,000+4\,500}$ = 0.8%

完工产品脱离定额差异 = 58 000×0.8% = 464(元)

月末在产品脱离定额差异 = 4 500×0.8% = 36(元)

4) 本月完工产品脱离定额差异

完工产品脱离定额差异 = −440+7 875+464 = 7 899(元)

5) 月末在产品脱离定额差异

月末在产品脱离定额差异 = −110+1 125+36 = 1 051(元)

▶ 3. 结转完工产品成本

甲产品完工成本 = 182 000+7 899+(−225)+470 = 190 144(元)

借：库存商品——甲产品　　　　　　　　　　　　　　　　190 144
　　贷：基本生产成本——甲产品(定额成本)　　　　　　　182 000
　　　　　　　　　　——甲产品(脱离定额差异)　　　　　　7 899
　　　　　　　　　　——甲产品(材料成本差异)　　　　　　　225
　　　　　　　　　　——甲产品(定额变动差异)　　　　　　　470

第三节　作业成本法

作业成本法，又叫作业成本计算法或作业量基准成本计算方法(activity-based costing，ABC 成本法)，是以作业(activity)为核心，确认和计量耗用企业资源的所有作业，将耗用的资源成本准确地计入作业，然后选择成本动因，将所有作业成本分配给成本计算对象(产品或服务)的一种成本计算方法。作业成本法的本质就是要确定分配间接费用的合理基础——作业，并引导管理人员将注意力集中在发生成本的原因——成本动因上，而不仅仅关注成本结果本身。

11-2 知识链接

一、作业成本法产生的时代背景

自 20 世纪 70 年代以来，随着西方发达国家生产领域内高新技术的广泛应用，企业生产高度自动化和计算机化，许多人工被机器取代，大量的材料、能源和劳动力得以节约。因此，直接材料和直接人工成本的比重大幅度下降，而制造费用则大幅上升。同时日益激烈的竞争压力迫使不少企业放弃大批量的生产模式，采用以客户为导向的小批量、差异化产品生产方式，这就极大增加了生产过程的复杂程度。

由于产品生产的客观条件发生了变化，使得传统的成本计算方法提供的成本信息严重扭曲，容易导致企业生产经营决策的失误。因此，西方不少会计学家认为必须对传统成本计算方法进行彻底的改革，改革的核心是改变制造费用的分配基础，将分配制造费用的数量基础改为作业基础，作业成本法由此产生。

二、作业成本法的基本概念

（一）作业

作业是指基于一定目的、以人为主体、需要进行操作并因此消耗资源的流程或程序。根据受益对象的不同，作业可分为以下四类：

（1）单位作业：使单位产品受益的作业。作业数量多少与产品数量密切相关，所耗成本随产品数量而变动。

（2）批别作业：使一批产品受益的作业。作业数量多少与产品批数密切相关，所耗成本随产品批数而变动。

（3）产品作业：使某种产品受益的作业。作业数量多少与产品种类密切相关，所耗成本随产品种类而变动。

（4）维持性作业：使某个机构或某个部门受益的作业。

（二）作业链和价值链

企业管理深入到作业层次后，现代企业实质上是一个为了满足顾客需要而建立的一系列有序的作业集合体，这形成了一个由此及彼、由内向外的作业链。作业链同时也表现为价值链作业的推移，同时也表现为价值在企业内部的逐步积累和转移，最后形成转移给外部顾客的总价值，这个总价值即是产品的成本。

（三）成本动因

成本动因就是决定成本发生的那些重要的活动或事项。根据成本动因在资源流动中所处的位置，可以将其分为资源动因和作业动因。

资源动因就是资源被各种作业消耗的方式和原因，是将资源成本分配到作业的标准。

作业动因就是各项作业被最终产品或劳务消耗的方式和原因，是将作业成本分配到产品或劳务的标准。

三、作业成本法的基本原理和一般程序

（一）作业成本法的基本原理

作业成本法下，费用的分配与归集是基于以下认识进行的：①作业消耗资源，产品消耗作业；②生产导致作业的发生，作业导致成本的发生。

作业成本法对直接成本的核算与传统成本计算法相同。在间接制造费用的核算方面，作业成本法对传统成本法做了根本变革：①将制造费用由全厂统一或按部门的归集和分

配,改为由若干个作业成本库分别进行归集和分配;②增加了分配标准,由单一标准(直接人工工时或机器工时等)分配改为按引起制造费用发生的多种成本动因分配。

作业成本法把直接成本和间接成本(包括期间费用)作为产品(服务)消耗作业的成本同等地对待,拓宽了成本的计算范围,使计算出来的产品(服务)成本更准确真实。

(二)作业成本法核算的一般程序

作业成本法一般按照如下程序进行核算:

首先,在作业分析的基础上,确认作业、主要作业,并以主要作业为主体,将同质作业合并建立作业中心。

其次,以作业中心为成本库归集费用,计算各作业中心的作业成本。

最后,将各作业成本库归集的成本分配计入最终产品或劳务,计算产品或劳务的成本。

四、作业成本法举例

【例11-9】 某企业基本生产车间本月生产甲、乙两种产品,其中,甲产品技术工艺过程较为复杂,生产批量较小;乙产品技术工艺过程较为简单,生产批量较大。原先使用传统成本计算方法计算产品成本,制造费用按其直接人工工时分配。其他有关资料如表11-15所示。

表11-15 按其直接人工工时分配制造费用

项 目	甲产品	乙产品
产量(件)	8 000	4 000
直接人工小时(小时)	3 200	2 800
单位产品直接人工成本(元)	20	20
单位产品直接材料成本(元)	15	20
制造费用总额(元)	240 000	

▶ 1. 按照传统成本计算

制造费用分配率 $= \dfrac{240\ 000}{3\ 200+2\ 800} = 40(元/小时)$

单位甲产品应分配制造费用 $= \dfrac{3\ 200 \times 40}{8\ 000} = 16(元)$

单位乙产品应分配制造费用 $= \dfrac{2\ 800 \times 40}{4\ 000} = 28(元)$

甲产品单位成本 $= 20+15+16 = 51(元)$

乙产品单位成本 $= 20+20+28 = 68(元)$

▶ 2. 按照作业成本法计算

(1)以成本动因为标准按作业中心归集成本,并计算出成本动因分配率如表11-16所示。

表 11-16 成本动因分配率

作业成本库	成本动因	可追溯成本（元）	作业量			成本动因分配率（40元/件）
			甲产品（件）	乙产品（件）	合计（件）	
机器调试	调试次数	60 000	800	700	1 500	40
质量检验	检验次数	40 000	600	400	1 000	40
设备维修	维修工时	36 000	400	600	1 000	36
生产订单	订单份数	56 000	700	700	1 400	40
材料订单	订单份数	24 000	500	300	800	30
生产协调	协调次数	24 000	200	100	300	80
合 计		240 000				

（2）计算出甲、乙产品应分配的作业成本，如表 11-17 所示。

表 11-17 分配的作业成本

作业成本库	成本动因分配率（元/件）	甲产品		乙产品		作业成本合计
		作业量（件）	作业成本（元）	作业量（件）	作业成本（元）	
机器调试	40	800	32 000	700	28 000	60 000
质量检验	40	600	24 000	400	16 000	40 000
设备维修	36	400	14 400	600	21 600	36 000
生产订单	40	700	28 000	700	28 000	56 000
材料订单	30	500	15 000	300	9 000	24 000
生产协调	80	200	16 000	100	8 000	24 000
合 计			129 400		110 600	240 000
产 量（件）			8 000		2 500	
单位产品应分摊的作业成本（元/件）			16.18		27.65	

（3）计算出甲、乙产品的单位成本。

甲产品单位成本＝20＋15＋16.18＝51.18(元)

乙产品单位成本＝20＋20＋27.65＝67.65(元)

▶ 3. 传统成本计算法和作业成本计算法比较

如表 11-18 所示

表 11-18 传统成本计算法和作业成本计算法比较　　　　金额单位：元

产品单位成本	传统成本计算法	作业成本计算法	差　值
甲产品	51.00	51.18	－0.18
乙产品	68.00	67.65	1.65

五、作业成本法的优点和缺点

(一)作业成本法的优点

作业成本法的运用,拓宽了成本核算的范围,提供了相对准确的成本信息,有利于企业改进战略决策和完善业绩评价体系。同时,调动各部门降低成本的积极性,提高企业的经济效益。

(二)作业成本法的缺点

▶ 1. 成本分配过程的主观性

采用作业成本法需要确定大量的成本动因,成本动因与作业实际制造费用相关程度越低,成本动因确认越难;要求产品精度越高,成本的动因划分越细;同时,不同产品和工艺的成本动因之间差异又很大,并且成本动因的确认受多重因素的影响,这就导致了对成本动因的确认具有相当大的主观性。

▶ 2. 实施过程中较高的费用

作业成本法作为一种新的成本核算方法,推行周期长,前期投入大,见效慢。

六、我国企业在借鉴作业成本法时应注意的问题

(一)需考虑企业的实际生产情况

作业成本法产生的背景是西方先进制造环境中自动化程度较高的企业,生产成本中的直接人工成本大大减少,而间接费用部分却大大增加。倘若企业仍以日益减少的直接人工工时为基础来分配这些比例逐渐增大的间接费用,其结果往往是高产量低技术含量的产品成本被多计,而低产量高技术含量的产品成本则会被少计,从而造成产品成本信息失实,经营决策失误。

(二)需运用先进的核算手段

在财务管理工作中,企业不仅需要提高核算效率和减轻会计人员的劳动强度,还需要形成采购、生产和成本管理等综合经营管理的系统化,为实行多元化制造费用分配标准的作业成本法奠定坚实的技术基础。

| 本章小结 |

本章主要介绍成本计算的辅助方法:分类法和定额法。

分类法是以产品的类别作为成本计算对象,按照类别归集生产费用,计算出各类产品的实际成本,然后在类内产品之间进行成本分配,计算出各种产品的成本计算方法。

分类法与企业生产组织类型没有直接关系,主要适用于产品品种、规格繁多且可以按照一定的标准划分为不同类别的企业均可采用分类法进行计算。

在分类法下,类内各种产品成本的计算一般采用系数分配法进行类内分配。

定额法是为了加强成本管理,有利于成本控制和监督的成本计算辅助方法。采用定额法,根据事先制度的产品定额成本为核算基础,加上(或减去)脱离定额的差异、材料成本

差异和定额变动差异来计算的。

定额法成本计算程序包括：①制造定额成本；②核算脱离定额差异；③将成本差异在本月完工产品和月末在产品之间进行分配；④计算本月完工产品的实际成本和单位成本。

定额法主要适用于定额管理制定健全，定额管理工作基础较好，制定的产品定额比较准确、稳定的企业。

作业成本法，首先将企业的生产经营过程划分为一项项作业，把作业作为成本对象，依据作业对资源的消耗情况，将生产费用按其产生的原因汇集到作业上，计算出作业成本，再按照产品生产所消耗的作业，将作业成本计入产品的生产成本。因此，作业成本法既可以计算出产品生产成本以满足损益计算的需要，又可以计算出作业成本以满足作业管理的需要。

复习思考题

1. 简述分类法的特点和适用范围。
2. 简述分类法的类内各种产品成本计算程序。
3. 什么是定额法？
4. 简述定额法的成本计算程序。
5. 简述作业成本法的基本原理。
6. 作业成本法与传统成本法有何区别？

线上课堂——训练与测试

扫描封底二维码刮刮卡，获取答题权限。

在线自测

第十二章 成本报表

> **学习目标**
>
> 本章将学习和掌握：①成本报表的作用和种类；②成本报表编制和分析的一般方法；③产品生产成本表、主要产品单位成本表和各种费用报表的编制和分析的具体方法应用。

引言

成本报表的编制和分析，是为了反映企业成本水平和费用支出情况，分析和考核企业在报告期内成本计划的执行情况，及时提示成本信息、评价企业成本核算和管理的业绩，不断挖掘降低成本的潜力，不断提升企业产品的市场地位及竞争力，因此编制成本报表并进行相关分析是成本会计工作十分重要的环节。

第一节 成本报表的概述

一、成本报表的概念

成本报表是根据产品成本和期间费用的核算资料以及其他有关资料编制的，用来反映企业一定时期内产品成本和期间费用水平及其构成情况的报告文件。编制和分析成本报表是成本会计工作的重要内容，属于企业的内部报表。

12-1 知识链接

二、成本报表特点

（一）成本报表是企业内部管理会计报表：编制成本报表的主要目的是满足企业内部经营管理需要，一般不对外报送。企业正确编制和分析成本报表，既能及时反映产品成本和期间费用的水平及其构成情况，又能作为考核成本计划执行情况、分析控制成本、寻找降低成本途径的依据。因此，为了满足企业内部经营管理需要，企业必须正确、及时地编制成本报表。

（二）成本报表具有灵活多样性：企业编制成本报表主要是为企业内部经营管理需要而服务的，一般不受外界因素的影响。又因为各制造业的生产特点及管理要求不尽相同，各企业所需要的成本信息要求也会侧重点不同，企业成本报表的种类、格式、内容、报送时间和范围等由企业根据经营管理需要自行确定，可随着企业经营管理实际需要变化而进行调整，所以具有很大的灵活性，区别于企业的财务报表。

（三）信息全面性：成本报表成本资料与技术经济资料相结合的产物，需要提供能综合反映企业各个方面的工作质量的信息，如原材料、燃料和动力的消耗水平的高低、劳动生产率的高低和单位产品的变化、废品率的变动、生产车间及管理费用的水平高低、定额与工作的执行情况以及生产经营管理工作的好坏等。成本报表需要满足各级生产部门和各职能部门对成本管理的需要，不仅能提供事后分析资料，还应提供事前计划、事中控制所需要的信息，由此可见成本报表提供的信息具有综合性、全面性的特点。

三、成本报表的分类

▶ 1. 按成本报表反映的经济内容分类

（1）反映产品成本水平及其构成情况的报表，主要有"商品产品成本表""主要产品单位成本表"等。

（2）反映企业生产经营过程中费用水平及其构成情况的报表，主要有"制造费用明细表""管理费用明细表""销售费用明细表"和"财务费用明细表"。

▶ 2. 按成本报表编制的时间分类

成本报表按编制时间不同可以分为日报、周报、旬报、月报、季报、半年报和年报，为了及时向企业管理部门提供成本信息资料，应更注重采用旬报、周报、日报和班报等形式。

第二节　成本报表的编制

一、成本报表的编制要求

为了提高成本核算资料的质量，充分发挥成本报表的作用，成本报表的编制应符合下列基本要求：

▶ 1. 内容完整

既包括成本报表的种类必须齐全，也包括成本报表项目的填制必须齐全，应填列的指标和文字说明必须全面；表内项目和表外补充资料不论根据账簿资料直接填列，还是分析计算填列，都应当准确无缺漏，不得随意取舍。

▶ 2. 数字真实

成本报表提供的指标数字必须真实可靠，做到如实反映企业实际发生的生产费用，因此必须根据审核无误的账簿资料编制，保证账实相符、账证相符、账账相符、账表相符等，不得伪造或变造数字。

▶ 3. 指标实用

各企业经营管理需要不同，成本报表的指标设计应遵循实用性原则，从自身生产经营活动的实际需求出发,来设计成本报表的种类及其内容。其指标项目设计应当简明实用,以服务于内部管理需要为目的,注意指标一经确定后需要保持指标口径的一致性。

▶ 4. 编报及时

努力降低成本,提高经济效益是制造业的经营目标,通过事前、事中控制能有效地挖掘成本潜力,及时调整生产以达到节约成本的目的。过时的成本信息的必将影响成本的控制、分析和考核,因此企业管理部门对成本信息的及时性要求越来越高,成本报表应在规定的时间内及时报出,及时为有关信息使用者提供成本费用信息。

二、成本表的编制(以商品产品为例)

(一)商品产品成本表概述

▶ 1. 商品产品成本表的含义

商品产品成本表是反映企业在报告期内生产的全部产品(包括可比产品和不可比产品)的总成本及各种主要产品的单位成本和总成本的报表。

▶ 2. 商品产品成本表的作用

根据商品产品成本表所提供的资料,企业可以考核全部商品产品和主要产成本计划执行情况,分析各种可比产品成本降低任务的完成情况,分析成本增减变动原因,挖掘产品成本降低的潜力。

(二)商品产品成本表结构和内容

商品产品成本表通常按月编制,该表由基本部分和补充资料两部分组成。

报表基本部分按照可比产品和不可比产品分别填列,并分别填列它们的单位成本、本月总成本和本年累计总成本三部分内容。

可比产品是指以前年度正式投产且有较完备的成本资料的产品,包括已验收入库的产成品、已对外销售的半成品和已经完成的劳务。对于可比产品的单位成本、本月总成本和本年累计总成本,应在分别列示其上年实际平均数、本年计划数、本月实际数和本年累计平均数,以便分析可比产品成本降低任务的完成情况。

不可比产品是指以前年度未正式投产且无完备成本资料的产品(去年试制成功、今年正式投产的产品也属于不可比产品)。对于不可比产品的单位成本、本月总成本和本年累计总成本以及全部产品的总成本,应同时列示本年计划数、本月实际数和本年累计实际平均数,以便考核不可比产品以及全部产品成本计划执行情况。

补充资料是商品产品成本表的一个重要组成部分,应填列本年累计实际数,包括可比产品成本降低额、降低率及现行价格计算的商品产值等。

商品产品成本表如表12-1所示。

表 12-1 商品产品成本表

20××年12月　　　　　　　　　　　　　　　　　金额单位：元

产品名称	规格	计量单位	实际产量		单位成本			本月总成本			本年累计总成本		
			本月	本年累计	上年实际平均	本年计划	本月实际	本年累计实际平均	按上年实际平均单位成本计算	按本年计划单位成本计算	本月实际	按上年实际平均单位成本计算	按本年计划单位成本计算	本年实际
			①	②	③	④	⑤=⑨÷①	⑥=⑫÷②	⑦=①×③	⑧=①×④	⑨	⑩=②×③	⑪=②×④	⑫
可比产品														
甲														
乙														
不可比产品														
丙														
丁														
全部产品成本														

（三）商品产品成本表的编制方法

▶ 1."产品名称"项目

"产品名称"项目，应填列"可比产品"和"不可比产品"的名称，根据企业生产通知单或产品成本明细账等资料填列。

▶ 2."实际产量"项目

"实际产量"项目，反映本月和从年初起至本月月末止各种主要商品产品的实际产量。根据各种产品本月实际产量和从年初起至本月止实际产量的累计数分别填列。

▶ 3."单位成本"项目

（1）"上年实际平均"数，反映各种主要可比产品的上年实际平均单位成本。应分别根据上年度本表所列各种可比产品的"本年累计实际平均"数分别进行填列。

（2）"本年计划"数，反映各种主要商品产品的本年计划单位成本。应根据年度成本计划的有关数字填列。

（3）"本月实际"数，反映本月生产的各种商品产品的实际单位成本。应根据有关产品成本计算单中的资料，按下列公式计算填列：

$$某产品本月实际单位成本 = \frac{本月实际总成本}{本月实际产量}$$

(4)"本年累计实际平均"数,反映从年初起至本月月末止的各种商品产品的实际单位成本。应根据本年度相关产品成本计算单有关资料,按下列公式分别进行计算填列,其计算公式如下:

$$某产品本年累计实际平均单位成本 = \frac{本年累计实际总成本}{本年累计实际产量}$$

▶ 4."本月总成本"项目

(1)"按上年实际平均单位成本计算"数,根据本表的本月实际产量与上年实际平均单位成本的乘积计算填列。

(2)"按本年计划单位成本计算"数,根据本表的本月实际产量与本年计划单位成本数的乘积计算填列。

(3)"本月实际"数,根据本月产品生产成本计算单或产品成本明细账的有关资料计算填列。

▶ 5."本年累计总成本"项目

(1)"按上年实际平均单位成本计算"数,根据本表的本年累计实际产量与上年实际平均单位成本的乘积计算填列。

(2)"按本年计划单位成本计算"数,根据本表的本年累计实际产量与本年计划单位成本的乘积计算填列。

(3)"本年实际",根据本年的产品生产成本计算单或产品成本明细账的有关资料计算填列。

▶ 6.补充资料

(1)可比产品成本降低额,其计算公式如下:

可比产品成本降低额 = ∑[(上年平均单位成本 − 本年平均单位成本) × 本年实际产量]

(2)可比产品成本降低率,其计算公式如下:

$$可比产品成本降低率 = \frac{可比产品成本降低额}{\sum(上年单位成本 \times 本年实际产量)} \times 100\%$$

注:本年实际总成本大于上年总成本时,成本降低额和成本降低率均以"−"号表示。

(3)产值成本率,其计算公式如下:

$$产值成本率 = \frac{商品产品总成本}{按现行价格计算的商品产值} \times 100\%$$

三、成本表的编制(以主要产品单位为例)

(一)主要产品单位成本表概述

▶ 1.主要产品单位成本表的概念

主要产品单位成本表是反映企业在一定期间内生产的各种主要产品单位成本水平及其构成情况和各项主要技术经济指标执行情况的报表。该表是对全部商品产品成本报表中主要产品单位成本的详细补充,进一步提供成本构成项目的明细资料和提示成本变动趋势。

该表一般按月编制。

▶ 2. 主要产品单位成本表的作用

通过主要产品单位成本表，可以考核主要产品单位成本计划执行情况，分析各成本项目和消耗定额的变化及其原因，便于生产同种产品的企业之间进行成本对比，进行横向比较找出差距，挖掘潜力，降低成本。

(二) 主要产品单位成本表的结构和内容

主要产品单位成本表主要分为上半部和下半部两个部分。

上半部分是反映单位产的成本项目，并分别列出历史先进水平、上年实际平均、本年计划、本月实际和本年累计实际平均的单位成本。

下半部分是反映单位产品的主要技术经济指标，这些指标也分别列出历史先进水平、上年实际平均、本年计划、本月实际和本年累计实际平均的单位用量。

主要产品单位成本表的格式发表 12-2 所示。

表 12-2 主要产品单位成本表

编制单位：××公司　　　　　　　　20××年 12 月

产品名称			本月计划产量		
规格			本月实际产量		
计量单位			本年累计计划产量		
销售单价(元)			本年累计实际产量		
成本项目	行次	历史先进水平 20××年	上年实际平均	本年计划	本月实际	本年累计实际平均
直接材料	1					
直接人工	2					
制造费用	3					
生产成本合计	4					
主要技术经济指标	5	耗用量	耗用量	耗用量	耗用量	耗用量
1. 原材料 2. 工时						

(三) 主要产品单位成本表的编制方法

主要产品单位成本表应按每种主要产品分别编制。

(1) "本月计划产量"和"本年累计计划产量"项目。根据本月及本年产品产量生产计划填列。

(2) "本月实际产量"和"本年累计实际产量"项目。根据统计提供的产品产量资料或产品入库单填列。

(3) "成本项目"项目。按产品成本明细账填列。

(4) "主要技术经济指标"项目。该项目反映主要产品第一单位产量所消耗的主要原材料、燃料、工时等的数量。

(5)"历史先进水平"项目。该项目是指企业历史上该种产品的实际平均单位成本和实际单位用量最低年度的实际消耗水平。根据历史资料中该产品最低实际单位成本数填列。

(6)"上年实际平均"项目。该项目是指该种产品上年实际的平均单位成本和单位用量。该项目应根据上年度该产品成本表的"本年累计实际平均"栏的数字填列。

(7)"本年计划"项目。该项目是指本年计划单位成本和单位用量。根据本年该产品计划单位成本数填列。

(8)"本月实际"项目。该项目是指本月实际单位成本和单位用量。根据本月产成品汇总表中该产品的实际单位成本数填列。

(9)"本年累计实际平均"项目。该项目是指本年年初至本月月末该种产品的实际单位成本和单位用量。根据该产品本年年初至本月止的已完工产品成本计算单等有关资料,采用加权平均法计算后填列。其计算公式如下:

$$某产品的实际平均单位成本 = \frac{累计总成本}{累计产量}$$

$$某产品的实际平均单位用量 = \frac{累计总用量}{累计产量}$$

主要产品单位成本表对于不可比产品,则不填列"历史先进水平"和"上年实际平均"的单位成本和单位用量。

由于本表是对商品产品成本表的补充,所以该表中按成本项目反映的"上年实际平均""本年计划""本月实际"和"本年累计实际平均"的单位成本合计,应与全部商品产品成本有中的各该单位成本的数字分别相等。

四、制造费用明细表的编制

(一)制造费用明细表概念和作用

制造费用明细表是反映企业年度内发生的各项制造费用及其总额的成本报表。

该表可用于分析制造费用的构成和各项费用的增减变动情况,考核制造费用预算的执行情况与预算执行结果,为加强制造费用控制管理、节约开支、降低产品的制造成本提供依据。

(二)制造费用明细表的结构和内容

制造费用明细表根据制造费用的费用项目,分别反映"本年计划数""上年同期实际数""本月实际数"和"本年累计实际数"。

通过制造费用的结构和内容,可将本期计划数和上年同期实际数、本期实际数或累计实际数分别进行比较,加强对制造费用的计划与预算管理及制造费用开支的控制。制造费用明细表如表 12-3 所示。

表 12-3 制造费用明细表

编制单位：××公司　　　　　　20××年12月　　　　　　金额单位：元

费 用 项 目	本年计划数	上年同期实际	本年实际数数	本年累计实际数
工资及福利费				
折旧费				
修理费				
办公费				
水电费				
机物料消耗				
低值易耗品摊销				
劳动保护费				
租赁费				
运输费				
保险费				
设计制图费				
试验检验费				
季节性、修理期间的停工损失				
其他支出				
合计				

（三）制造费用明细表的编制方法

（1）"本年计划数"项目。根据制造费用的年度计划数填列。

（2）"上年同期实际数"项目。根据上年同期本表的本月实际数填列。如果表内所列项目和上年度的费用项目在名称或内容上不一致，应对上年度的相关项目及其数字按照表内规定的项目进行调整后填列。

（3）"本月实际数"项目。根据"制造费用"总账账户所属各基本生产车间制造费用明细账的本月合计数计算填列。

（4）"本年累计实际数"项目。根据年初起至编制当月月末止的累计实际数填列或根据本月实数和与上月本表的本年累计实际数计算填列。

五、期间费用明细表

（一）期间费用明细表概念和作用

期间费用明细表是反映企业在一定会计期间内发生的管理费用、财务费用和销售费用及其构成情况的报表。

期间费用明细表里通常按月编制，其编制的内容可以分析期间费用的构成情况及其增减变动情况，考核计划或预算执行情况，以便寻找降低各项费用耗用水平的途径。

（二）期间费用明细表的结构和内容

期间费用明细表按规定的具体项目，分别反映"本年计划数""上年同期实际数""本月实际数"和"本年累计实际数"。期间费用明细表的结构和内容便于将本期计划数和上年同期实际数、本期实际数或累计实际数分别进行比较，加强对期间费用及各具体费用项目的计划与预算管理及各项费用开支的控制。有关期间费用明细表的结构和内容表 11-4、表 11-5、表 11-6 所示。

表 12-4 管理费用明细表

编制单位：××公司　　　　　　　　20××年度　　　　　　　　金额单位：元

项　目	本年计划数	上年同期实际数	本月实际数	本年累计实际数
管理人员薪酬				
办公费				
折旧费				
差旅费				
保险费				
修理费				
咨询费				
诉讼费				
排污费				
绿化费				
物料消耗				
低值易耗品摊销				
无形资产摊销				
研究费				
董事会费				
技术转让费				
业务招待费				
环保费用				
房产税				
车船使用费				
土地使用费				
印花税				
其他				
管理费用合计				

表 12-5 财务费用明细表

编制单位：××公司　　　　　　　　20××年度　　　　　　　　金额单位：元

项　　目	本年计划数	上年同期实际数	本月实际数	本年累计实际数
利息支出（减利息收入）				
汇兑损失（减汇兑收益）				
金融机构手续费				
其他				
财务费用合计				

表 12-6 销售费用明细表

编制单位：××公司　　　　　　　　20××年度　　　　　　　　金额单位：元

项　　目	本年计划数	上年同期实际数	本月实际数	本年累计实际数
职工薪酬				
差旅费				
办公费				
折旧费				
修理费				
物料消耗				
低值易耗品摊销				
运输费				
装卸费				
包装费				
保险费				
广告费				
展览费				
租赁费				
售后服务费				
其他				
合计				

（三）期间费用明细表的编制方法

（1）"本年计划数"项目。根据年度各项费用预算数填制。

（2）"上年同期实际数"项目。根据上年同期各费用明细表的本月实际数填列。

（3）"本月实际数"项目。根据各项费用明细账的本月合计数计算填列。

（4）"本年累计实际数"项目。根据自年初起至编制当月月末止的各项费用明细账的累计实际数汇总计算填列，或根据各项费用本月实际数与上月该表的本年累计实际数计算填列。

第三节 成本报表分析

一、成本分析的概述

（一）成本分析的概念

成本分析是以成本核算及其他相关资料为依据，运用科学的分析方法，通过分析各项指标的变动以及指标之间的相互关系，揭示企业成本增减变动的各种因素，计算各种因素对费用预算和成本计划完成的影响程度，寻求降低成本途径的一种管理活动。

（二）成本分析的作用

▶ 1. 查明计划执行情况

通过成本分析可以随时查明各项定额、费用指标和成本计划的执行情况，查明影响计划完成的原因，分析其影响程度及影响方向，及时采取有效措施，使各项开支控制在计划或定额内，有效降低成本。

▶ 2. 落实成本管理责任制

通过成本分析可以明确企业内部各成本中心以及责任人在成本管理方面的责任，有助于促进企业更好地贯彻执行国家有关成本管理的法规制度，厘清成本管理各经济责任，促进企业完善成本管理责任制。

▶ 3. 挖掘企业内部成本的潜力

通过成本分析可以认识和掌握成本变动的规律，从中总结出成本管理的经验及教训，挖掘企业增产节支的潜力，提高经营管理水平。

二、成本报表的分析方法

（一）比较分析法

比较分析法，是指对经济指标的实际数进行各种各样的比较，从数量上确定其差异的一种成本分析方法。比较分析法的作用在于揭示成本管理工作的差距，分析产生差异的原因，并为进一步分析指明方向。该方法是成本分析中最简便、运用范围最广泛的一种方法，主要有以下几种形式：

▶ 1. 实际成本指标与计划（定额）指标的比较

该形式是最基本的比较方法，将企业的实际成本指标与计划成本指标进行比较，揭示两者之间的差异，考核计划或定额执行情况，具体比较时可计算出实际脱离计划的差异额和实际脱离计划的差异率两个指标作为依据来进行分析。

▶ 2. 实际成本指标与历史成本水平的比较

将实际成本、费用与前期实际成本、费用相比较，可以反映企业成本、费用的变动趋势，以改善企业的经营管理状况。另外，对于未制订计划数或定额数的成本指标，可采用该形式与历史成本水平比较，寻找差距的原因。

▶ 3. 实际成本指标与同类企业同种产品成本水平的比较

将实际成本指标通过纵向比较只能考察企业自身内部成本、费用的变动趋势，无法充分说明企业在同行业中的成本、费用水平。只有将实际成本指标与同类企业同种产品进行横向比较，了解企业的成本、费用水平在同行业中的位置，才能更大范围地发现差距。

（二）比率分析法

比率分析法，是将反映成本状况或与成本水平相关的两个因素联系起来，通过计算比例，反映它们之间的关系，并借以评价企业成本状况和经营状况的一种成本分析方法。由于成本分析的目的和分析的角度不同，比率分析法主要有以下几种形式：

▶ 1. 相关比率分析法

该方法是将两个性质不同但又有相关的指标的比率。例如成本利润率、百元商品产值成本、百元销售收入成本等都属于相关比率。通过相关比率的计算，可以排除企业之间和同一企业不同期间的某些不可比因素，有利于企业经营管理者进行成本效益分析和经营决策。相关比率分析法是比率分析法中最重要的分析方法，在成本效益分析中被广泛采用。

▶ 2. 构成比率分析法

该方法是指某项经济指标的各个组成部分与总体的比重。如构成成本的各个成本项目（直接材料、直接人工、制造费用等）所占总成本的比重，又如费用总额中各个费用项目所占的比重等。构成比率分析法可以揭示影响总成本的关键因素及其增减变动原因，明确成本管理的重点。

▶ 3. 趋势比率分析法

该方法是将几个时期的同一成本指标进行对比求出比率，再根据比率指标分析、判断企业成本的变动速度与变动趋势。该方法即可以用于评价经营业绩，又可用于进行成本预测。

（三）因素分析法

因素分析法，是指把某一综合综合指标分解为若干个相互联系的因素，并分别计算分析各因素影响程度的一种技术方法。该方法是成本分析方法中最重要的方法之一，按其分析特点分为连环替代法和差额计算法。

▶ 1. 连环替代法

连环替代法又称连锁替代法，是从数值上测定各个相互联系的有关经济指标的差异影响程度的一种分析方法。该方法分析计算，可以衡量各项因素影响程度的大小，有利于分清责任，是因素分析法的基本形式，其分析步骤如下：

（1）确定分析指标与其影响因素之间的关系。通常是用指标分解法，将经济指标在计算公式的基础上进行分解或扩展，从而得出各影响因素与分析指标之间的关系式。例如，在分析直接材料费用的变动原因时，可以从材料消耗的数量和单价两个因素分析其影响。

（2）根据分析指标的报告期数值与基数数值列出两个关系式或指标体系，以便确定分

析对象。如直接材料费用而言,两个指标体系是:

基期材料费用＝基期产品产量×基期材料单位消耗×基期材料单价

实际材料费用＝实际产品产量×实际材料单位消耗×实际材料单价

分析对象＝实际材料费用－基期材料费用

(3)连环顺序替代,计算替代结果。所谓连环顺序替代是以基数指标体系为计算基础,用实际指标体系中的每一因素的实际数顺序地替代其相应的基期数,每次替代一个因素,替代后的因素被保留下来。计算替代结果,是指在每次替代后,按关系式计算其结果,有几个因素就替代几次,并相应确定计算结果。

(4)比较各因素的替代结果,确定各因素对分析指标的影响程度。即将每次替代所得结果,与这一因素被替代前的结果进行比较,两者的差额就是这一因素变化对经济指标差异的影响程度。

(5)检验分析结果。将各因素的影响数值相加,其代数和应同该经济指标的实际数与基数之间的总差额相等。如果两者相等则说明分析结果可能是正确的;反之则说明分析结果一定是错误的。

▶ 2. 差额计算法

该方法是因素分析法的一种简化形式。差额计算法是直接利用各因素的实际数和基期数之间差额计算确定各因素变动对综合指标影响程度的方法。其计算步骤如下:

(1)计算各因素本期实际数值与基期数值的差额、

(2)测算各因素变动对经济指标的影响额。

(3)汇总各个因素的影响总额。

12-2 知识链接

三、商品产品成本表的分析

商品产品成本分析是对企业全部商品产品成本计划完成情况进行初步了解和评价,并在此基础上分析其变动原因及可比产品成本降低执行情况及影响因素。全部商品产品可以分为可比产品和不可比产品两类,它们在核算和分析方法上是不同的。

可比产品,需要将其实际成本与计划成本相比较,以此考核计划完成情况,同时还需要将其与上年的实际平均成本进行比较,分析其降低程度,从而评价企业在报告期内生产技术和生产组织以及经营管理工作的改进情况。

不可比产品,是指以前年度没有正式生产过,所以没有完备的成本资料与其比较,因此只能将实际成本与计划成本相比较,以确定其实际成本比计划成本的降低额和降低率。

(一)按产品类别分析商品产品成本计划的完成情况

全部商品产品包括可比产品和不可比产品,按照产品类别分析全部商品产品,只能将本期实际总成本与按实际产量计算的计划总成本进行比较,确定其差异额和差异率,以及差异对其总成本的影响程度。

【例 12-1】 某企业基本生产车间生产甲、乙、丙三种产品,其中甲、乙产品为可比产品，丙产品为不可比产品。相关资料如表12-7所示。

表12-7　商品产品成本表

20××年12月　　　　　　　　　　　　　　　　　金额单位：元

产品名称	计量单位	本年实际产量	单位成本			本年累计总成本		
			上年实际平均	本年计划	本年实际平均	按上年实际平均单位成本计算	按本年计划单位成本计算	本年实际
可比产品								
甲产品	件	100	620	600	582	62 000	60 000	58 200
乙产品	件	80	420	400	404	33 600	32 000	32 320
小计	—	—	—	—	—	95 600	92 000	90 520
不可比产品								
丙产品	件	50		200	210		10 000	10 500
合计	—	—					102 000	101 020

根据上述资料编制全部商品产品成本表（如表12-8所示）考核其计划完成情况。

表12-8　按产品类别商品产品成本分析表

产品名称	实际产量（元）		与计划的差异	
	计划成本	实际成本	升降额（元）	升降率（%）
可比产品				
甲产品	60 000	58 200	−1 800	−3
乙产品	32 000	32 320	320	1
小计	92 000	90 520	−1 480	−1.61
不可比产品				
丙产品	10 000	10 500	500	5
全部商品产品	102 000	101 020	−980	−1

从表12-8的分析结果来看，该企业全部商品产品实际成本较计划有所降低，但分别从可比产品、不可比产品及其各种产品来看，虽然可比产品的成本计划完成了，但乙产品及不可比产品丙产品的实际成本升高。这说明该企业并未完成全部成本计划，应进一步分析乙产品和丙产品超支的原因。

分析可比产品成本，还应将其计划单位成本同上年第四季度实际单位成本进行对比，如发现前者高于后者，则说明计划制度较为保守，落后于实际已经达到的成本水平，这样的计划成本就起不到控制成本的作用。

分析不可比产品成本发生超支时，应进一步查明是不是因本年初次生产该产品，制定的计划消耗定额或费用定额偏低，或因为生产不稳定，从而引起实际消耗超过定额、产生废品过多等情况。特别注意企业在分析间接计入费用时，是否对可比产品少分配费用，而对不可比产品多分配费用，以便超额完成可比产品成本，降低任务。

（二）按成本项目分析全部商品产品成本计划完成情况

全部商品产品按成本项目进行的成本计划完成情况分析，主要按成本项目将本期实际总成本与按本期实际产量计算的计划总成本进行比较，确定其差异额和差异率，以及各项成本差异对其总成本的影响程度。

【例 12-2】根据【例 12-1】的成本计划和成本核算资料编制分析表，如表 12-9 所示。

表 12-9 全部商品产品成本分析表

成本项目	全部商品产品成本		节约或超支		各项目对总成本的影响程度（%）
	计划成本（元）	实际成本（元）	差异额（元）	差异率（%）	
直接材料	56 000	55 020	−980	−1.75	−0.96
直接人工	28 000	27 000	−1 000	−3.57	−0.98
制造费用	18 000	19 000	1 000	5.56	0.98
合计	102 000	101 020	−800	−0.78	−0.96

从表 12-9 可看出，本年全部商品产品实际总成本比计划降低了 800 元，降低率为 0.78%，主要是由于直接材料降低 0.96% 和直接人工的降低 0.98% 而造成的，而制造费用存在超支的现象，因此需要对造成制造费用超支的原因进行进一步分析，以便找出其影响变动的具体原因，从而采取措施消除不利影响，提高企业的成本管理水平。

四、主要产品单位成本表的分析

全部商品产品成本计划完成情况分析并不能完全了解每一种产品成本指标完成情况的成因和成本降低的潜力，还需要对单位成本进行具体分析，才能全面了解产品设计、产品生产工艺过程、消耗定额等因素变动对单位成本的影响，从而测算各指标影响单位成本的情况，查明各种产品成本升降的具体原因，有助于正确、全面地考核企业成本管理工作。

主要产品单位成本分析，一般是通过检查单位成本及其各成本项目的实际与计划、上年实际、历史先进水平相比较的升降情况，从各成本项目的单位成本去分析其升降的具体原因。

（一）单位成本水平分析

采用比较分析法将单位成本实际成本与历史先进水平、上年实际、计划相比较，了解其升降情况，然后对重要产品按成本项目对比，研究其成本变动情况，进一步查明单位成本升降的原因。

【例 12-3】某企业基本生产车间对其生产的甲产品单位成本进行分析，其分析表如表 12-10 所示。

表 12-10　产品单位成本表

编制单位：××企业　　　　　　　　20××年12月　　　　　　　　金额单位：万元

成本项目	历史先进水平	上年实际	本年计划	本月实际	本年累计实际
直接材料	24.76	30.12	30.2	32.15	32.42
直接人工	8.16	9.36	9.36	9.38	9.38
制造费用	6.42	7.9	7.64	7.6	7.68
产品单位成本	39.34	47.38	47.2	49.13	49.48
主要技术经济指标	耗用量	耗用量	耗用量	耗用量	耗用量

从表 12-10 可以看出，该企业甲产品的单位成本较计划、上年、历史先进水平都有所上升，且上升幅度较大，甲产品的单位成本较计划上升了 2.28 万元，上升了 4.83%；较上年上升了 2.1 万元，上升了 4.43%；较历史先进水平上升了 10.14 万元，上升了 25.78%。甲产品单位成本上升的主要原因是直接材料上升导致的。因此，企业应对材料上升的原因进行因素分析，找到其影响因素，加强材料成本管理。

（二）主要成本项目分析

▶ 1. 直接材料项目的分析

直接材料占产品成本的比重较大，其耗费水平及其升降对产品单位成本的高低有着重要影响，所以直接材料项目的分析是产品单位成本分析的重点。

分析直接材料项目变动情况时，首先将各种主要材料的实际成本与计划成本相比较，确定发生升降变动较大的主要材料，然后再分析其变动较大的原因。

影响直接材料变动因素主要是产品耗用量和单价，其关系式如下：

材料耗用量差异的影响＝（实际单位耗用量－计划单位耗用量）×材料计划单价

材料价格差异的影响＝（材料实际单价－材料计划单价）×实际单位耗用量

【例 12-4】某企业生产乙产品，材料项目的有关资料如表 12-11 所示。

表 12-11　直接材料成本分析表

材料名称	材料耗用量(t)		材料单价(元)		材料成本(元)		差异	
	计划	实际	计划	实际	计划	实际	数量(t)	成本(元)
A	10	10	8	9	80	90	0	10
B	38	40	12	11	456	440	16	−40
合计	—	—	—	—	—	—	16	−30

根据上述资料，分别计算单位成本两个乙产品直接材料成本变动的影响，其计算过程如下：

材料耗用量变动对单位成本的影响＝(40−38)×8＝16(元)

材料价格变动对单位成本的影响＝10×(9−8)+40×(11−12)＝−30(元)

各种因素变动对直接材料费用的影响值＝16−30＝−14(元)

通过直接材料成本分析可看出，乙产品单位成本中的材料成本实际比计划节约了 14 元，这是由于材料消耗量变动超支 16 元和材料价格变动节约 30 元综合影响的结果。从各种材料来看，A 材料超支 10 元，超支原因是材料价格上涨引起的，应进一步分析材料价格上涨的原因，以降低材料成本。而 B 材料节约了 30 元，节约的原因是材料价格下降造成的，也应进一步分析具体原因，以进一步总结经验，挖掘企业内部降低材料成本的潜力。

▶ 2. 直接人工项目的分析

分析直接人工项目，依据不同的工资制度和工资费用计入成本的方法不同而有所区别。

以计时工资制为例，如果企业生产多种产品时，通常采用生产工时比例法分配工时，因此，影响产品工资成本的两个因素是工时消耗和小时工资率。其计算公式如下：

工时消耗差异的影响＝（单位产实际工时－单位产品计划工时）×计划小时工资率

小时工资率差异的影响＝（实际小时工资率－计划小时工资率）×单位产品生产工时

【例 12-4】 某企业生产乙产品，直接人工的有关资料如表 12-12 所示。

表 12-12　直接人工成本分析表

项　目	单　位	计　划　数	实　际　数	差　异
单位产品工时	小时	120	115	－5
小时工资率	元/小时	5	5.4	0.4
单位产品工资	元	600	621	＋21

根据上述资料，其分析过程如下：

差异＝621－600＝21（元）

其中：

生产工时差异的影响＝（115－120）×5＝－25（元）

小时工资率差异的影响＝（5.4－5）×115＝46（元）

各因素变动对单位产品成本中工资费用的影响＝－25＋46＝21（元）

由计算结果得知，直接人工项目实际比计划超支 21 元，这是工时消耗量减少使单位产品直接人工成本节约 25 元，和小时工资率提高使单位产品直接人工成本超支 21 元，两者综合影响的结果。从表 12-12 中可以看出，直接人工成本的超支主要是由于工资水平的增长高于劳动生产率的提高所造成的，应针对该问题进一步查明原因，采取相应措施提高劳动生产率。

▶ 3. 制造费用分析

制造费用项目的分析主要是对产品单位成本中制造费用升降情况的分析，根据制造费用计入产品成本的方式，分析影响制造费用的因素时，可以从单位产品生产工人工时消耗和小时制造费用率两因素来分析。其相关计算公式如下：

工时消耗量差异的影响＝（单位产品实际工时－单位产品计划工时）×计划小时费用率

小时费用率差异的影响＝(实际小时费用率－计划小时费用率)×实际工时

【例 12-5】 某企业生产乙产品，其有关资料如表 12-13 所示。

表 12-13　制造费用分析表

项　目	单　位	计　划　数	实　际　数	差　异
单位产品工时	小时	120	115	－5
小时费用率	元/小时	3	2.8	－0.2
单位产品制造费用	元	360	322	－38

根据上述资料，计算工时耗用量差异和小时制造费用率差异变动对单位成本中制造费用影响的分析过程如下：

差异＝322－360＝－38(元)

工时耗用量差异的影响＝(115－120)×3＝－15(元)

小时费用率差异的影响＝(2.8－3)×115＝－23(元)

各因素变动对单位产品成本中制造费用的影响＝－15－23＝－38(元)

由计算结果得知，制造费用项目实际比计划节约 38 元，这是工时耗用量减少使单位产品制造费用节约 15 元、小时制造费用率下降使单位产品制造费用节约 23 元，两者综合影响的结果。在此基础上结合相关具体资料，具体查明制造费用节约的原因，挖掘降低单位产品制造费用成本的潜力。

本章小结

本章主要介绍成本报表的编制和分析。

成本报表是企业根据成本核算资料及其他有关资料编制的，以表格形式反映企业一定时期产品成本和期间费用水平及其构成情况的书面报告文件，一般不对外报送，属于企业内部报表。包括商品产品生产成本表、主要产品单位成本表、制造费用明细表、管理费用明细表、财务费用明细表和销售费用明细表。

成本报表分析主要包括商品产品生产成本表分析、主要产品单位成本表分析、制造费用明细表分析和期间费用明细表分析，其中商品产品成本表分析是指对全部商品产品成本计划完成情况进行初步了解和评价，并在此基础上分析其变动原因及可比产品成本，降低任务完成情况及影响因素，从而评价企业的成本管理工作，寻求降低产品成本的主要途径；主要产品单位成本表分析可以分析和考核主要产品成本计划的执行情况、单位成本的变动情况及各种主要产品的主要技术经济指标的执行情况，进而查明主要产品单位成本升降的具体原因。

复习思考题

1. 简述成本报表含义及其特点。
2. 成本报表有哪些分类？
3. 什么是商品产品成本表？如何编制？
4. 什么是成本分析？
5. 成本分析的方法包括哪些？

线上课堂——训练与测试

扫描封底二维码刮刮卡，获取答题权限。

在线自测

第十三章 其他主要行业成本核算

> **学习目标**
>
> 本章将学习和掌握：①其他行业成本的构成内容；②商品流通企业的成本核算方法及账务处理；③施工企业的成本核算方法及账务处理；④旅游餐饮服务企业成本核算及账务处理；⑤运输企业生产经营及其成本核算；⑥房地产开发企业的成本计算方法及账务处理；⑦农业企业生产成本核算。

引言

相对于工业企业而言，其他行业的企业成本核算虽然较为简单，但也有其自身的特殊性，本章主要阐述商品流通企业、施工企业、旅游餐饮服务业、运输企业、房地产开发企业及农业企业等行业成本核算的特点、基本内容、程序与方法。

第一节 商品流通企业成本核算

商品流通企业是指通过低价格购进商品、高价格出售商品的方式实现商品进销差价，以此弥补企业的各项费用和支出、获得利润的企业。在商品流通过程中，从事商品批发、商品零售或者批发与零售兼营的企业，均为商品流通企业，包括商业、粮食、物资供销、对外贸易、医药、石油、烟草、图书发行等企业。通过商品购、销、调、存等经营业务组织商品流转。商品流转主要表现为商品采购和商品销售两大阶段。

一、商品流通企业成本核算的内容

商品流通企业在商品经营过程中主要以货币资金购进商品，形成商品资金；将商品出售收回增量的货币资金。通过低价格购进商品，高价格出售商品，取得商品进销差价以弥补企业的各种费用和税金，并获取利润。与制造企业相比，没有产品的生产环节，因此商品流通企业成本费用的核算较制造企业核算的内容少，并且也比较简单。具体核算内容包括商品采购成本、销售成本和商品流通费用的核算。

（一）商品的采购成本

商品采购成本是指商品流通企业购进商品的成本。按照进价和按规定不能抵扣应计入商品成本的税金作为实际成本。采购过程中发生的运输费、装卸费、保险费、包装费、仓储费等费用，运输途中的合理损耗和入库前挑选整理费用等不计入商品的实际成本，而是作为进货费用直接计入当期费用。

购入商品包括国内采购的商品与国外进口的商品两大类。

▶ 1. 国内购进商品采购成本

国内购进的用于国内销售和用于出口的商品，以进货价格作为商品采购成本。购进商品时所发生的进货费用，包括购进的用于出口的商品到达交货地车站、码头以前支付的各项费用和手续费，均应作为当期损益列入销售费用。

一般纳税人应将随同所购商品货款一并支付的增值税作为进项税额单列，不计入商品的采购成本。对外出口的商品，若取得的出口商品退税款小于该出口商品实际进项税额，应按其差额增加当期出口销售商品的采购成本。

▶ 2. 国外购进商品采购成本

企业从国外进口的商品，其采购成本为进口商品在到达目的地港口以前所发生的各种支出。具体包括：

（1）国外进价。即进口商品按对外承付货款日市场外汇牌价结算的到岸价（cost insurance and freight）。如进口合同价格不是到岸价，在商品到达目的地的港口以前由企业以外汇支付的运费、保险费、佣金等，应计入进价成本。

（2）进口税金，即商品进口报关时应缴纳的进口关税、进口消费税。进口环节缴纳的增值税不计入采购成本。

委托其他单位代理进口的商品，其采购成本为实际支付给代理单位的全部价款。

▶ 3. 企业收购的农副产品

企业收购的免税农副产品，其实际成本为支付的收购价款扣除按规定计算的增值税进项税额（折扣率9%）后的数额。

企业购进商品发生的购货折扣、退回和折让及购进商品发生的经确认的索赔收入应冲减商品进价成本。若发生能直接认定的进口佣金，应调整商品进价成本。

（二）商品的销售成本

商品的销售成本是指已销商品的进价成本。

二、商品批发企业的成本核算

按照商品流通企业在社会再生产过程中的作用，商品流通企业可以分为批发企业和零售企业。批发企业以从事商品批发业务为主，使商品从生产领域进入流通领域，或进入生产性消费领域。

商品批发业务具有进销批量较大、储存量大的特点，所以商品批发业务应从价值上、数量上全面反映商品流通全过程，因此商品批发业务一般应采用数量进价金额核算法。数量进价金额核算法，就是对库存商品明细账的进、销、存等情况，既要登记数量，又要登记进价金额。

(一) 购进商品成本的核算

▶ 1. 账户设置

(1) "商品采购"账户:"商品采购"账户用来核算企业购入商品等的采购成本,该账户借方登记购入商品的进货价格,贷方登记商品到达并入库的实际成本。期末借方余额反映的是已完成购入手续,但尚未到达或尚未入库的在途商品的采购成本。该账户应按所购商品的品种设置明细账,进行明细核算;也可以在"在途物资"账户中核算。

企业经营进、出口商品的,可根据需要分别按进口商品采购和出口商品采购进行明细核算。

(2) "库存商品"账户:"库存商品"账户用来核算企业库存的各种商品的实际成本,包括库存外购商品、自制库存商品、存放在门市部准备出售的商品,发出展览的商品以及寄存在外库的商品等。该账户借方登记库存商品的增加额,贷方登记库存商品的减少额;期末借方余额反映企业各种库存商品的实际成本。

该账户应按库存商品的种类、品种和规格设置明细账进行明细核算。存放在本企业门市部准备出售的商品、送交展览会展出的商品以及已发出尚未办理托收手续的商品,都应在本账户下单设明细账进行核算。

▶ 2. 商品购进的核算

(1) 国内采购商品:国内购进用于国内销售和用于出口的商品,根据增值税专用发票上列示的价款,借记"商品采购"账户,按照增值税专用发票上注明的增值税借记"应缴税费——应缴增值税(进项税额)"账户,根据实付或应付的金额贷记"银行存款""应付账款""应付票据"和"预付账款"等账户。

购入时:

借:商品采购
　　应交税费——应交增值税(进项税额)
　　贷:银行存款(或应付账款等)

入库时:

借:库存商品　××商品
　　贷:商品采购——××商品

【例 13-1】 光明批发企业向星海女装批发公司购入女装一批共 500 件,每件单价 240 元,计 120 000 元,增值税进项税额 15 600 元。商品全部到达,并已验收入库。货款以转账支票支付。财会部门根据仓库交来的"收货单"和供货单位的"专用发票"以及转账支票存根,进行账务处理如下:

借:商品采购——星海女装　　　　　　　　　　　　　　　　　　120 000
　　应交税费——应交增值税(进项税额)　　　　　　　　　　　　 15 600
　　贷:银行存款　　　　　　　　　　　　　　　　　　　　　　 135 600

同时:

借:库存商品——星海女装　　　　　　　　　　　　　　　　　　120 000

贷：商品采购——星海女装　　　　　　　　　　　　　　　　　　　　120 000

(2) 国外购进商品的核算：商业企业为扩大花色品种，满足市场需要，通过编制计划，签订进口合同，从国外购进适销对路的商品。在接到对方发运通知后，应做好接运准备及办理投保手续，收到银行转来国外寄来（或直接寄来）所有相关单据后，应与进口合同进行核对，经审核无误后办理货款结算手续。其账务处理为

企业在购进国外商品，支付价款时，作会计分录为：

　　借：商品采购——进口商品采购
　　　　应交税费——应交增值税（进项税额）
　　　贷：银行存款

如果该批进口商品属于应交纳消费税的商品，则应将消费税计入该项商品的成本，用人民币支付。编制会计分录为如下：

　　借：商品采购——进口商品采购
　　　贷：银行存款

如果进口商品是按离岸价成交，则用外汇支付的运费、保险费应折合人民币，按实际支出计入进口商品采购成本。

结转进口商品采购成本时，编制会计分录如下：

　　借：库存商品——进口商品
　　　贷：商品采购——进口商品采购

【例13-2】 光明批发企业自营进口商品一批，到岸价为10 000美元，关税税率为20%，海关完税凭证注明增值税税率为13%。当日汇率为6.20元。

按照国外发票原币金额支付折合人民币计算为62 000元，增值税为9 672元[62 000×(1+20%)×13%]，支付价款时，编制会计分录如下：

　　借：商品采购——进口商品采购　　　　　　　　　　　　　　　　　　74 400
　　　　应交税费——应交增值税（进项税额）　　　　　　　　　　　　　 9 672
　　　贷：银行存款　　　　　　　　　　　　　　　　　　　　　　　　　84 072

如果该批进口商品属于应缴纳消费税的商品，则应将消费税计入该项商品的成本。用人民币支付。编制会计分录如下：

　　借：商品采购——进口商品采购
　　　贷：银行存款

如果进口商品是按离岸价成交，则用外汇支付的运费、保险费应折合人民币，按实际支出计入进口商品采购成本。

以银行存款支付检验费500元，银行手续费200元。编制会计分录如下：

　　借：销售费用——检验费　　　　　　　　　　　　　　　　　　　　　　 500
　　　　财务费用　　　　　　　　　　　　　　　　　　　　　　　　　　　 200
　　　贷：银行存款　　　　　　　　　　　　　　　　　　　　　　　　　　 700

结转进口商品采购成本，编制会计分录如下：

　　借：库存商品——进口商品　　　　　　　　　　　　　　　　　　　　 74 400

贷：商品采购——进口商品采购　　　　　　　　　　　　　　　　　　74 400

（3）购农业产品的核算：购进免税农业产品，按买价依照 13% 的扣除率计算进项税额。

【例 13-3】 某收购站收购免税农业产品，计价 30 000 元，以银行存款支付，编制会计分录如下：

　　借：商品采购——农产品　　　　　　　　　　　　　　　　　　　　27 300
　　　　应缴税费——应缴增值税　　　　　　　　　　　　　　　　　　 2 700
　　贷：银行存款　　　　　　　　　　　　　　　　　　　　　　　　　30 000

商品验收入库：

　　借：库存商品——农产品　　　　　　　　　　　　　　　　　　　　27 300
　　贷：商品采购——农产品　　　　　　　　　　　　　　　　　　　　27 300

（4）进商品发生溢余和短缺的核算：商品购进后，企业应严格验收数量和发货单上数量是否相符。在验收时如发现实收数量与应收数量不一致，即为购进商品溢余和短缺。

购进商品造成溢余和短缺的原因很多，有的是由于商品本身性能和自然条件的变化而造成的商品自然升溢或损耗；有的是由于供货单位的计量错误，多发或少发商品；也有的是运输单位的失职而造成的丢失、破坏等事故。

购进商品发生溢余和短缺情况，应由验收部门会同运输单位做出详细记录和鉴定证明，并填制"商品溢余（短缺）报告单"，有关部门作为清查和处理的依据。

发生溢余和短缺时，在未查明原因以前，先按商品实收数入库，并根据商品溢余（短缺）报告单将溢余或短缺商品先通过"待处理财产损溢——待处理流动资产损溢"账户过渡，对于"待处理财产损溢"，一般不考虑增加增值税进项税额；但若购进商品发生毁损与短缺，属于正常性的情况，可以减少增值税进项税额，属于非正常性的情况，不得抵扣。

"待处理财产损溢"账户是过渡性质账户，用来核算企业实际发生但尚未查明原因等待处理的各项资产的盘盈、盘亏、溢余和短缺。"待处理财产损溢——待处理流动资产损溢"账户的借方登记商品短缺发生数和商品溢余转销数；贷方登记商品溢余发生数和商品短缺转销数；借方余额表示尚未处理的商品短缺数额；贷方余额表示尚未处理的商品溢余数额。本账户下设置"待处理流动资产损溢"和"待处理固定资产损溢"两个明细账户。

① 进商品发生溢余的核算

【例 13-4】 光明批发企业从异地 A 单位购进一级绵白糖 50t，每吨 6 200 元，计价款 310 000 元，增值税税率 13%，计 52 700 元，另供货方垫付装卸费 600 元，采用托收承付结算方式结算货款。

（1）收到银行转来托收凭证，经审核无误，承付货款及装卸费。编制会计分录如下：

　　借：商品采购——A 单位　　　　　　　　　　　　　　　　　　　310 000
　　　　应缴税费——应缴增值税（进项税额）　　　　　　　　　　　　40 300
　　　　销售费用　　　　　　　　　　　　　　　　　　　　　　　　　　 600
　　贷：银行存款　　　　　　　　　　　　　　　　　　　　　　　　　350 900

（2）商品运到，验收时实收数量为 51t，溢余 1t，计价 6 200 元，原因待查。编制会计分录如下：

借：库存商品——绵白糖　　　　　　　　　　　　　　　　316 200
　　贷：商品采购——A单位　　　　　　　　　　　　　　　310 000
　　　　待处理财产损溢——待处理流动资产损溢　　　　　　6 200

(3) 经查明原因，上述绵白糖溢余，其中0.5吨属自然升溢，另0.5吨属供货单位多发，经与对方联系，同意补作购进，货款已汇出。按规定，运输途中商品自然升溢，应冲减销售费用。如属供货单位多发，应与对方联系，同意作为本企业购进的，根据供货方补来的专用发票补付货款及进项税额；如果不同意本企业购进，则转为代管商品。按绵白糖溢余原因，编制会计分录如下：

借：待处理财产损溢——待处理流动资产损溢　　　　　　　6 200
　　应缴税费——应缴增值税(进项税额)　　　　　　　　　　527
　　贷：销售费用　　　　　　　　　　　　　　　　　　　3 100
　　　　银行存款　　　　　　　　　　　　　　　　　　　3 627

② 购进商品发生短缺的核算

【例13-5】 仍用上例，若验收商品时，实收数量为49t，短缺1t，其原因待查。
收到银行转来托收凭证，经审核无误，承付货款及装卸费。编制会计分录如下：
借：商品采购——A单位　　　　　　　　　　　　　　　　310 000
　　应交税费——应交增值税(进项税额)　　　　　　　　　 40 300
　　销售费用　　　　　　　　　　　　　　　　　　　　　　 600
　　贷：银行存款　　　　　　　　　　　　　　　　　　 350 900

商品运到，若验收商品时，实收数量为49t，短缺1t，计价6 200元，原因待查，编制会计分录如下：

借：库存商品——绵白糖　　　　　　　　　　　　　　　　303 800
　　待处理财产损溢——待处理流动资产损溢　　　　　　　　6 200
　　贷：商品采购——A单位　　　　　　　　　　　　　　310 000

经查明原因，上述绵白糖短缺，其中0.5吨系运输途中自然损耗；另0.3吨为供货方少发。经与对方联系，同意补发商品(商品已运到)；另0.2吨属运输单位责任事故，经联系，同意赔偿损失。按规定，运输途中商品自然损耗，做销售费用处理；供货单位少发商品，经与对方联系，要求补发商品或退还货款；事故损失属于运输部门责任，应由运输单位赔偿；如属责任人事故，应由责任人负责赔偿，转入"其他应收款"账户；属于本企业责任，应由企业作"管理费用"处理。按绵白糖短缺原因，做会计分录如下：

借：销售费用　　　　　　　　　　　　　　　　　　　　　3 503
　　应交税费——应交增值税(进项税额)　　　　　　　　　 564.2
　　库存商品——绵白糖　　　　　　　　　　　　　　　　 1 860
　　其他应收款——运输单位　　　　　　　　　　　　　 1 401.2
　　贷：待处理财产损溢——待处理流动资产损溢　　　　　 6 200

短缺商品属于本企业作为费用或损失处理的或由其他单位或责任人赔偿的，其价值应包括增值税在内，同时要转出抵扣的进项税额。

（二）批发企业库存商品的核算

▶ 1. 账户设置

库存商品包括库存的外购商品、存放在仓库和存放在门市部准备出售的商品、发出展览的商品以及寄存在外的商品等。

企业应通过设置"库存商品"科目核算库存的各种商品的成本，并按库存商品的种类、品种和规格等设置明细账进行明细核算。存放在本企业所属门市部准备销售的商品，送交展览会展出的商品，以及已发出尚未办理托收手续的商品，都应在本科目下单设明细账进行核算。

企业验收入库的商品，按采购成本借记"库存商品"科目，贷记"商品采购"等科目，对外销售商品，结转销售成本时，借记"主营业务成本"科目，贷记"库存商品"科目，并确认增值税销项税额。"库存商品"科目期末借方余额反映企业库存商品的采购成本总额。

▶ 2. 核算方法

库存商品的核算方法主要分为数量金额核算法和金额核算法。

数量金额核算法是同时采用实物计量和货币计量两种量度对库存商品的增减变动和结存情况进行反映和监督的核算方法，它既可以提供库存商品的数量指标，又可以提供库存商品的金额指标。数量金额核算法还可以分为数量进价金额核算法和数量售价金额核算法两种。

金额核算法是仅以货币计量对库存商品的增减变动和结存情况进行反映和监督的核算方法。金额核算法又可分为售价金额核算法和进价金额核算法。不同类型的商品流通企业，可以根据本企业的经营特点及经营管理的要求来选择确定采用不同的库存商品核算方法。

批发企业商品购销特点是成批量进行，金额一般较大，而且库存商品的数量也较大，一般多采用数量进价金额核算法。数量进价金额核算法是以实物数量和进价金额两种计量单位，反映商品进、销、存情况的一种方法。主要内容包括：

（1）"库存商品"的总分类账和明细分类账统一按进价记账。总分类账反映库存商品进价总额；明细分类账反映各种商品的实物数量和进价金额。

（2）"库存商品"明细账按商品的编号、品名、规格、等级分户，按商品收、付、存分栏记载数量和金额，对于收、发、存的数量要求随时登记。

（3）根据企业经营管理需要，在"库存商品"总分类账和明细分类账之间，可设置"库存商品"类目账，按商品大类分户，记载商品进、销、存金额。

（4）在业务部门和仓库设置商品账，其方法与"库存商品"明细账相同，记载商品收、付、存数量，不记金额。

（5）根据商品的不同特点，采用不同方法定期计算和结转已销商品的进价成本。

(三）批发企业销售商品的成本核算

▶ 1. 商品销售成本

商品销售成本是指已销商品的进价成本，即采购价格。由于批发商品的进货渠道、进货批量、进货时间和付款条件的不同，同种规格的商品，前后进货的单价也可能不同。除了能分清批次的商品可以按原采购价格直接确定商品销售成本外，一般情况下，出售的商品都要采用一定的方法来确定一个适当的进货单价，以计算商品销售成本和确定库存商品的价值，核算商品销售损益，反映经营成果。

▶ 2. 商品销售成本核算方法

按现行制度规定采用数量进价金额核算法的企业，对销售成本的核算可以采用个别计价法、先进先出法、加权平均法、移动加权平均法、毛利率法等方法来确定已销商品的单位进价成本，确定已销商品的单位进价成本后，即可确定商品销售成本或期末商品存货成本。

确定商品销售成本或期末商品存货成本的先后次序不同，产生了不同的成本计算顺序。成本计算顺序有顺算和倒算两种方法。顺算法先计算商品销售成本，再据以计算期末结存金额；倒算法先计算期末结存金额，再据以计算商品销售成本。

顺算法的计算公式：

本期商品销售成本＝本期商品销售数量×进货单价

期末结存商品金额＝期末结存数量×进货单价

倒算法的计算公式：

期末结存金额＝期末结存数量×进货单价

本期商品销售成本＝期初结存金额＋本期增加金额－本期非销售减少金额－期末结存金额

这里主要介绍毛利率计算法。毛利率法就是根据本月实际销售额，按照上季度实际毛利率或本季度计划毛利率来计算本月销售毛利额，从而倒轧出本月主营业务成本。

其计算公式如下：

本月销售毛利＝本月销售收入总额×上季实际或本季计划毛利率

本月主营业务成本＝本月销售收入总额－本月销售毛利

或：

本月主营业务成本＝本月销售收入总额×（1－上季实际或本季计划毛利率）

采用毛利率法，计算手续简便，但计算的商品销售成本是根据本期的销售净额乘以前期的实际毛利率或本月计划毛利率来推算本期的销售毛利，计算结果不够准确。通常只有在每季度的前两个月采用该方法计算出主营业务成本，每季度的最后一个月应选用其他成本计算方法中的一种来进行调整。该方法一般适宜于经营品种较多、月度计算商品销售成本有困难的企业。

▶ 3. 结转商品成本的账务处理

选用一定的方法，计算出商品的实际销售成本之后，企业应按规定的要求进行结转销售成本的账务处理。在实际工作中,商品销售成本的结转时间有逐日结转和定期结转两种方式。

逐日结转是指每日实现商品销售收入时立即结转销售成本。这种方法适用于需要分批考核商品销售成果以及能随时确定商品销售成本的情况,如出口商品销售、进口商品销售、代销商品销售、农副产品销售等。

定期结转是指在一定时期(一般在月末)将本月销售商品的成本一并结转。这种方法适用于月末集中计算已销商品成本的情况,如采用全月一次加权平均法、毛利率法等。

一般来说,委托代销业务、直运商品销售业务应采用逐日结转方式,除此之外的其他销售业务都采用定期(按月或按季)结转方式。

在结转成本时,应根据"主营业务成本计算单"进行账务处理如下:

借:主营业务成本
　　贷:库存商品——××

【例13-6】 某批发企业2014年8月份日用品期初库存360 000元,本期购进日用品支出180 000元,销售日用品取得销售收入200 000元;上期日用品销售收入160 000元,其中销售成本136 000元。计算本期销售成本和期末库存商品成本。

上期已销商品毛利额=160 000-136 000=24 000(元)

上期已销商品毛利率=(24 000÷160 000)×100%=15%

本期已销商品销售成本=200 000×15%=30 000(元)

本期已销商品销售成本=200 000-30 000=170 000(元)

期末库存商品成本=360 000+180 000-170 000=370 000(元)

其账务处理为:

借:主营业务成本　　　　　　　　　　　　　　　　　　　　　　170 000
　　贷:库存商品——日用品　　　　　　　　　　　　　　　　　　　170 000

三、商品零售企业的成本核算

零售企业以从事商品零售业务为主,使商品从生产领域或从流通领域进入非生产性消费领域。零售企业与商品批发企业相比,其经营特点是商品品种较多、规格复杂,交易次数频繁,交易额小而零星,销售对象为广大消费者,销售方式大多采用一手钱一手货的交易方式,销售时不一定都要填制销货凭证。因此,一般零售企业在进行会计核算时,不具备按照商品的品名、规格、等级设置库存商品明细账的条件。为适应商品零售企业经营特点,除了少数贵重商品采用数量金额法外,其他情况下均采用售价金额核算法。

(一)售价金额核算法的特点

售价金额核算法不仅是一种会计核算方法,还是一种商品管理制度,这种方法以商品售价核算库存商品,库存商品按商品柜组且进行明细核算。为了反映商品进价成本,应将售价高于进价成本的差额,通过设置"商品进销差价"账户来核算。其基本内容和特点如下:

▶ 1. 建立实物负责制

企业将所经营的全部商品按品种、类别及管理的需要划分为若干实物负责小组,确定实物负责人,实行实物负责制度。实物负责人对其所经营的商品负全部经济责任。在会计核算上,"库存商品"明细账按商品类别或实物负责人设置明细账。

▶ 2. 售价记账、金额控制

库存商品总账和明细账都按商品的销售价格记账,库存商品明细账按实物负责人或小组分户,只登记售价金额不登记实物数量,其账面余额就是实物负责小组所经营的商品。这是售价金额核算的核心。同时,为了使会计核算与商品核算结合起来,使"库存商品"账户有利于实物负责人控制和保管商品,一般纳税人企业的"库存商品"账户应采用含增值税销项税额的售价记账。

▶ 3. 设置"商品进销差价"账户

该账户属于资产类账户,是"库存商品"账户的调整账户,用来反映"库存商品"账户中商品的售价与购进商品实际支付的价格的差额。库存商品是按售价记账,售价大于进价的差额计入该账户的贷方,并在期末计算和分摊已售商品的进销差价。该账户的期末余额为期末库存商品的进销差价。期末"库存商品"科目的余额减去"商品进销差价"科目的余额,就是库存商品的进价金额。

▶ 4. 定期实地盘点商品

实行售价金额核算必须加强商品的实地盘点制度,期末为了核算各实物负责组库存商品的实有数额,必须进行一次全面盘点,确定库存商品的数量,并分别按商品销售种类乘以销售单价,求得库存商品以售价计算的实有金额,再与营业柜组库存商品明细账核算,以保证账实相符,对实物和负责人履行经济责任的情况进行检查。

(二)商品零售企业采购成本的核算

商品售价与批发企业不同,零售企业销售商品的售价是含税售价,即在商品的售价里包含了增值税销项税额,则零售商品实际销售额和增值税销项税额的计算方法为:

商品销售额=含税收入÷(1+增值税税率)

增值税销项税额=商品销售额×增值税税率

目前大多数商品零售企业对零售商品购进做如下处理:在购进时按不含税成本记入"商品采购"账户;按进项税额记入"应交税费——应交增值税(进项税额)"账户,按全部价税总额付款数记入"银行存款"或"应付账款"等账户;在商品入库时,则按含税的售价计入"库存商品"账户;按含税的进销差价记入"商品进销差价"账户,按不含税的进价转销"商品采购"账户数额。

购进 A 商品时:

借:商品采购——甲公司
　　应交税费——应交增值税(进项税额)
　贷:银行存款

商品验收入库时:

借：库存商品——×商品
　　贷：商品采购——甲公司
　　　　商品进销差价
销售商品时，其账务处理如下：
借：主营业务成本
　　商品进销差价
　　贷：库存商品
确认收入时的账务处理：
借：银行存款
　　贷：主营业务收入
　　　　应交税费——应交增值税（销项税额）

（三）商品零售企业销售成本的核算

采用"售价金额核算法"的商品零售企业，在商品销售后按售价贷记"主营业务收入"账户，借记"主营业务成本"账户，月份内"主营业务成本"账户的借方发生额与"主营业务收入"账户的贷方发生额，应该完全一致。因为"主营业务成本"是从"库存商品"账户结转过来的，没有反映出来商品的销售毛利，所以月份内主营业务成本包含进销差价。月末，为了计算企业的利润，需要计算出本月已销商品的进销差价和销项税额，按已销商品的进销差价及销售时实现的销项税额，借记"商品进销差价"账户，贷记"主营业务成本"；即将主营业务成本（销价反映）调整为进价成本，从而正确计算企业销售毛利。调整公式为

主营业务成本＝已销商品售价－已销商品应分摊的进销差价

由此可见，月终为计算出销售商品的实际成本，必须按一定的方法计算已销商品应分摊的进销差价。已销商品进销差价的计算方法有综合差价率计算法、分类（柜组）差价率计算法和盘存商品进销差价率计算法等。

▶ 1. 综合差价率计算法

综合差价率计算法是根据企业经营的全部商品存、销比例，平均分摊进销差价的一种方法。其具体计算步骤是：

(1) 计算综合平均差价率

用月末调整前"商品进销差价"账户的余额除以当月已销售的商品总额加"受托代销商品"以及"库存商品"账户当月月末余额之和，其计算公式为

综合差价率＝月末"商品进销差价"科目余额（分摊前）÷（月末"库存商品"科目贷方发生额＋月末"受托代销商品"科目余额＋本月"主营业务收入"科目余额）

(2) 计算已销商品进销差价

用综合差价率乘当月已销售的商品总额，其计算公式为

当月销售商品应分摊的进销差价（含税）＝当月"主营业务收入"账户贷方发生额×综合差价率

(3) 根据计算出来的已销商品应分摊的进销差价其会计处理如下：

借：商品进销差价

贷：主营业务成本

由于商品进销差价中包含有增值税，在分摊结转商品销售成本后，企业平时结转的含税的售价成本就被调整为不含税的实际成本，仍然是传统的售价成本核算方法，并符合增值税的核算要求。

在正常情况下，当月已销商品总额按"商品销售收入"账户贷方发生额计算，但如企业有商品转批、折价销售等情况，因其价格不同，应以"商品销售成本"账户的借方发生额计算。

企业的商品进销差价各月之间如果比较平衡，也可采用上月的差价率计算。但为了真实地反映库存商品和销售商品的进销差价，正确核算盈亏，年末对商品进销差价进行一次核实调整。

【例13-7】盛世百货商店10月末的"库存商品""受托代销商品""商品进销差价""商品销售收入"各明细账户的金额如表13-1所示。

表13-1 零售商店部分账户金额表

营业柜组	月末"库存商品"账户余额	月末"受托代销商品"账户余额	月末"商品进价"账户余额	本月"主营业务收入"贷方发生额
日用品柜	19 000	—	3 000	6 000
化妆品柜	6 250	16 000	5 000	9 000
食品柜	18 750	—	4 000	5 000
合　计	44 000	16 000	12 000	20 000

根据以上资料计算该百货本月已销商品进销差价。

综合差价率＝12 000/(44 000＋16 000＋20 000)×100％＝15％

则：10月份已销商品应分摊的进销差价＝20 000×15％＝3 000(元)

应根据以上计算结果做如下分录：

借：商品进销差价　　　　　　　　　　　　　　　　　　　　　　　3 000
　　贷：主营业务成本　　　　　　　　　　　　　　　　　　　　　　3 000

调整后的"主营业务成本"科目的余额，是按售价计算的已售商品额减去已售商品的进销差价后的数额，即为本月已售商品的实际进价成本。而调整后的"商品进销差价"科目余额是将已售商品进销差价转出后的剩余数额，即结存商品应保留的进销差价额。

用综合差价率计算法计算简便，但不适宜经营品种繁多的企业。因为各种商品的进销差价不一，每期各种商品销售比重也不尽相同，容易出现偏高或偏低的情况，影响商品销售毛利及库存商品价值的正确性。因此该方法只适用于商品种类较少，各种商品的进销差价比较接近的企业。对于商品种类繁多且各商品的进销差价差异很大的企业，便不适宜采用此方法，以免造成成本计算结果不准确。

▶ 2. 分类(柜组)差价率计算法

分类差价率计算法又称分组差价率计算法，是根据企业的各类(柜组)商品存销比例，平均分摊进销差价的一种方法。是指按企业各类商品或各营业柜组的销售及库存比例计算的差价率。该计算方法与综合差价率计算法基本相同，只是计算的范围已缩小，只是按各类（柜组）先计算出各类商品的进销差价率和各类已销商品应分摊的进销差价，再加以汇总，即形成企业全部已销商品的进销差价。在这种计算方式下，"库存商品""商品进销差价""主营业务收入""主营业务成本""受托代销商品"等账户均应按商品类别（柜组）设置明细账账户。

分类差价率＝某类（柜组）商品月末"商品进销差价"科目余额（分摊前）/［其类（柜组）商品月末"库存商品"科目余额＋某类（柜组）商品月末"受托代销商品"科目余额＋某类（柜组）商品本月"商品销售收入"科目贷方发生额］

【例13-8】 沿用上例资料，采用分类差价率计算法计算。

各柜组的进销差价率可计算如下：

日用品柜差价率＝3 000/(19 000＋6 000)＝12％

化妆品柜差价率＝5 000/(6 250＋16 000＋9 000)＝16％

食品柜差价率＝4 000/(18 750＋5 000)＝16.84％

各柜组已销商品应分摊的进销差价如下：

日用品柜：6 000×12％＝720(元)

化妆品柜：9 000×16％＝1 440(元)

食品柜：5 000×16.84％＝842.11(元)

根据以上计算结果进行账务处理如下：

借：商品进销差价——日用品柜　　　　　　　　　　　　　　　　720
　　　　　　　　——化妆品柜　　　　　　　　　　　　　　　　1 440
　　　　　　　　——食品柜　　　　　　　　　　　　　　　　　842.11
　贷：主营业务成本——日用品柜　　　　　　　　　　　　　　　720
　　　　　　　　　——化妆品柜　　　　　　　　　　　　　　　1 440
　　　　　　　　　——食品柜　　　　　　　　　　　　　　　　842.11

采用分类（柜组）差价率计算法是分类（柜组）来确定商品的销售成本，其计算结果能够较准确地反映实际情况，但与实际相比仍有一定的偏差。按类别（柜组）分别计算商品进销差价，计算手续较烦琐，因此该方法适用于柜组间的差价率不太均衡的企业，或需要分柜组核算其经营成本的企业。

▶ 3. 盘存商品进销差价计算法

盘存商品进销差价计算法又称实际差价计算法，是通过对库存商品的实际盘点，计算出库存商品的进销差价，从而倒挤出已销商品进销差价的一种方法。其计算程序为：

（1）月末，通过库存商品实地盘点，得出各种商品实际盘存数量，分别乘以最后各种商品的原进价或最后进价，求得全部商品的进价总额。

（2）按零售价计算各种商品的售价总金额。

（3）用全部库存商品的售价减去全部商品的进价，得出库存商品的进销差价。

（4）用"商品进销差价"账户月末余额减去库存商品进销差价，得出已销商品进销差价。

其计算公式如下：

月末库存商品应保留的进销差价＝月末库存商品售价总金额－月末库存商品进价总金额

已销商品进销差价＝月末调整前"商品进销差价"账户余额－月末库存商品应保留的进销差价

【例 13-9】 盛世百货商店百货组期末商品盘点情况及进、销价格资料如图表 13-2 所示。

表 13-2　商品盘存及进销价格计算表

百货组　　　　　　　　　　　20××年 10 月 31 日　　　　　　　　金额单位：元

商品品种	单位	盘存数量	零售价（含税）		购进价		库存商品进销差价（含税）	
			单价	金额	单价	金额	单价	金额
(1)	(2)	(3)	(4)	(5)=(3)×(4)	(6)	(7)=(3)×(6)	(8)	(9)=(5)-(7)
A	袋	200	28	5 600	24	4 800	4	800
B	包	400	25	10 000	21	8 400	4	1 600
C	个	200	20	4 000	17	3 400	3	600
D	把	300	15	4 500	12	3 600	3	900
				24 100		20 200		3 900

假设期末分摊前"商品进销差价"账户余额为 8 200 元。

则：已销商品进销差价＝8 200－3 900＝4 300(元)

账务处理为：

借：商品进销差价——化妆品柜　　　　　　　　　　　　　　　4 300
　　贷：主营业务成本——化妆品柜　　　　　　　　　　　　　　　　4 300

采用盘存商品差价率计算法，分摊前"商品进销差价"账户余额与计算得出的结存商品进销差价进行比较，如果前者大于后者，属于正结转，说明以前月份少转了商品进销差价，多计了商品销售成本，应借记"商品进销差价"账户，贷记"主营业务成本"账户；如果前者小于后者，属于负结转，说明以前月份多转了商品进销差价，少计算了销售成本导致虚增了毛利，应予以调整，借记"主营业务成本"账户，贷记"商品进销差价"账户。

盘存差价计算法计算结果相对比较准确，因为它不受已销商品中各种不同差价率和所占销售比重的影响；但工作量较大，要对全部经营品种逐一进行实际盘点、计价，一般在年度终了，对全年进销差价进行核实时使用。

第二节 施工企业成本核算

一、施工企业生产经营活动的特点

(一) 施工企业特点

施工企业又称建筑企业,是指依法自主经营、自负盈亏、独立核算,从事建筑商品生产和经营,具有法人地位的经济组织。施工企业主要从事房屋建筑、公路、水利、电力、桥梁、矿山等土木工程施工。它包括建筑公司、设备安装公司、建筑装饰工程公司、地基与基础工程公司、土石方工程公司、机械施工公司等。

建筑施工的特点主要由建筑产品的特点所决定。和其他工业产品相比,建筑产品具有体积庞大、复杂多样、整体难分、不易移动等特点,从而使施工生产除了一般工业生产的基本特性外,还具有下述主要特点:

▶ 1. 施工生产的流动性

施工生产的流动性是由建筑产品的固定性决定的,主要表现在:不同工种的工人都要在同一建筑物的不同部位进行流动施工;施工工人要在同一工地不同单位工程之间进行流动施工;施工队伍要在不同工地、不同地区承包工程,进行区域性流动施工等。

▶ 2. 施工生产的单件性

施工生产的单件性是由建筑产品的多样性决定的,主要表现在:每一项建筑产品都有其特定的用途和建设要求;施工条件千变万化,即使是用同一张图样设计组织生产,也会因地质、自然环境等条件不同,其施工生产也会有很大的差别。因此,施工企业生产的产品具有很强的独特性,一般没有重复生产的。

▶ 3. 施工生产的长期性

施工生产的长期性是由建筑产品的周期长所决定的,主要表现在:建筑产品规模都比较大,结构比较复杂,生产过程从设计、开工到完工,极少有当年施工当年交工的;施工作业要求有一定的保养期,如混凝土的操作必须保证一定时间的保养期,否则,将严重影响建筑产品的质量等。因此,大多数项目往往需要跨年度完成,工程施工的周期较长。

▶ 4. 施工生产受自然气候影响较大

建筑产品由于位置固定,体积庞大,其生产一般是在露天进行,并且高空、地下、水下作业较多,直接承受着自然气候条件变化的制约。给施工生产、机械设备带来了不利的影响,因此,施工机械设备的折旧方法不仅要考虑机械设备的实际使用时间,还要考虑其预计使用期限,以合理计算机械设备的折旧费,计入相关的工程成本。

(二) 施工企业工程成本核算的任务和要求

(1) 施工企业(以下简称企业)成本核算的基本任务是:执行国家有关成本开支范围、费用开支标准、工程预算定额和施工预算、成本计划,核算施工及生产经营过程中发生的各项费用，计算工程和产品、作业、材料的实际成本，及时提供可靠的成本报告和有关资料，促进企业改善经营管理、降低成本、提高经济效益。

（2）企业必须加强成本核算的各项基础工作。建立各种财产物资的收发、领退、转移、报废、清查、盘点制度；建立、健全与成本核算有关的各项原始记录和工程量统计制度；制定或修订工时、材料、费用等各项内部消耗定额以及材料、结构件、作业、劳务的内部结算价格；完善各种计量检测设施，严格计量检验制度，使成本核算具有可靠的基础。

（3）企业必须按季计算建筑安装工程成本，有条件的企业也可以按月计算；内部独立核算的工业企业、机械施工和运输单位以及材料供应部门，应按月计算产品、作业和材料成本。计入当期工程、产品、作业和材料成本的材料消耗和费用开支，应与工程、产品、作业量和材料采购数量的起讫日期一致，不得提前或延后。

（4）企业必须根据计算期内已完工程、完工产品、已完作业和材料采购的数量以及实际消耗和实际价格，计算工程、产品、作业和材料的实际成本。不得以估计成本、预算成本或计划成本代替实际成本。

（5）企业进行成本核算时，其实际成本的核算范围、项目设置和计算口径，应与国家有关财务制度、施工图预算、施工预算或成本计划取得一致。投标承包和投资包干的工程，其实际成本的核算范围、项目设置和计算口径，应与按中标价或合同价编制的施工预算取得一致。

（6）企业应按权责发生制的原则计算成本。凡是当期成本应负担的费用，不论款项是否支付，均应计入当期成本；凡不属于当期成本负担的费用，即使款项已经支付，也不应计入当期成本。当期一次支付或发生数额较大、受益期较长的费用，可以作为待摊费用分期摊销。

（7）必须划清当期成本与下期成本的界限；不同成本核算对象之间成本的界限；未完施工成本与已完工程成本的界限；在产品成本与产成品成本的界限；承包工程成本与专项工程成本的界限。

（8）企业及其内部独立核算单位对施工、生产经营过程中所发生的各项费用，必须设置必要的账册，以审核无误、手续齐全的原始凭证为依据，按照成本核算对象、成本项目、费用项目和单位、部门进行核算，做到真实、准确、完整、及时。

（9）企业成本核算中的各种处理方法，包括材料的计价，材料成本差异的调整，周转材料和低值易耗品的摊销，费用的分配，已完工程和未完施工、完工产品和在产品的成本计算，以及销售产品成本的计算等，前后各期必须一致，不得任意变更。如需变更，要报经主管部门批准，并将变更的原因及其对成本和财务状况的影响，在当期的会计报告中加以说明。

（10）企业有关职能部门，应当按照《国营企业成本管理条例》和《国营施工企业成本管理实施细则》的规定，及时为成本核算提供真实可靠的有关资料，配合成本核算部门做好成本核算工作。

(三) 施工企业工程成本核算的特点

施工企业在一定时期内为完成一定种类和数量的建筑和安装工程所发生的生产耗费的总和，称为建筑安装工程成本，简称工程成本。施工企业的生产特点决定工程成本的计算，主要考虑以下方面为

▶ 1. 成本核算对象

企业应当根据本企业施工组织的特点、承包工程的实际情况和加强成本管理的要求，确定建筑安装工程成本核算对象。

（1）建筑安装工程一般应以每一独立编制施工图预算的单位工程为成本核算对象。

（2）一个单位工程由几个施工单位共同施工时，各施工单位都应以同一单位工程为成本核算对象，各自核算自行完成的部分。

（3）规模大且施工期长的单位工程，可以将工程划分为若干部位，以分部位的工程作为成本核算对象。

（4）同一建设项目，由同一个单位施工、同一施工地点、同一结构类型、开竣工时间相接近的若干个单位工程，可以合并作为一个成本核算对象。

（5）改建、扩建的零星工程，可以将开竣工时间相接近、属于同一建设项目的各个单位工程，合并作为一个成本核算对象。

（6）土石方工程、打桩工程，可以根据实际情况和管理需要，以一个单项工程为成本核算对象，或将同一施工地点的若干个工程量较小的单项工程合并作为一个成本核算对象。

▶ 2. 成本项目

建筑安装工程成本由直接费用和管理费用组成。一般应当设置材料费、人工费、机械使用费、其他直接费、间接费用和管理费六个成本项目。

（1）材料费：包括在施工过程中所耗用构成工程实体的材料、结构部件和有助于工程形成的其他材料以及周转材料的摊销费和租赁费。

（2）人工费：包括按照国家规定支付给施工过程中直接从事建筑安装工程施工的工人以及在施工现场直接为工程制作构件和运料、配料等辅助工人的基本工资、工资性津贴和应计入成本的各种奖金、职工福利费和劳动保护费等。

（3）机械使用费：包括施工过程中使用自有施工机械所发生的机械使用费（包括机械操作人员的工资、奖金、职工福利费、工资性质的津贴以及劳动保护费）；经营性租入施工机械的租赁费，以及按照规定支付的施工机械进出场费和施工机械安装、拆卸费。

（4）其他直接费：包括施工现场直接耗用的水、电、蒸气等费用；施工现场发生的材料二次搬运费；临时设施摊销费、生产工具用具使用费、冬雨季施工增加费；夜间施工增加费；流动施工津贴；工程定位复测费、特殊地区施工增加费；铁路、公路工程行车干扰费；送电工程干扰通信保护措施费；特殊工程技术培训费等。

上述各项其他直接费，在预算定额中，如果分别列入材料费、人工费、机械使用费项目的，企业也应分别在相应的成本项目中核算。

(5) 间接费用：包括企业为组织管理工程施工所发生的施工管理费用，如施工单位管理工作人员工资、福利费及工会经费、职工教育经费、办公费、差旅费、固定资产折旧费以及修理费、低值易耗品摊销、物料消耗费、检验试验费、财产保险费、工程保修费、利息支出、房产税和车船使用税，以及定额测定、预算编制、定位复测、工程点交、场地清理、排污费、现场照明等其他费用。

企业可以根据主管部门的规定，结合本单位的具体情况，对上述成本项目做适当增减和合并。如使用结构件较多的工程，可以单列"结构件"成本项目等等。

▶ 3. 成本计算期

（1）施工企业为了及时比较、分析和考核施工成本的计划执行情况，一般按月将已完成预算定额规定的一定组成部分的工程，作为"完工工程"计算已完工程成本。

（2）对于已投料施工，月末尚未达到预算定额规定的一定组成部分的工程，则作为"未完施工"计算未完施工工程成本。

（3）如果当月该成本计算对象的工程竣工，则月末不仅要计算已完工程成本，而且要计算交工工程的实际总成本。

二、施工企业工程成本的核算流程

（一）账户设置

为了全面地反映和监督各项施工费用的发生情况，施工企业一般应设置"工程施工""辅助生产""机械作业""工程结算成本"等成本类账户。

▶ 1. "工程施工"账户

本账户用以核算企业进行建筑工程和设备安装发生的实际成本（不包括被安装设备本身的价值）。在施工过程中所发生的人工费、材料费、机械使用费、其他直接费以及应分摊的管理费用，应记入本账户的借方，结转已完工程实际成本时应记入本账户的贷方，本账户的余额表示"未完施工"的实际成本。该账户按成本核算对象和成本项目归集费用。

▶ 2. "辅助生产"账户

本账户用以核算企业非独立核算的辅助生产部门为工程施工、产品生产、机械作业、专项工程提供产品或劳务所发生的各项费用。本账户的借方登记辅助生产部门为提供产品或劳务所发生的各项费用，贷方登记已结转的产品或劳务的实际成本，期末余额表示在产品或未完作业的实际成本。

▶ 3. "机械作业"账户

本账户用以核算企业及其内部独立核算的施工单位、机械站和运输队使用自有施工机械和运输设备进行机械作业（包括机械化施工和运输作业等）所发生的各项费用。本账户的借方登记实际发生的机械作业支出，贷方登记分配计入各受益对象的机械作业支出，月末，为本单位承包的工程进行机械化施工和运输作业的，转入"工程施工——机械使用费"账户；对外提供机械作业的成本，转入"其他业务成本"账户；从外单位或本企业其他内部独立核算的机械站租入施工机械，按规定的定额支付的机械租赁费、不计入该账户，而是计入"工程施工——机械使用费"账户，结转后该账户期末应无余额。

▶ 4."工程结算成本"账户

本账户用以核算企业已办理工程价款结算的已完工程实际成本。本账户的借方登记从"工程施工"账户转入的已完工程实际成本，贷方登记转入"本年利润"账户的已完工程实际成本，期末应无余额。

（二）施工企业成本核算程序

施工企业在进行工程成本的总分类核算一般的核算程序如下：

（1）将本期发生的施工费用，按其发生地点和经济用途分别分配和归集到有关的施工费用账户。

（2）将归集在"工程施工——间接费用"账户的费用，按照一定的分配标准分配计入有关的工程成本。

（3）将归集在"辅助生产"账户中的费用，按各受益对象进行分配并转入"工程施工""机械作业"和"管理费用"等账户。

（4）将归集在"机械作业"账户中的费用，按各受益对象进行分配并转入"工程施工"等账户。

（5）期末，将已计算确定的已完工程实际成本从"工程施工"账户转入"工程结算成本"账户。

（三）施工工程成本的计算

▶ 1. 材料费用的归集和分配

工程成本中的材料费，是指建安工程直接耗用的构成工程实体和有助于工程形成的各种主要材料、结构件等的成本以及工程使用周转料具应计的摊销价值。

为了做好材料物资核算工作，加强材料物资管理，正确反映各种材料在工程施工成本中的比重，施工项目一般可以按照材料物资在施工生产过程中的用途对其做如下分类：

（1）主要材料：是指用于工程施工并构成工程实体的各种材料，包括黑色金属材料（如钢材等）、有色金属材料（如铜材、铝材等）、木材（如原条、原木方材、板材等）、硅酸盐材料（如水泥、砖、瓦、石灰、砂、石等）、小五金材料（如合页、圆钉、螺丝钉、镀锌铅丝等）、陶瓷材料（如瓷砖、瓷洗手盆等）、电器材料（如电灯、电线、电缆等）、化工材料（如油漆材料）等。

（2）结构件：是指经过吊装、拼砌和安装就能构成房屋、建筑物实体的各种金属的、钢筋混凝土的、混凝土的或木质的结构物、构件、砌块等，比如钢窗、木门、铝合金门窗、塑钢门窗、钢木屋架、钢筋混凝土预制件（如预制板、预制梁）等。

（3）机械配件：是指施工机械、生产设备、运输设备等各种机械设备替换、维修用的各种零件和配件，以及为机械设备准备的备品、备件，如曲轴、活塞、轴承、齿轮、阀门等。

（4）其他材料：是指不构成工程实体，但有助于工程实体的形成或便于施工生产进行的各种材料，如燃料、油料、饲料、擦拭材料、氧气、速凝剂、催化剂、润滑油、冷冻剂、爆炸材料、防腐材料、绳索等。

(5) 周转材料：是指在施工生产过程中能够多次使用，可以基本保持其原有的实物形态，并逐渐转移其价值的工具性材料。如木模板、钢模板（包括配合模板使用的支撑材料、扣件等）、挡土板、脚手架（如搭脚手架用的竹竿、木杆钢管、跳板等），以及塔吊使用的轻轨、枕木等。

另外，按照材料物资的存放地点不同可以分为在途材料、库存材料、委托加工材料等三大类。

在实际工程中，对材料的日常核算既可采用实际成本计价，又可采用计划成本计价。目前，由于建筑材料的市场价格变化较大，对于绝大部分中小施工企业来说，比较适宜按实际成本进行材料核算。

发生材料收发业务时，有关部门和人员必须根据不同情况分别填制"领料单""定额领料单"和"大堆材料耗用单"等领料凭证。每月月终，财会部门应根据审核无误的"领料单""定额领料单""退料单""大堆材料耗用计算表""周转材料摊销计算表"等原始凭证编制"工程施工材料费用分配表"（其格式见表13-3），按各成本计算对象汇总计算所耗用的各类材料的实际成本。

① 凡领用时能够点清数量，分清用料对象的，直接计入各工程成本。

② 领用时虽然能点清数量，但属于集中配料或统一下料的材料，如油漆、玻璃木材等，分配计入各工程成本。

③ 既不容易点清数量，又难分清受益对象的大堆材料，如沙、石、砖、瓦等可采用计算确定本月的实际耗用量。其计算公式为

本期耗用实际数量＝期初结存数量＋本期收入数量－期末盘存实际数量

④ 对于周转使用的材料，可分别视不同情况采用不同方法计入工程成本。对于租入的周转材料，按实际支付的租赁费直接计入各工程；对自用周转材料，可采用一次摊销法、分期摊销法计入各工程成本。

在组织会计核算时，施工项目部一般设置"在途物资""原材料""委托加工物资""周转材料"等科目来核算材料物资的采购、仓储、发出等业务。

【例13-10】某一施工企业同时承担A01和B02两施工项目。A01施工项目耗用甲材料1 000kg，每千克50元，共计50 000元，领用周转材料600元；B02施工项目耗用甲材料720kg共计36 000元，领用周转材料400元。A01和B02共同耗用乙材料5 000kg（其中A01领用3 000kg，B02领用2 000kg），共计100 000元。生产车间领用A材料24 000元，周转材料1 200元。如表13-3所示。

表13-3 材料费用分配表

20××年10月31日　　　　　　　　　　　　　　　　金额单位：元

工程名称	直接计入	分配计入			周转材料摊销额	合计
		耗用数量	分配率	分配金额		
A01工程	50 000	3 000	20	60 000	600	110 600

续表

工程名称	直接计入	分配计入			周转材料摊销额	合计
		耗用数量	分配率	分配金额		
B02工程	36 000	2 000	20	40 000	400	76 400
生产车间	24 000				1 200	25 200
合计	110 000	5 000		100 000	2 200	212 200

其账务处理如下：

借：工程施工——A01工程　　　　　　　　　　　　　110 600
　　　　　　——B02工程　　　　　　　　　　　　　　76 400
　　间接费用　　　　　　　　　　　　　　　　　　　 25 200
　贷：库存材料——主要材料　　　　　　　　　　　　210 000
　　　周转材料——周转材料摊销　　　　　　　　　　　2 200

▶ **2. 人工费用的归集和分配**

施工企业工程成本中的人工费用包括直接从事建筑安装工程施工工人以及在施工现场从事运料、配料等工作的辅助工人的计时工资、计件工资、工资性津贴及补贴、奖金和职工福利费等人工费用。

人工费用按其不同的用途进行分配。凡是直接从事施工的工人，其人工费用计入"工程施工"账户的"人工费"成本项目下，并按工程成本计算对象进行分配：若只有一个成本核算对象，可根据"工资汇总分配表"直接计入该成本计算对象的"人工费"项目；若同时有若干成本核算对象，且施工生产人员同时为其施工的，在计件工资制下，应根据"施工任务单"汇总计入各项工程成本的"人工费"成本项目；在计时工资制下，可采用一定的分配标准在各成本计算对象之间进行分配，其分配标准一般采用实用工日总数，其计算公式如下：

日平均工资率＝人工费总额÷实际耗用工日总数

某成本计算对象应分配的人工费＝该成本核算对象实际耗用工日数×日平均工资率

凡是机械设备的操作员、驾驶员以及机械设备的管理人员的人工费用，计入"机械作业"账户；对于施工单位的管理人员，其人工费用计入"间接费用"账户。月末将"机械作业"和"间接费用"归集的人工费用分配计入"工程施工"账户。

为了正确反映和监督工程成本的形成情况，建筑安装工人工资原则上应分别按施工队和成本计算对象进行分配。每月月末，施工企业的财会部门应根据各个施工队的"施工任务单""用工记录"和"工资结算汇总表"等资料，编制"建筑安装工人工资分配表"。其基本格式如表13-4所示。

【例13-11】　某一施工企业同时承担A01和B02两施工项目。该施工队本月的计时工资总额为64 000元，实际耗用8 000个工日（其中A01施工项目耗用4 200个工日、B02施工项目耗用3 800个工日）。

则计算过程如下：

该施工队工人日平均计时工资＝64 000÷8 000＝8(元)

A01 施工项目的计时工资＝4 200×8＝33 600(元)

B02 施工项目应分配的计时工资＝3 800×8＝30 400(元)

表 13-4　建筑安装工人工资分配表　　　　　金额单位：元

工程名称	计件工资	实用工时（小时）	计时工资		其他工资		合　计
			分配率（元/小时）	分配额	分配率（元/小时）	分配额	
A01 工程		4 200	8	33 600	4	16 800	50 400
B02 工程		3 800	8	30 400	4	15 200	45 600
生产车间	2 000	5 000			4	20 000	22 000
合计	2 000	13 000		64 000	4	52 000	118 000

根据表 13-4 所示，其账务处理如下：

借：工程施工——A01 工程　　　　　　　　　　　　　　50 400
　　工程施工——B02 工程　　　　　　　　　　　　　　45 600
　　工程施工——间接费用　　　　　　　　　　　　　　22 000
　　贷：应付职工薪酬　　　　　　　　　　　　　　　　118 000

▶ 3. 机械使用费的归集和分配

施工企业工程成本中的机械使用费包括工程施工过程中使用自有施工机械发生的机械使用费和租用外单位施工机械发生的租赁费以及施工机械的安装、拆卸和进出场费。

在发生机械使用费时，通过设置"机械作业明细账"账户核算，来归集发生的使用费。期末，可以根据各成本计算对象使用的机械台班数、作业量数，编制"机械使用费分配表"（格式见表 13-5），将机械使用费分配给各个成本计算对象。

由于企业使用的施工机械包括租赁的和自有的两种，因此对于机械使用费的核算也相应区别为租用机械使用费的核算和自有机械使用费的核算。

对于租入的施工机械所支付的租赁费，能够分清成本计算对象的，直接计入有关工程成本；分不清成本计算对象的，应按照各个成本计算对象所耗用租赁机械的台班数，分配计入有关成本计算对象，借记"工程施工——某工程"账户，贷记"银行存款"或"应付账款"账户。

为了反映施工单位自有施工机械和运输设备进行机械作业所发生的各项费用，应通过"机械作业"账户进行核算，按照机组或单机设置明细分类账。发生有关费用时，借记"机械作业"账户，贷记"库存材料""应付职工薪酬""辅助生产""累计折旧""银行存款"等有关账户。月末按有关受益对象，借记"工程施工""辅助生产""机械作业""其他业务成本""专项工程支出"等账户，贷记"机械作业"账户，期末时一般无余额。

月末分配机械作业费时，应根据各受益对象实际使用施工机械的台班数进行分配。分配机械作业费的方法主要有台班分配法、预算分配法和作业量法。

【例 13-12】 某施工企业使用自有的起重机与搅拌机进行施工,本月发生的有关费用包括:支付工资 8 000 元;支付电费 15 000 元;领用润滑油 3 600 元;计提折旧 10 000 元;支付修理费 6 000 元;领用替换工具及部件 800 元。根据上述业务可做如下会计分录:

借:机械作业——砂浆搅拌机　　　　　　　　　　　　　　　　43 400
　　贷:应付职工薪酬——职工工资　　　　　　　　　　　　　　　8 000
　　　　周转材料——润滑油　　　　　　　　　　　　　　　　　　3 600
　　　　　　　　——机械配件　　　　　　　　　　　　　　　　　　800
　　　　累计折旧　　　　　　　　　　　　　　　　　　　　　　10 000
　　　　银行存款　　　　　　　　　　　　　　　　　　　　　　21 000

同时,财会部门应根据有关凭证登记"机械作业明细账"。

每月月末,财会部门应根据"机械作业明细账"和"机械使用月报"等资料,编制"机械使用费分配表"。如表 13-5 所示。

表 13-5　机械使用费分配表

20××年 10 月

单位名称:第一施工队　　　　　　　　　　　　　　　　　　　金额单位:元

工程名称	起重机		搅拌机		其他机械		合计
	每台班成本 3 000 元		每立方米成本 217 元		分配率 1.5(元/台)		
	台班	金额	搅拌量(m³)	金额	定额成本	金额	
A01 工程	10	30 000	120	26 040	5 000	7 500	63 540
B02 工程	7	21 000	80	17 360	3 000	4 500	42 860
合　计	17	51 000	200	43 400	8 000	12 000	106 400

计算过程及账务处理如下:

1) 起重机每台班成本=51 000÷17=3 000(元)

2) 搅拌机每立方米搅拌量成本=43 400÷200=217(元)

3) 其他机械分配率=12 000÷8 000=1.5(元/台)

根据表 13-5 可做如下会计分录:

借:工程施工——A01 工程　　　　　　　　　　　　　　　　　63 540
　　　　　　——B02 工程　　　　　　　　　　　　　　　　　42 860
　　贷:机械作业——起重机　　　　　　　　　　　　　　　　51 000
　　　　　　　　——搅拌机　　　　　　　　　　　　　　　　43 400
　　　　　　　　——其他机械　　　　　　　　　　　　　　　12 000

▶ 4. 其他直接费用的分配

工程成本中的其他直接费,是指不包括在上述人工费、材料费、机械使用费等项目中的现场施工直接耗用的水、电、风、气等费用以及因场地狭小等特殊情况而发生的材料二次搬运费等。

在实际工作中，施工企业所需要的水、电、风、气等或者由外单位供应，或者由本单位内部不实行独立核算的辅助生产车间供应，在会计核算上，由于供应方式的不同而采取不同的方法。

(1) 对于外单位供应的水、电、风、气等，可根据供应单位提供的结算账单所列价款计算；若这项费用由工程及管理部门共同耗用，则需要在两者之间进行分配，然后对于工程耗用的部分，能直接计入各工程成本计算对象的，均直接计入，不能直接计入的，可采用一定的分配标准计入各工程成本计算对象。其账务处理为

借：工程施工——其他直接费
　　管理费用
　贷：银行存款

(2) 对于企业内部辅助生产单位供应的水、电、风、气等，应专门设置"辅助生产"账户进行核算，费用发生时应如实计入该账户的借方，月末再按一定的方法将费用结转到有关工程成本或管理费用中去。其账务处理如下：

借：工程施工——其他直接费
　　管理费用
　贷：辅助生产

▶ 5. 间接费用的归集和分配

在施工企业中，应在"工程施工"账户下面设置"间接费用"明细账以进行有关费用的核算。为了详细地反映间接费用的发生情况，通常还应设立多栏式的"间接费用明细账"，按各费用项目分设专栏进行登记。

当间接费用发生时，其账务处理为

借：工程施工——间接费用
　贷：库存材料
　　　周转材料
　　　材料成本差异
　　　应付职工薪酬
　　　累计折旧等

期末，对分配到各项工程成本的间接费用，应自"工程施工——间接费用"科目的贷方转入"工程施工"科目的借方，并计入各项工程成本的间接费用项目。其账务处理为

借：工程施工——××工程(间接费用)
　贷：工程施工——间接费用

▶ 6. 已完工实际成本的计算

作为成本计算对象的单位工程全部完工后，称为竣工工程。尚未竣工但已完成预算定额规定的一定组成部分的工程，称为已完工程；尚未完工的工程，称为未完施工工程。

建筑安装工程的施工周期较长，因此在实际工作中一般不能等到整个工程竣工以后才计算其成本，而必须按月(或按季)及时地计算已完工程的成本，以便及时了解施工企业的成本耗费，分析和考核施工工程预算的执行情况。

由于建筑安装施工是一个连续不断的过程,因而施工企业的成本计算期与生产周期往往不一致。在报告期末,在施工现场一般既有"已完工程",又有"未完施工"。在这种情况下,按成本计算对象所归集的施工费用还必须在这两者之间进行再次分配。

已完工程实际成本一般按下列公式计算:

本期已完工程实际成本＝期初未完施工成本＋本期施工费用－期末未完施工成本

从上列公式可知,计算已完工程实际成本的关键是月末未完施工成本的确定。在实际工作中,为了简化核算手续,一般都把未完施工的预算成本当作其实际成本。月末未完施工预算成本的计算方法主要有以下两种方法:

(1) 估价法:具体步骤是将预算单价按分部分项工程内各个工序(可适当归并为扩大工序)的比重,确定各工序的单价;然后,将经过实地盘点所确定的未完施工各已完工序的数量乘以各工序的单价,便可求出期末未完施工的预算成本。

计算公式:

期末未完施工预算成本＝未完施工的已完工序数量×工序预算单价

(2) 估量法:具体步骤是将已确定的未完施工各已完工序的数量按完成分部分项工程的程度折合为已完工程数量;然后,将这个折合量乘以分部分项工程的预算单价,便可求出期末未完施工预算成本。

计算公式:

期末未完施工预算成本＝未完施工已完工序盘点数量×各工序折合率×分部分项工程预算单价

月末,财会部门应将已完工程实际成本进行结转,借记"工程成本结算"账户,贷记"工程施工"账户。

【例13-13】 某单位工程由甲、乙两个分部工程组成,甲分部工程的预算成本为500 000元,乙分部工程的预算成本为700 000元。本月甲分部工程尚未完工,施工进度为60%,乙分部工程已经完工。该单位工程月初未完施工工程实际成本月施工耗费共计870 000元。则甲分部工程尚未完工的工程成本计算如下:

月末未完施工工程成本＝500 000×60%×[870 000÷(500 000×60%＋700 000)]＝300 000×87%＝261 000(元)

本月已完施工工程成本＝870 000－261 000＝609 000(元)

其账务处理为

借:工程结算成本——甲分部工程　　　　　　　　　　　　　　　609 000
　　贷:工程施工——甲分部工程　　　　　　　　　　　　　　　　609 000

▶ 7. 竣工工程成本计算

工程竣工后,在正确计算竣工工程的实际成本和预算单价的基础上,为了反映工程预算的执行情况,分析工程成本的升降原因,并为同类工程积累成本资料,施工企业应及时办理单位工程竣工成本的决算,竣工工程成本决算是通过编制竣工工程成本决算表进行的。竣工工程成本决算表的格式如表13-6所示。

表 13-6 竣工工程成本决算表

建设单位：　　　建筑面积：　　　工程编号名称：　　　工程报价：
工程结构：　　　竣工日期：　　开工日期：　　　层数：　　楼高：　　　金额单位：元

项目	预算成本	实际成本	降低额	降低率(%)
材料费				
人工费				
机械使用费				
其他直接费				
直接费小计				
间接费用				
工程成本合计				

补充材料：　　　　　　　　　制表：　　　　　　　　编制日期：

第三节　旅游餐饮服务企业成本核算

旅游、饮食服务企业会计是企业会计的一个分支，是企业管理的重要组成部分。它以货币为计量单位，采用专门方法，收集处理经济信息，对经济活动进行组织、控制、调节和指导，是谋求优化经济效益的一种管理活动。

一、旅游、饮食服务企业会计的核算范围

（1）从产业结构方面看，旅游、饮食服务都属于第三产业，具体包括旅游业、饮食业和服务业。

旅游业是国民经济的一个重要部门。它凭借旅游资源，以旅游设施为条件，为人们的旅游游览服务，是一个资金周转快、换汇成本低的行业。

饮食业是利用一定的设施，通过职工的烹饪技术，将主、副原材料加工为菜肴或食品，同时提供消费设施、场所和服务，满足消费者的需要，直接为消费者服务。

服务业是利用企业的场所和设施，如职工提供的服务和具有特殊技术的劳动，达到满足消费者住宿、卫生美容、精神文化生活及衣着等方面的需要，直接为消费者服务。

（2）从会计核算方面看，《旅游、饮食服务企业会计制度》规定，旅游、饮食服务企业包括旅行社、饭店(宾馆、酒店)、度假村、游乐场、歌舞厅、餐馆、酒楼、旅店、理发、浴池、照相馆、洗染、修理、咨询等各类服务企业。不在《旅游、饮食服务企业会计制度》中核算的服务企业有旅游车船公司、旅游商贸公司等。

二、旅游、饮食服务企业会计的特点

企业会计的特点是由会计对象决定的，旅游、饮食服务企业的经营特征决定其会计核

算的特点。由于旅游、饮食服务企业属于第三产业,总体而言,其经营特点表现为以服务为中心,辅之以生产和商品流通,直接为消费者服务。与工业企业和商品流通企业相比,在会计核算上表现为以下特点:

1. 核算方法不同

旅游企业和饮食企业都执行生产、零售和服务三种职能,在会计核算上就必须分不同业务结合工业企业、流通企业的会计核算方法进行核算。例如,旅游活动,它是一种新型高级的综合消费,相应的旅游企业则是一种新兴的综合性的社会服务企业。为了满足旅游者食、住、行、游、买多方面的消费,旅游业的经营涉及旅行社、旅游饭店、旅游商场、旅游娱乐场,以及各种旅游服务企业,也涉及民航、铁路、文物、园艺、工艺美术等部门和行业。因此,许多旅游企业兼有生产、销售和服务职能。饮食业在业务经营过程中,同样执行生产、零售和服务三种职能:一方面从事菜肴和食品的烹制,另一方面将烹制品直接供应消费者;另外在供应过程中,为消费者提供消费场所、用具和服务活动。此外,饮食制品的质量标准和技艺要求复杂,在会计核算上也很难像工业企业那样,按产品逐次逐件进行完整的成本计算,一般只能核算经营单位或经营种类耗用原材料的总成本,以及营业收入和各项费用支出。

2. 收入和费用分布结构不同

以服务业为例,服务业通常由专门从业人员提供带有技艺性的劳动,以及运用与之相适应的设备和工具作为主要服务内容。在会计核算上,需反映按规定收费标准所得的营业收入,服务过程中开支的各项费用和加工过程中耗用的原材料成本。

3. 自制商品与外购商品分别核算

为了分别掌握自制商品和外购商品的经营成果,加强对自制产品的核算与管理,经营外购商品销售业务的企业,还要对自制商品和外购商品分开进行核算。

4. 涉外性

涉外性主要是指旅游企业和大饭店。例如旅游企业的接待工作,主要有三种类型:组织国内旅游者在国内进行旅游活动,组织国内旅游者出国进行游览活动,接待国外旅游者到国内进行游览活动。后两种类型的业务活动,都是涉外性质业务。因此,在会计核算中,具有关于按照外汇管理条例和外汇兑换券管理办法办理外汇存入、转出和结算的业务。涉及外汇业务,应采用复币记账,反映原币和本币,计算汇兑损益和换汇成本。

三、旅游、饮食服务企业营业成本的内容

营业成本是指企业在经营过程中发生的各项直接支出,包括直接材料耗费、代收代付费用、商品销售成本和其他成本等四项。直接工资列作期间费用。

1. 直接材料耗费

旅游宾馆、饭店的餐馆部等经营过程中的直接材料耗费,主要包括:餐厅、酒吧、咖啡厅等部门在经营中耗用的各种食品原材料、饮料、调料、配料等;浴池、餐馆等在经营中作为主要支出的燃料;出租汽车经营中发生燃料费、材料费;洗染、修理等企业直接耗

用的原材料和辅助材料等。

▶ 2. 代收代付费用

代收代付费用主要包括为旅游者支付的房费、餐费、交通费、文娱费、行李托运费、票务费、门票费、专业活动费、签证费、陪同费、劳务费、宣传费、保险费、机场费等。

▶ 3. 商品销售成本

商品销售成本，是销售商品的采购成本。销售商品的采购成本分为国内购进商品采购成本和国外购进商品采购成本。

▶ 4. 其他成本

其他成本是指除上述项目以外的其他直接支出，如企业出售无形资产、出售材料等的实际成本。

四、旅游企业营业成本的核算

旅游经营业务是指旅行社组织旅游者外出旅游并同时为之提供餐饮、住宿、交通、导游等服务。

（一）旅游业营业成本的内容

旅游业务营业成本的内容包括综合服务成本、零星服务成本、劳务成本、组团外联成本、票务成本、地游及加项成本和其他服务成本。

（1）综合服务成本，是指接待由组团社组织的包价旅游团，按规定开支的住宿费、餐饮费、交通费、组团费和接团费等。

（2）零星服务成本，是指接待零星散客、委托代办事项等，按规定开支的委托费、手续费、导游接送费、车费、托运服务费及其他支出。

（3）劳务成本，是指非组团旅行社为组团社派出的翻译人员、导游人员或聘请兼职导游人员参加全程陪同，按规定开支的各项费用。

（4）组团外联成本，是指各组团社组织的外联团接待包价旅游团体或个人，按规定开支的住宿费、餐饮费、综合服务费和国内城市间交通费等。

（5）票务成本，是指各地旅行社办理代售国际联运客票和国内客票等，按规定开支的各项订票手续费、退票损失等。

（6）地游及加项成本，是指各地旅行社接待的小包价旅游，或游客要求增加游览项目和风味餐等而按规定开支的一些费用。

（7）其他服务成本，是指不属于以上各项的其他服务费用。

（二）旅游业营业成本的核算

企业的营业成本应当与其营业收入相互配比。当月实现的销售收入，应当与其相关的营业成本同时登记入账。旅行社营业成本的核算，是通过"主营业务成本"账户进行的，其明细账核算可根据营业成本的内容来设置。

结转营业成本时，借记"主营业务成本"科目，贷记"原材料""库存商品""应付账款""银行存款"等科目。期末，应将"主营业务成本"科目余额转入"本年利润"科目。结转后本科目应无余额。"主营业务成本"科目的明细账应与"主营业务收入"科目的明细账设置相对应。

▶ 1. 组团社营业成本的核算

组团社向接团社的拨款,是组团社的营业成本支出。一般情况下,组团社是先收费后接待,接团社则是先接待后向组团社收费,这样,两者之间就形成了一个结算期。这种结算期经常是跨月份甚至几个月,这给旅行社准确、及时地核算带来了困难。为了实现营业收入能与营业成本相互配比的原则,应按计划成本先行结转。

【例13-14】甲组团社收到乙接团社提供的"旅行团费用拨款结算通知单"时,其收费项目分别为:综合服务费28 000元,全程陪同劳务费7 800元,地游及加项费3 600元和其他费用1 200元。经审核与收费标准相符,当即以转账支票付清全部费用40 600元。

其账务处理如下:

借:主营业务成本——综合服务成本　　　　　　　　　　　　　　　　28 000
　　　　　　　　——劳务成本　　　　　　　　　　　　　　　　　　　7 800
　　　　　　　　——地游及加项成本　　　　　　　　　　　　　　　　3 600
　　　　　　　　——其他成本　　　　　　　　　　　　　　　　　　　1 200
　　贷:银行存款　　　　　　　　　　　　　　　　　　　　　　　　　40 600

当组团社与接团社之间发生旅游服务费用拖欠时,贷方应通过"应付账款"账户核算。

▶ 2. 接团社营业成本的核算

接团社营业成本是指为了给旅行团提供服务而发生的餐费、房费、交通费、门票费等。这些支出是接团社支付给各种接待单位的。

【例13-15】甲旅行社11月12日发生的经营业务有:通过银行支付各接待单位的有关费用共计45 000元;应付给凯旋饭店的房费、餐费共23 000元;接到了饭店结算单,以银行存款支付房费、餐费24 000元。

(1) 支付相关单位费用时:

借:主营业务成本　　　　　　　　　　　　　　　　　　　　　　　　45 000
　　贷:银行存款(应付账款)　　　　　　　　　　　　　　　　　　　45 000

(2) 月末结账时按预计数结转(依据费用预算表):

借:主营业务成本　　　　　　　　　　　　　　　　　　　　　　　　23 000
　　贷:应付账款——凯旋饭店　　　　　　　　　　　　　　　　　　 23 000

(3) 实际结算上述费用时(依据费用结算单、付款凭证),如果实际支付数大于预计数时,则根据差额借记"主营业务成本";如果实际支付数小于预计数时,则应根据差额贷记"主营业务成本"。

支付B饭店房费、餐费时:

借:主营业务成本　　　　　　　　　　　　　　　　　　　　　　　　 1 000
　　应付账款——饭店　　　　　　　　　　　　　　　　　　　　　　23 000
　　贷:银行存款　　　　　　　　　　　　　　　　　　　　　　　　24 000

五、饮食企业营业成本的核算

饮食企业是把自己加工、烹制的餐饮品直接出售给消费者,如各种类型的酒家、餐厅、饭馆、冷饮店等。

(一) 饮食企业营业成本的内容

饮食企业在服务经营过程中发生的营业成本是餐饮部门加工烹制主副食品的生产费用和销售费用的总和,包括:自制产品的主料、配料、调料;销售的外购酒水、饮料、香烟等的进价成本;机器设备和人工的费用等。

饮食企业的经营特点表现为以服务为中心,辅之以生产和商品流通,直接为消费者服务,决定了饮食企业会计核算特点:

(1) 核算对象多样性。如饮食企业除了经营餐饮业务外,还开展娱乐、售货等其他业务。

(2) 成本核算特殊性。饮食业在业务经营过程中,同样执行生产、零售和服务三种职能,即一方面从事菜肴和食品的烹制;另一方面将烹制品直接供应消费者;同时在供应过程中还为消费者提供消费场所、用具和服务活动。

(3) 饮食制品的质量标准和技艺要求复杂。在会计核算上也很难像制造业那样,按产品逐次逐件进行完整的成本计算,一般只能核算经营单位或经营种类耗用原材料的总成本,以及营业收入和各项费用支出。

(二) 饮食企业饮食制品成本的核算

现行会计制度规定:饮食制品成本只核算其原材料成本和燃料成本,原料主要包括主料、配料和调料,即主料、配料、调料和燃料构成餐饮制品成本的四要素。饮食制品加工过程中耗费的人工费、固定资产折旧费、水电费等生产过程中所耗费的其他成本等不计入成本,而是分别计入销售费用或管理费用中。

根据饮食企业规模和管理方式,饮食制品成本核算方法有两种(只核算每个月的总成本,不核算单位成本)。

▶ 1. 永续盘存制

此方法下所有入库的原材料要填制入库单,所有发出的原材料也均需要填制领料单,并根据相关单据借记"主营业务成本",贷记"原材料"。采用该方法时,为了核对存货账面记录,加强对存货的管理,企业应视具体情况对其存货进行定期或不定期的清查,并编制原材料、在制品和成品盘存表,对于发出的原材料在制作过程没有用完的部分,需要办理假退料手续,及时调整营业成本,借记"主营业务成本"(红字),贷记"原材料"(红字)。调整后的"主营业务成本"账户本期借方发生额合计数,即为本月耗用原材料总成本。下月初,再将假退料数额原数冲回,借记"主营业务成本",贷记"原材料"。

【例13-16】某餐厅采用领料制核算成本,8月份的原材料发出汇总如表13-7所示。

表 13-7 8月份原材料发出汇总表

品名	数量(kg)	单价(元/kg)	金额(元)	备注
大米	4 000	2.00	8 000	
精面粉	2 000	1.20	2 400	
色拉油	600	20.00	12 000	
时令蔬菜	1 600	5.00	8 000	
鲜肉	1 000	10.00	10 000	
合计			40 400	

根据原材料发出汇总表编制领用原材料，其账务处理如下：

借：主营业务成本　　　　　　　　　　　　　　　　40 400
　　贷：原材料——主料——大米　　　　　　　　　　8 000
　　　　　　　　　　——精面粉　　　　　　　　　　2 400
　　　　　　　　　　——色拉油　　　　　　　　　 12 000
　　　　　　　　　　——时令蔬菜　　　　　　　　　8 000
　　　　　　　　　　——鲜肉　　　　　　　　　　 10 000

月末，对操作间实地盘点编制的原材料盘存表如表13-8所示：

表 13-8 原材料盘存表

品名	数量(kg)	单价(元/kg)	金额(元)	备注
大米	1 000	2.00	2 000	
精面粉	500	1.20	600	
色拉油	100	20.00	2 000	
时令蔬菜	60	5.00	300	
鲜肉	100	10.00	1 000	
合计			5 900	

根据表13-8编制原材料的假退料会计分录：

借：主营业务成本　　　　　　　　　　　　　　　　5 900
　　贷：原材料　　　　　　　　　　　　　　　　　 5 900

下月初，将假退料冲回，会计处理如下：

借：主营业务成本　　　　　　　　　　　　　　　　5 900
　　贷：原材料　　　　　　　　　　　　　　　　　 5 900

为了简化核算手续，月末也可不办理假退料手续，按以下公式计算本月耗用原材料总成本。

本月耗用原材料成本＝月初原材料结存额＋本月原材料领用额－月末原材料盘存额

对月末盘存的在制品和未售出的成品中所含原材料数量,可按配料定额折合计算。

永续盘存制核算手续完备,各环节责任明确,但日常核算手续烦琐、工作量大,月末要组织人员盘点。

▶ 2. 实地盘存制

实地盘存制,是指会计期末通过对全部存货进行实地盘点确定期末存货的数量,再根据存货的单价,计算出期末存货的成本,并据以倒挤出本期耗用或已销存货成本的一种存货盘存方法。

此法下购进的原材料计入"原材料",平时领用时,只办理领料手续,会计上不做账务处理,采用倒挤法计算本月耗用原材料的总成本,计算公式如下:

本月耗用原材料成本＝月初原材料结存额＋本月购进原材料额－月末原材料结存额

月末根据倒挤出的原材料总成本,借记"主营业务成本",贷记"原材料"。

此方法优缺点:优点是平时核算工作量小,缺点是不利于管理。适用于规模小的餐饮企业。

第四节 运输企业成本核算

一、交通运输企业概述

交通运输企业是指运用交通工具使旅客或货物发生空间移动的生产经营单位。按照运输方式可分为:铁路运输、公路运输、水路运输、航空运输、管道运输等所有交通运输企业。它把社会生产、分配、交换与消费等各个环节有机地联系起来,是社会生产过程在流通领域的继续,是连接社会生产领域或消费领域的桥梁与纽带,是一个不创造新的实物形态产品的特殊物质生产部门。

(一)交通运输企业生产经营特点

与工商企业相比,运输企业的生产经营过程具有较显著的特点,主要表现在:

(1)产品是为旅客和货物提供位置转移的服务,不产生新的实物形态的产品。

(2)产品的生产过程和消费过程同时进行,当运输过程结束时,满足了运输对象的要求,也就完成了其消费过程。

(3)生产过程具有流动性、分散性。运输生产过程始终在一个广阔的空间内不断流动,且活动范围很分散,既有长途运输又有短途运输;既能国内跨省运输也可跨国运输。

(4)各种运输方式之间可替代性较强。铁路、公路、水路、航空等各种运输方式具有不同的特点和优势,具有明显的可替代性。

(5)结算工作量大。由于它的地点分散、流动性强、横向跨度大,所以产生大量的国内、国际的结算工作。

(二)交通运输企业成本核算的特点

与运输企业的上述生产经营特点相适应,它们在成本核算方面也存在着如下几个特点：

▶ 1. 成本计算对象的多样性

运输企业营运过程的直接结果是转移客货的空间位置以及与此相关的业务，不存在对生产对象的直接加工、生产出各种具体产品。因此，被运输对象不同分别计算成本。运输企业的成本计算对象可以概括为：

（1）运输企业的成本计算对象是其经营的各类业务，以及构成各类业务的具体业务项目。运输企业的营运业务主要有：运输业务、装卸业务、港务管理业务、堆存业务以及机场服务业务等，其中运输业务是主要业务。

（2）以运输企业的运输工具及设备作为成本计算对象。由于厂牌、型号、吨位不同，以及运行线路、航次等不同，对成本水平会产生较大影响。为了加强成本管理，寻求降低成本的途径，除以前述各类业务作为成本计算对象外，还要以运输工具及其运行情况等作为成本计算对象，这是运输企业成本计算对象上的特点。

▶ 2. 营运成本与应计入本期营业成本的费用一致，不存在在产品成本

运输企业由于营运过程和销售过程同时进行，不存在期初、期末在产品，也不存在独立的销售过程，应计入本期营运成本的费用即为本期的营运成本，汇集分配后直接转入当期损益，但运输企业的辅助生产车间生产零配件时，则需计算在产品成本。

▶ 3. 成本计算方法单一

运输企业由于不涉及半成品结转，也就不存在分步骤、分批别计算成本的问题。尽管各运输业务成本计算上存在不同的特点，但共同点都是直接汇集计算各业务的成本。运输企业通常采用制造成本法计算各种运输成本，在计算营运成本时，只归集和分配与营运业务有关的部分，即只将营运过程中所发生的直接燃料费用、直接人工费、材料费用和营运间接费用等分配计入营运成本，而将与营运业务没有直接关系的部分，如管理费用、财务费用等直接计入当期损益。

▶ 4. 成本计算期与会计报告期一致

运输企业与其他行业相比，生产周期相对比较短（除远洋运输外），因此运输企业的成本计算期一般适宜与会计报告期一致，按月进行计算。但对从事远洋运输业务的船舶运输企业，由于其航行距离长，活动范围广，因而往往以航次作为成本计算期。

二、运输企业营运成本的具体内容及其成本账户设置

(一) 运输企业营运成本的具体内容

运输企业的营运成本，是指运输企业在营运生产过程中实际发生的与运输、装卸和其他业务等营运生产直接有关的各项支出。具体内容包括：

▶ 1. 材料费用

材料费用是指企业在营运生产过程中实际消耗的各种燃料、材料、油料、备品、备件、垫隔材料、轮胎、专用工器具、动力照明、周转材料等物质性支出。

▶ 2. 人工费

人工费是指直接从事营运生产活动人员的工资、工资性津贴和补贴、奖金以及职工福

利费支出。

▶ 3. 其他费用

其他费用是指企业在营运生产过程中发生的固定资产折旧费、修理费、租赁费(不包括融资租赁费)、取暖费、水电费、办公费、差旅费、保险费、设计制图费、试验检验费、劳动保护费、港口费、集装箱费、转口费、倒载费、破冰费、旅客接运费、紧急救护费、航道养护费、水路运输管理费、船舶检验费、灯塔费、速遣费、航行国外及港澳地区的船舶发生的吨税和过境税、运河费、行李杂费、车辆牌照检验费、车辆清洗费、过路费、过桥费、过隧道费、过渡费、司机途中宿费、季节性和修理期间的停工损失等支出。

(二)运输企业成本核算账户设置

为了全面地反映和监督运输企业在经营过程中的资金耗费情况,必须设置下列科目进行成本核算：

▶ 1. "运输支出"账户

运输支出账户属于成本类账户,用于核算沿海、内河、远洋和汽车运输企业经营旅客、货物运输业务所发生的各项费用支出。借方登记运输过程中发生的各项费用,贷方登记期末结转到主营业务成本账户的运输成本,结转后该账户月末一般无余额。

该账户可按"客运""货运"设置二级科目。二级账应采用多栏式明细账进行核算,按运输工具类型(如货轮、客货轮、油轮、拖轮、驳船、货车、客车)或单车、单船设立明细账,并按规定的成本项目进行明细核算。远洋运输企业计算航次成本时,还应按航次设立明细账。

▶ 2. "装卸支出"账户

本账户用来核算海、河港口企业和汽车运输企业因经营装卸企业所发生的费用,可以按专业作业区或货种和规定的成本项目进行明细核算。

▶ 3. "堆存支出"账户

核算企业因经营仓库和堆场业务所发生的费用,可以按装卸作业区、仓库、堆场设备种类和规定的成本项目进行明细核算。

▶ 4. "代理业务支出"账户

核算企业各种代理业务所发生的各种费用,应按代理业务的种类和规定的成本项目进行明细核算。

▶ 5. "港务管理支出"账户

核算海河港口企业所发生的各项港务管理支出,应按规定的成本项目进行明细核算。

▶ 6. "其他业务成本"账户

核算企业除营运业务以外的其他业务所发生的各项支出,包括相关的成本、费用、营业税金及附加等。

▶ 7. "辅助营运费用"账户

核算运输、港口企业发生的辅助船舶费用(包括由轮驳公司等部门集中管理的拖轮、驳船、浮吊、供应船、交通船所发生的辅助船舶费用),以及企业辅助生产部门为生产产品和供应劳务(如制造工具备件、修理车船、装卸机械、供应水电气等)所发生的辅助生产费用。借方登记修理车间发生的全部费用,贷方登记期末转入管理费用的辅助营运费用。明细账也应采用多栏式。应按单船(或船舶类型)和辅助生产部门及成本核算对象设置明细账。

▶ 8."营运间接费用"账户

该账户核算汽车运输企业对车辆运输直接进行管理的车站、车队、车场等单位在营运过程中发生的各种不能直接计入成本计算对象的间接费用,包括车站、车队、车场职工薪酬,办公费,水电费,差旅费,劳动保护费,房屋和设备的折旧费等。

该账户借方登记车厂、车站一级发生的各项间接费用,贷方登记分配转入"运输支出"账户的各项间接费用。结转后该账户应无余额。

该账户应按车站、车队、车场设置明细科目进行明细核算,如"营运间接费用——×某车站"营运间接费用明细账也需采用多栏式格式。

▶ 9."船舶固定费用"账户

核算计算航次成本的海洋运输企业为保持船舶适航状态所发生的费用(不包括海洋运输船舶的航次运行费用)。

▶ 10."船舶维护费用"账户

核算有封冰、枯水等非通航期的内河运输企业所发生的、应由通航成本负担的船舶维护费用。

▶ 11."集装箱固定费用"账户

核算运输企业所发生的集装箱固定费用,包括集装箱的保管费、折旧费、修理费、保险费、租费、底盘车费以及其他费用。

注意:集装箱货物费(包括集装箱装卸、绑扎、拆箱、换装、整理等费用)应直接计入"运输支出"。

三、汽车运输企业的成本核算

汽车运输企业是指以汽车运输工具从事运送旅客和货物营运业务的经营单位。其主要经营业务是运输业务,有些汽车运输企业还兼营装卸和车辆维修等业务。汽车运输企业在我国的交通运输企业数目中所占的比重是最大的。

(一)汽车运输企业成本计算特点

▶ 1. 成本计算对象

汽车运输企业的成本核算对象是客运业务和货运业务,即以客车和货车为核算对象,分别计算客车或货车完成运输周转量的总成本和单位成本。为了使成本核算资料更加明细,还可以在客运货运下按不同的车型设置明细账进行明细核算,即以车型作为成本核算对象。对于以旅客、货物的综合运输业务为成本计算对象的,还要计算其运输的综合成本。

▶ 2. 成本计算期

汽车运输企业生产周期比较短,一般与会计报告期一致,定期在月末计算成本。

▶ 3. 成本计算单位

客车运输是以载送旅客为主，所以成本计算单位为元/千人公里，货车运输以载运货物为主，所以成本计算单位为元/千吨公里。如果客车附带载运货物或货车临时载客，应将客车附带载运货物完成的周转量和临时载客完成的周转量，按一定的换算比例换算为各自的周转量，并据以核算其单位成本。货物周转量和旅客周转量的换算比例为 1 吨公里＝10 人公里。

▶ 4. 成本项目

公路运输成本项目的设置一般按照其成本构成内容来确定的，如设置车辆直接费用和营运间接费用两个成本项目。

（1）车辆直接费用是指营运车辆从事运输生产所发生的各项费用，该成本项目下设置司机和售票人员的工资及职工福利费、燃料、轮胎、修理费用、车辆折旧费、养路费、公路运输管理费、保险、事故费、税金及其他费用等明细项目。

（2）营运间接费用是指在营运过程中发生的不能直接计入成本计算对象的各种间接费用，在该成本项目下设置水电费、差旅费、办公费、折旧费等明细项目，不包括企业管理部门的管理费用。

（二）汽车运输企业成本费用归集与分配

汽车运输企业的成本核算最主要的是对汽车运输业务中发生的各项要素费用和综合费用进行分配。构成汽车运输成本的要素费用是指在运输生产中直接开支的货币资金以及直接消耗的各项实物资产。要素费用主要包括直接人工费（职工薪酬）、燃料费、固定资产折旧费等。综合费用是指辅助生产部门或汽车运输的直接管理部门发生的各项费用，如辅助营运费用、营运间接费用等。下面将具体介绍汽车运输企业各项要素费用和综合费用的分配。

▶ 1. 职工薪酬费的归集与分配

在职工薪酬中，工资薪酬是在每月末根据职工的出勤（或完成工作量）的情况，并按不同职工的工资标准计算出来的；各项社会保险、住房公积金、工会经费、职工教育经费是按照工资总额的一定比例计提的；至于职工福利，可以根据企业实际情况按工资总额的一定比例计提，年末将计提额与实际开支的差额转入管理费用。但按现行规定作为职工福利核算的范围和金额已经很小，所以企业也可以不进行计提，而是在发生的当期据实进行分配，实报实销，不留余额；非货币性福利也应该在实际发生的当期进行分配，不留余额。

汽车运输企业月末计算出应付职工薪酬应根据职工所属部门和提供劳务的性质不同，分别计入有关成本或费用账户。其中：对司机、司助、乘务人员的各项薪酬直接计入"运输成本"；辅助生产部门人员的各项薪酬计入"辅助营运费用"；车队（车站、车场）管理人员的各项薪酬计入"营运间接费用"；公司管理人员的各项薪酬计入"管理费用"。企业如果设立了销售部门，销售部门人员的薪酬计入"销售费用"。

【例 13-17】 宏通汽车运输公司是一家从事客运和货运业务的运输公司，除企业管理部门外，有一个维修车间和一个车场，车场内分客运和货运两个车队。两个车队由车场统一管理。该公司20××年1月份的职工薪酬分配汇总表如表13-9所示。

表 13-9　应付职工薪酬分配汇总表

20××年1月　　　　　　　　　　　　　　　　　　　　金额单位：元

分配对象	工　资	福　利　费	合　计
直接运输部门	30 000	4 200	34 200
其中：客运	18 000	2 520	20 520
货运	12 000	1 680	13 680
辅助生产部门	24 000	3 360	27 360
车队管理部门	11 000	1 540	12 540
公司管理部门	9 000	1 260	10 260
合计	74 000	10 360	84 360

编制职工薪酬分配汇总表，根据职工薪酬分配汇总表编制会计分录如下：

分配工资时：

借：运输支出——客运　　　　　　　　　　　　　　　　　　　　18 000
　　　　　　——货运　　　　　　　　　　　　　　　　　　　　12 000
　　辅助营运费用　　　　　　　　　　　　　　　　　　　　　　24 000
　　营运间接费用　　　　　　　　　　　　　　　　　　　　　　11 000
　　管理费用　　　　　　　　　　　　　　　　　　　　　　　　 9 000
　　贷：应付职工薪酬——职工工资　　　　　　　　　　　　　　74 000

福利费采用实报实销，其账务处理为：

借：运输支出——客运　　　　　　　　　　　　　　　　　　　　 2 520
　　　　　　——货运　　　　　　　　　　　　　　　　　　　　 1 680
　　辅助营运费用　　　　　　　　　　　　　　　　　　　　　　 3 360
　　营运间接费用　　　　　　　　　　　　　　　　　　　　　　 1 540
　　管理费用　　　　　　　　　　　　　　　　　　　　　　　　 1 260
　　贷：银行存款　　　　　　　　　　　　　　　　　　　　　　10 360

▶ 2. 燃料费用的归集与分配

燃料费用在汽车运输企业的营运成本中占有很大的比重。汽车运输企业对汽车消耗的燃料，有两种不同的管理方法：

(1) 对车存燃料实行满油箱制管理：按这种管理方法，营运车辆在投入运输生产之前，到油库将油箱加满，作为车存燃料。

如果在企业自己的油库加油，作如下会计分录：

借：燃料——车存燃料(汽油或柴油)
　　贷：燃料——库存燃料(汽油或柴油)

如果在外部加油站加油，作如下会计分录：

借：燃料——车存燃料(汽油或柴油)
  贷：银行存款(或应付账款等)

到每月最后一日工作完毕，要求所有车辆将油箱加满。这样除第一次加油作为车存燃料之外，车辆当月的加油数就是当月燃料的实际消耗数。

(2) 对车存燃料实行盘存制管理：这种方法是每月末通过对车存燃料进行实地盘点。然后将本月月初车存燃料数，加上本月加油数，减去月末车存数作为本月消耗数。

确定本月燃料消耗数以后，根据燃料的不同用途，编制燃料费分配表对燃料费进行分配。其中营运车辆耗用的燃料费计入"运输支出"；企业管理部门公务车、内部交通车耗用的计入"管理费用"；车场(车队、车站)管理耗用的计入"营运间接费用"；辅助生产部门耗用的计入"辅助营运费用"。

【例13-18】 宏通汽车运输公司20××年1月份的燃料费用分配汇总表如表13-10所示。

表13-10 燃料费用分配汇总表

20××年1月　　　　　　　　　　　　　金额单位：元

分配对象	汽油	柴油	合计
直接运输部门	240 000	29 000	269 000
其中：客运	160 000	—	160 000
货运	80 000	29 000	109 000
辅助生产部门	3 000	3 400	6 400
车队管理部门	15 000	17 500	32 500
公司管理部门	8 000	9 200	17 200
合计	266 000	59 100	325 100

其账务处理如下：
借：运输支出——客运　　　　　　　　　　　　　　　　160 000
　　　　　　——货运　　　　　　　　　　　　　　　　109 000
　　辅助营运费用　　　　　　　　　　　　　　　　　　　6 400
　　营运间接费用　　　　　　　　　　　　　　　　　　 32 500
　　管理费用　　　　　　　　　　　　　　　　　　　　 17 200
　贷：燃料——汽油　　　　　　　　　　　　　　　　　266 000
　　　　　——柴油　　　　　　　　　　　　　　　　　 59 100

如果车辆远途运输，在外部加油站加油，或者企业不设油库，全部在外部加油站加油。应根据在外部加油的有关原始凭证，借记"运输支出""营运间接费用""管理费用"等科目，贷记"银行存款""应付账款"等科目。

▶ 3. 轮胎费用的分配

汽车轮胎分为内胎和外胎。内胎一般价值较小，领用时应直接计入"运输支出"等账户。外胎的领用或外购时可采用一次摊销法，直接计入"运输支出"等账户，也可以分次摊销。采用按行驶里程分次摊销法，要求企业在月末按照轮胎实际行驶里程和规定的胎公里提取额计算轮胎费用。提取时借记"运输支出"账户，贷记"其他流动负债——预提费用"账户；领用新胎时应借记"其他流动负债——预提费用"账户，贷记"轮胎"账户。

摊销时计算公式如下

千胎公里摊提费(元/千胎公里)
＝(外胎计划价格－计划残值)/新胎到报废行驶公里定额÷1 000

某车型外胎应计摊提费用(元)＝千胎公里摊提费×该车型外胎实际使用胎公里÷1 000

某车型外胎超亏公里程应调整成本差异
＝千胎公里摊提费×该车型报废外胎超亏胎公里÷1 000

【例13-19】 宏通汽车运输公司营运车辆使用的外胎费用和内胎费用采用领用时一次摊销的方法。20××年1月份轮胎领用汇总表如表13-11所示。

表13-11 轮胎领用汇总表

20××年1月　　　　　　　　　　　金额单位：元

领用部门	外　胎	内　胎	合　计
直接运输部门	20 000	5 000	25 000
其中：客运	10 800	2 100	12 900
货运	9 200	2 900	12 100
辅助生产部门	4 000	800	4 800
公司管理部门	2 600	1 200	3 800
合计	26 600	7 000	33 600

根据资料，其账务处理如下：

借：运输支出——客运(轮胎费用)　　　　　　　　　　　　　　　　12 900
　　　　　　——货运(轮胎费用)　　　　　　　　　　　　　　　　12 100
　　辅助营运费用　　　　　　　　　　　　　　　　　　　　　　　 4 800
　　管理费用　　　　　　　　　　　　　　　　　　　　　　　　　 3 800
　　贷：轮胎　　　　　　　　　　　　　　　　　　　　　　　　　　　　33 600

▶ 4. 折旧费的归集与分配

运输车辆一般应采用工作量法计提折旧，也可以按年限平均法或年数总和法或双倍余额递减法计提折旧。相关折旧额计算如下：

(1)年限平均法计提折旧：

某车型营运车月折旧率＝(1－残值率)÷(某车型预计使用年限×12)×100%

某车型营运车月折旧额＝该营运车月初原值×该车型营运车月折旧率

(2)工作量法计提折旧：

某车型营运车千车公里折旧额＝车辆原值－(预计残值－清理费用)/该车型折旧里程

定额÷1 000

某车型营运车月折旧费用＝该车型营运车当月实际行驶千车公里里程×该车型营运车千车公里折旧额

计提折旧时应按照车辆的不同用途分别记入"运输支出"或"管理费用"等科目。对建筑物和其他设备一般可用年限平均法计提折旧，也可以按年数总和法或双倍余额递减法计提折旧。对建筑物和其他设备的折旧应按固定资产的不同使用部门，分别记入"营运间接费用""辅助营运费用"或"管理费用"等账户。

【例13-20】 宏通汽车运输公司20××年1月份编制的固定资产折旧计算表如表13-12所示：

表13-12 固定资产折旧计算表

20××年1月　　　　　　　　　　　　　　　　　　　金额单位：元

营运车辆折旧				其他固定资产折旧			
车辆类别	行驶公里	千公里折旧额	折旧额	使用部门	原值	折旧率	折旧额
客运车辆	220 000	60	13 200	辅助生产	4 000 000	0.5%	20 000
货运车辆	380 000	50	19 000	营运管理	1 100 000	0.5%	5 500
				公司管理	2 250 000	0.5%	11 250
合计	—	—	32 200	合计	7 350 000		36 750

根据固定资产折旧计算表，其账务处理如下：

借：运输支出——客运（折旧费用） 13 200
　　　　　　——货运（折旧费用） 19 000
　　辅助营运费用 20 000
　　营运间接费用 5 500
　　管理费用 11 250
　　贷：累计折旧 68 950

▶ 5. 修理费的归集和分配

营运车辆因维护和修理而领用的各种材料、配件费可以直接计入各分类成本的维修费项目；预提的车辆大修理费用，按照预提大修理费用计算表计入各分类成本维修项目。

(1) 按照使用年限计提：计算公式如下。

某车型营运车月大维修费用预存率＝预计大修理次数×每次大修理费用×100%/(该车型平均原值×预计使用年限×12)

某车型营运车月大维修费用＝预存率×该车原值

(2) 按照实际行驶里程计提：计算公式如下。

某车型营运车千车公里大维修费预提额＝预计大修理次数×每次大修理费用该车型新到报废行驶里程定额÷1 000

某车型营运车月大维修费用提存额＝该车型营运车千车公里大修费用预提额×该车型

营运车当月实际行驶里程÷1 000

按《会计准则应用指南》，车间和管理部门发生的固定资产修理费达不到资本化条件的，应计入"管理费用"。通过修理车间进行固定资产的修理，发生的修理费用先通过辅助营运费用账户进行归集，期末将全部辅助营运费用直接转入管理费用。

【例 13-21】 宏通汽车运输公司 20××年 1 月份车辆修改费用及领用保养维修材料的有关资料如表 13-13 所示。

表 13-13 车辆修理费用分配表

20××年 1 月　　　　　　　　　　　　　　金额单位：元

分配部门	大修理费预提额	保养材料费	保修周转材料消耗	保养维修费用合计
客运	52 000	24 000	7 000	31 000
货运	60 000	22 000	10 000	32 000
辅助车间	7 500	4 600	1 800	6 400
营运管理	15 000	5 200	3 700	8 900
公司管理	275 000	7 800	3 200	11 000
合计	409 500	63 600	25 700	89 300

根据表 13-13，其账务处理如下：

(1) 预提修理费用时：

借：运输支出——客运（修理费）	52 000
——货运（修理费）	60 000
辅助营运费用	7 500
营运间接费用	15 000
管理费用	275 000
贷：其他流动负债——预提费用	409 500

(2) 领用保养维修材料时：

借：运输支出——客运（修理费）	24 000
——货运（修理费）	22 000
辅助营运费用	4 600
营运间接费用	5 200
管理费用	7 800
贷：其他流动负债——预提费用	63 600

(3) 领用周转材料时：

借：运输支出——客运（修理费）	7 000
——货运（修理费）	10 000
辅助营运费用	1 800
营运间接费用	3 700

    管理费用   3 200
      贷：其他流动负债——预提费用   25 700

> 6. 养路费和运输管理费

  按照营运收入的一定比例缴纳养路费和运输管理费的企业，按照车型分别计算，并计入对应的成本项目中。

  按照车辆吨位预先缴纳的企业，应根据实际缴纳的数额分摊计入运输成本的养路费和运输管理费项目中。

  【例 13-22】 宏通汽车运输公司 20××年 1 月份计提的养路费和运输管理费如表 13-14 所示。

表 13-14 养路费和运输管理费计算表

20××年 1 月   金额单位：元

分配对象	营运收入额	养路费		运输管理费		合计
		养路费率	金额	计提率	金额	
客运	500 000	13%	65 000	2%	10 000	75 000
货运	300 000	13%	39 000	2%	6 000	45 000
合计	800 000		104 000		16 000	120 000

  根据资料，其账务处理为：

  借：运输支出——客运（养路费）   65 000
      ——客运（运输管理费）   10 000
      ——货运（养路费）   39 000
      ——货运（运输管理费）   6 000
    贷：其他应付款——应付养路费   104 000
        ——应付运输管理费   16 000

> 7. 车辆保险费

  按照实际支付的投保费用和投保期，按照月份分车型分摊计入各分类成本的车辆保险费项目中。

> 8. 事故处理费

  汽车运输企业在营运过程中发生的行车事故净损失，直接计入各成本计算对象。而向保险公司投保得到的赔偿收入和应由事故对方或过失人承担的部分，不能计入事故费用。

  【例 13-23】 宏通汽车运输公司 20××年 1 月份运货途中发生了一次交通事故，损失金额为 50 000 元，其中保险公司同意赔偿损失 30 000 元，过失人赔偿损失 10 000 元。则相关账务处理为：

  借：运输支出——货运（事故费用）   10 000
    其他应收款——××保险公司   30 000
        ——××过失人   10 000

贷：银行存款　　　　　　　　　　　　　　　　　　　　　　　　　　50 000

▶ 9. 其他费用的归集与分配

汽车运输企业发生的其他费用，如办公费、差旅费、劳动保护费等，应根据有关凭证按其受益对象直接或分配计入营运成本，即按费用的用途分别记入"运输支出""营运间接费用""辅助营运费用""管理费用"等账户中。

（三）汽车运输企业营运成本的计算

通过各项要素费用的归集和分配，汽车运输企业发生的营运费用分别记入了"运输支出""营运间接费用""辅助营运费用""管理费用"等账户中。其中管理费用期末直接转入"本年利润"账户外，"辅助营运费用""营运间接费用"还需要通过分配转入"运输支出"中，然后计算出企业当期的营运成本。计算程序如下：

▶ 1. 辅助营运费用的分配与结转

（1）月末，将辅助营运费用按照不同成本对象进行归集，并编制"辅助营运费用明细账"。

（2）编制"辅助营运费用分配表"，将辅助营运费用按一定分配标准（通常按相关工时）进行分摊。

【例 13-24】 宏通汽车运输公司的辅助生产部门修理车间，20××年1月份发生的辅助营运费用为72 460元（其中上述例13-17到例13-22归集费用分别为：工资24 000元、福利费3 360元、燃料6 400元、轮胎费4 800元、折旧费20 000元、修理费7 500元、保养材料费4 600元、周转材料1 800元）。以修理工时作为分配标准，运输车辆修理总工时为181 150小时。其中，客运车辆修理工时为90 250小时，货运车辆的修理工时为90 900小时。则辅助营运费用的归集与分配计算如下：

辅助营运费用＝27 360＋6 400＋4 800＋20 000＋7 500＋6 400＝72 460（元）

辅助营运费用分配率＝72 460÷181 150＝0.4（元/小时）

客运应负担的辅助营运费用＝90 250×0.4＝36 100（元）

货运应负担的辅助营运费用＝90 900×0.4＝36 360（元）

其账务处理为：

借：运输支出——客运（辅助营运费用）　　　　　　　　　　　　36 100
　　　　　　　——货运（辅助营运费用）　　　　　　　　　　　　36 360
　　贷：辅助营运费用　　　　　　　　　　　　　　　　　　　　　72 460

▶ 2. 营运间接费用的分配与结转

营运间接费用先通过"营运间接费用账户"进行归集。月末，运输企业发生的营运间接费用要按一定的分配标准分配转入"运输支出"账户。营运间接费用的分配，具体的分配方法有，按营运车辆数量比例、按营运车日比例、按直接营运成本比例、按营运收入比例等为标准进行分配。

【例 13-25】 宏通汽车运输公司20××年1月份发生的营运间接费用为74 440元（其中上述例13-17到例13-22归集费用分别为：工资11 000元、福利费1 540元、燃料

32 500元、折旧费 5 500 元、修理费 15 000 元、保养材料费 5 200 元、周转材料 3 700元)。

选用营运车日数作为分配标准,已经公司拥有营运车辆 60 辆,其中客运 40 辆,货运 20 辆,本月营运 30 天。则营运间接费用的归集与分配过程如下:

营运间接费用＝12 540＋32 500＋5 500＋15 000＋8 900＝74 440(元)

客运营运车日数＝40×30＝1 200(天)

货运营运车日数＝20×30＝600(天)

营运间接费用分配率＝74 440÷(1 200＋600)＝41.36(元/天)

客运应负担的营运间接费用＝1 200×41.36＝49 626.67(元)

货运应负担的营运间接费用＝74 440－49 626.67＝24 813.33(元)

其账务处理为:

借:运输支出——客运(营运间接费用)　　　　　　　　　　　　49 626.67
　　　　　　——货运(营运间接费用)　　　　　　　　　　　　24 813.33
　贷:营运间接费用　　　　　　　　　　　　　　　　　　　　　74 440

▶ 3. 营运总成本和单位成本的计算

运输企业成本计算方法比较简单,将各要素费用和营运间接费用分配计入"运输支出"明细账相关项目之后,将明细账各项目金额进行汇总。各明细账中运输费用的合计数就是客运或货运的总成本。用客运或货运的总成本除以客运或货运的周转量,即除以"千人·km"或"千吨·km"就是客运或货运的单位成本。

【例 13-26】 宏通汽车运输公司 20××年 1 月份客运周转量为 26 000 千人·km,货运周转为 2 400 千吨·km。根据上述例 13-16 至例 13-24 资料,计算营运成本过程如下:

本月客运总成本＝18 000(工资)＋2 520(福利费)＋160 000(燃料费)＋12 900(轮胎费)＋13 200(折旧费)＋52 000(修理费)＋24 000(维修材料费)＋7 000(周转材料)＋65 000(养路费)＋10 000(运输管理费)＋36 100(辅助营运费用)＋49 626.67(营运间接费用)＝450 346.67(元)

本月客运单位成本＝450 346.67÷26 000＝17.32[元/(千人·km)]

本月货运总成本＝12 000＋1 680＋109 000＋12 100＋19 000＋60 000＋22 000＋10 000＋45 000＋10 000(事故处理费)＋36 360＋24 813.33＝361 953.33(元)

本月货运单位成本＝361 953.33÷2 400＝150.81[元/(千吨·km)]

客运换算为货运周转量＝客运周转量÷10＝26 000÷10＝2 600(千吨·km)

客、货运综合总成本＝客运总成本＋货运总成本＝450 346.67＋361 953.33＝812 300(元)

客、货运单位成本＝综合总成本/周转总量＝812 300÷(2 600＋2 400)＝162.46[元/(千吨·km)]

根据以上计算,编制汽车运输营运成本计算表,如表 13-15 所示。

表 13-15 汽车运输营运成本计算表

20××年1月　　　　　　　　　　　　　　　　　　金额单位：元

项目	行次	本月实际数			本年累计数		
		客运成本	货运成本	合计	客运成本	货运成本	合计
一、营运直接费用	略	364 620	300 780	665 400			
1. 职工薪酬费		20 520	13 680	34 200			
2. 燃料费		160 000	109 000	269 000			
3. 轮胎费		12 900	12 100	25 000			
4. 折旧费		13 200	19 000	32 200			
5. 修理费		52 000	60 000	112 000			
6. 保修材料费		31 000	32 000	63 000			
7. 养路费及运管		75 000	45 000	120 000			
8. 事故费用			10 000	10 000			
9. 其他费用							
二、辅助营运费用	略	36 100	36 360	72 460			
三、营运间接费用	略	49 626.67	24 813.33	74 440			
四、营运总成本	略	450 346.67	361 953.33	812 300			
周转量		26 000	2 400	5 000（换算）			
五、营运单位成本	略	17.32	150.81	162.46			

第五节　房地产开发企业成本核算

一、房地产开发企业成本核算的概述

房地产开发企业经营活动的主要业务房地产是房产与地产的总称。房地产开发可将土地和房屋合在一起开发，也可将土地和房屋分开开发。房地产开发企业就是从事房地产开发和经营的企业，它既是房地产产品的生产者，又是房地产商品的经营者。

（一）房地产开发企业成本内容

为了加强开发产品成本的管理，降低开发过程耗费的活劳动和物化劳动，提高企业经济效益，必须正确核算开发产品的成本，在各个开发环节控制各项费用支出。

▶ 1. 成本内容及其成本项目

要核算开发产品的成本，必须明确开发产品成本的种类和内容。开发产品成本是指房地产开发企业在开发过程中所发生的各项费用支出。开发产品成本按其用途，可分为如下四类：

(1) 土地开发成本：指房地产开发企业开发土地（即建设场地）所发生的各项费用支出。

(2) 房屋开发成本：指房地产开发企业开发各种房屋（包括商品房、出租房、周转房、代建房等）所发生的各项费用支出。

(3) 配套设施开发成本：指房地产开发企业开发能有偿转让的大配套设施及不能有偿转让、不能直接计入开发产品成本的公共配套设施所发生的各项费用支出。

(4) 代建工程开发成本：指房地产开发企业接受委托单位的委托，代为开发除土地、房屋以外其他工程如市政工程等所发生的各项费用支出。

▶ 2. 期间费用

商品住宅开发期间费用，为管理费用、财务费用、销售费用等与住宅开发项目有关的支出。

(1) 管理费用：指为企业行政管理部门为管理和组织经营活动而发生的各项费用。管理费用按照房地产开发企业财务会计制度核算，并据实列入开发成本。

(2) 财务费用：为开发经营者为筹措资金而发生的各项费用，包括企业经营期间发生的利息净支出、汇兑净损益、调剂外汇手续费、金融机构手续费，以及企业筹资发生的其他财务费用。贷款利息与开发经营者预收购房款发生的存款利息相抵，两者的净值进入商品住宅成本。发生的其他财务费用据实列入。

(3) 销售费用：为开发企业在销售产品或者提供劳务等过程中发生的各项费用，以及专设销售机构的各项费用。销售费用据实列支。

（二）房地产开发企业成本核算特点

▶ 1. 成本计算对象

开发产品成本核算对象是指在开发产品成本的计算中，为了归集和分配开发费用而确定的费用承担者。企业应根据其开发项目的特点及实际情况，按照下列原则，选择成本核算对象：

(1) 一般的开发项目，以每一独立编制的概算或施工图预算所列单项工程为成本核算对象。

(2) 同一开发地点、结构类型相同的群体开发项目，开竣工时间相近、由同一施工单位施工的，可以并为一个成本核算对象。

(3) 对于个别规模较大、工期较长的开发项目，可以结合经济责任制的需要，按开发项目的一定区域和部位，划分成若干个分部开发项目，从而确定成本核算对象。

成本核算对象应在开发项目开工前确定，一经确定就不能随意改变，更不能相互混淆。

▶ 2. 成本计算期

房地产开发企业的开发产品的成本核算期，一般与开发产品成本的开发周期一致。

▶ 3. 成本项目

(1) 土地征用及拆迁补偿费或批租地价：指因开发房地产而征用土地所发生的各项费

用,包括征地费、安置费以及原有建筑物的拆迁补偿费,或采用批租方式取得土地的批租地价。

(2)前期工程费:指土地、房屋开发前发生的规划、设计、可行性研究以及水文地质勘查、测绘、场地平整等费用。

(3)基础设施费:指土地、房屋开发过程中发生的供水、供电、供气、排污、排洪、通信、照明、绿化、环卫设施以及道路等基础设施费用。

(4)建筑安装工程费:指土地房屋开发项目在开发过程中按建筑安装工程施工图施工所发生的各项建筑安装工程费和设备费。

(5)配套设施费:指在开发小区内发生,可计入土地、房屋开发成本的不能有偿转让的公共配套设施费用,如锅炉房、水塔、居委会、派出所、幼儿园、消防、自行车棚、公厕等设施支出。

(6)开发间接费:指房地产开发企业内部独立核算单位及开发现场为开发房地产而发生的各项间接费用,包括现场管理机构人员工资、福利费、折旧费、修理费、办公费、水电费、劳动保护费、周转房摊销等。

二、房地产开发企业的成本核算

(一)成本核算账户设置

▶ 1."开发成本"账户

本账户核算房地产开发企业在土地、房屋、配套设施和代建工程的开发过程中所发生的各项费用。本账户借方登记企业开发过程中所发生的各项费用,贷方登记开发完成已竣工验收的开发产品的实际成本。借方余额反映尚未竣工开发项目的实际成本。本账户应按开发成本的种类,如"土地开发""房屋开发""配套设施开发"和"代建工程开发"等设置二级明细账户,并在二级明细账户下,按成本核算对象进行明细核算。

▶ 2."开发间接费用"账户

本账户核算房地产开发企业内部独立核算单位为开发产品而发生的各项间接费用,包括工资、福利费、折旧费、修理费、办公费、水电费、劳动保护费、周转房摊销等。本账户借方登记企业内部独立核算单位为开发产品而发生的各项间接费用,贷方登记分配计入开发成本各成本核算对象的开发间接费用。月末本账户无余额。本账户应按企业内部不同的单位、部门(分公司)设置明细账户。

(二)成本核算程序

开发产品成本核算程序是指房地产开发企业核算开发产品成本时应遵循的步骤和顺序。其一般程序是:

▶ 1.归集开发产品费用

(1)在项目开发中发生的各项直接开发费用,直接计入各成本核算对象,即借记"开发成本"总分类账户和明细分类账户,贷记"原材料""应付职工薪酬"等有关账户。

(2)为项目开发服务所发生的各项开发间接费用,可先归集在"开发间接费用"账户,即借记"开发间接费用"总分类账户和明细分类账户,贷记有关账户。

(3) 将"开发间接费用"账户归集的开发间接费,按一定的方法分配计入各开发成本核算对象,即借记"开发成本"总分类账户和明细账户,贷记"开发间接费用"账户。

通过上述程序,将应计入各成本核算对象的开发费用,归集在"开发成本"总分类账户和明细分类账户之中。

▶ 2. 计算并结转已完开发产品实际成本

计算已完开发项目从筹建至竣工验收的全部开发成本,并将其结转进入"开发产品"账户,即借记"开发产品"账户,贷记"开发成本"账户。

▶ 3. 按已完开发产品的实际功能和去向,将开发产品实际成本结转进入有关账户

借记"经营成本""分期收款开发产品""出租开发产品""周转房"等账户,贷记"开发产品"账户。

(三) 成本计算方法

▶ 1. 土地开发成本计算

土地开发成本是指房地产开发企业开发土地(即建设场地)所发生的各种费用支出。

(1) 土地开发成本核算对象的确定:为了既有利于土地开发支出的归集,又有利于土地开发成本的结转,对需要单独核算土地开发成本的开发项目,可按下列原则确定土地开发成本的核算对象:

对开发面积不大、开发工期较短的土地,可以每一块独立的开发项目为成本核算对象;

对开发面积较大、开发工期较长、分区域开发的土地,可以一定区域作为土地开发成本核算对象。成本核算对象应在开工之前确定,一经确定就不能随意改变,更不能相互混淆。

(2) 账户设置:企业在土地开发过程中所发生的各项费用支出,除能直接计入房屋开发成本的自用土地开发支出在"开发成本——房屋开发"账户核算外,其他土地开发支出均应通过"开发成本——土地开发"账户核算。分别按照"自用土地开发""商品性土地开发"等设置二级明细账户,按企业选择的成本核算对象设置账页,进行土地开发费用的明细核算。

(3) 成本核算举例:见【例 13-27】。

【例 13-27】 高胜房地产开发企业开发甲地(商品性用地)和乙地(自用土地),开发面积分别为 700km^2 和 800km^2。开发期发生土地征地拆迁费 6 000 万元,其中甲地 4 000 万元,乙地 2 000 万元;发生规划设计费 2 万元,其中甲地 1 万元,乙地 1 万元;发生基础设施费 80 万元,其中甲地 50 万元,乙地 30 万元;另外,甲、乙两地发生间接费用 182.46 万元。间接费用以直接费用为基础分配。则分配过程如表 13-16 所示。

表 13-16　间接费用分配表

20××年8月　　　　　　　　　　　　　　　　金额单位：万元

分配对象	直接费用	分配表	分配金额
甲地	4 051	0.03	121.53
乙地	2 031	0.03	60.93
合计	6 082		182.46

土地开发成本核算过程如表 13-17 所示。

表 13-17　土地开发成本核算表

20××年8月　　　　　　　　　　　　　　　　金额单位：万元

成本核算对象	直接费用						间接费	合计
	土地征用费	前期工程费	建安工程费	基础设施费	公共配套设施费	小计		
甲地	4 000	1	—	50	—	4 051	121.53	4 172.53
乙地	2 000	1	—	30	—	2 031	60.93	2 091.93
合计	6 000	2	—	80	—	6 082	182.46	6 264.46

其账务处理如下：

则在用银行存款支付征地拆迁费时，应做会计分录如下：

借：开发成本——商品性土地开发成本　　　　　　　　　　　　40 000 000
　　　　　　——自用土地开发成本　　　　　　　　　　　　　20 000 000
　　贷：银行存款　　　　　　　　　　　　　　　　　　　　　60 000 000

用银行存款支付设计单位前期工程款时，应做会计分录如下：

借：开发成本——商品性土地开发成本　　　　　　　　　　　　10 000
　　　　　　——自用土地开发成本　　　　　　　　　　　　　10 000
　　贷：银行存款　　　　　　　　　　　　　　　　　　　　　20 000

将应付施工企业基础设施工程款入账时，应做会计分录如下：

借：开发成本——商品性土地开发成本　　　　　　　　　　　　500 000
　　　　　　——自用土地开发成本　　　　　　　　　　　　　300 000
　　贷：应付账款——应付工程款　　　　　　　　　　　　　　800 000

分配开发间接费用时，应做会计分录如下：

借：开发成本——商品性土地开发成本　　　　　　　　　　　　1 215 300
　　　　　　——自用土地开发成本　　　　　　　　　　　　　609 300
　　贷：开发间接费用　　　　　　　　　　　　　　　　　　　1 824 600

同时应将各项土地开发支出分别记入商品性土地开发成本、自用土地开发成本明细分类账。

已完土地开发成本的结转，应根据已完成开发土地的用途，采用不同的成本结转方法。为转让、出租而开发的商品性土地，在开发完成并经验收后，应将其实际成本自"开发成本——商品性土地开发成本"账户的贷方转入"开发产品——土地"账户的借方。

假如上述开发企业商品性土地经开发完成并验收，加上以前月份开发支出共70 000 000元，应做如下分录入账：

借：开发产品——土地　　　　　　　　　　　　　　　　　　70 000 000
　贷：开发成本——商品性土地开发成本　　　　　　　　　　70 000 000

▶ 2. 房屋开发成本计算

开发企业开发的房屋，按其用途可分为如下几类：一是为销售而开发的商品房；二是为出租经营而开发的出租房；三是为安置被拆迁居民周转使用而开发的周转房。此外，有的开发企业还受其他单位的委托，代为开发如职工住宅等代建房。这些房屋，虽然用途不同，但其所发生的开发费用的性质和用途，都大体相同，在成本核算上也可采用相同的方法。

（1）土地开发成本核算对象的确定：企业在房屋开发过程中发生的各项支出，应按房屋成本核算对象和成本项目进行归集。房屋的成本核算对象，应结合开发地点、用途、结构、装修、层高、施工队伍等因素加以确定。

一般房屋开发项目，以每一独立编制设计概（预）算，或每一独立的施工队伍预算所列的单项开发工程为成本核算对象。

同一开发地点，结构类型相同的群体开发项目，开竣工时间相近，同一施工队伍施工的，可以合并为一个成本核算对象，于开发完成算得实际开发成本后，再按各个单项工程概预算数的比例，计算各幢房屋的开发成本。

对于个别规模较大、工期较长的房屋开发项目，可以结合经济责任制的需要，按房屋开发项目的部位划分成本核算对象。

（2）账户设置：为了既能总括反映房屋开发所发生的支出，又能分门别类地反映企业各类房屋的开发支出，并便于计算开发成本，在会计上除设置"开发成本——房屋开发成本"账户外，还应按开发房屋的性质和用途，分别设置商品房、出租房、周转房、代建房等三级账户，并按各成本核算对象和成本项目进行明细分类核算。

房屋开发成本计算方法同土地开发成本相同。

▶ 3. 配套设施开发成本计算

房地产开发企业开发的配套设施，可以分为如下两类：

一类是开发小区内开发不能有偿转让的公共配套设施，如水塔、锅炉房、居委会、派出所、消防、幼儿园、自行车棚等。

另一类是能有偿转让的城市规划中规定的大配套设施项目，包括：开发小区内营业性公共配套设施，如商店、银行、邮局等；非营业性配套设施，如中小学、文化站、医院等；开发项目外为居民服务的给排水、供电、供气的增容增压、交通道路等。这类配套设施，如果没有投资来源，不能有偿转让，也将它归入第一类中，计入房屋开发成本。

（1）成本核算对象：对不能有偿转让、不能直接计入各成本核算对象的各项公共配套设施，如果工程规模较大，可以以该配套设施作为成本核算对象。

如果工程规模不大、与其他项目建设地点较近、开竣工时间相差不多，并由同一施工单位施工的，也可考虑将它们合并作为一个成本核算对象。于工程完工算出开发总成本后，按照各该项目的预算成本或计划成本的比例，算出各配套设施的开发成本，再按一定标准，将各配套设施开发成本分配计入有关房屋等开发成本。

（2）账户设置：企业发生的各项配套设施支出，应在"开发成本——配套设施开发成本"账户进行核算，并按成本核算对象和成本项目进行明细分类核算。

对发生的土地征用及拆迁补偿费或批租地价、前期工程费、基础设施费、建筑安装工程费等支出，可直接记入各配套设施开发成本明细分类账的相应成本项目，其账务处理为：

借：开发成本——配套设施开发成本
  贷：银行存款（应付账款——应付工程款）

对能有偿转让大配套设施分配的其他配套设施支出，应记入各大配套设施开发成本明细分类账的"配套设施费"项目，其账务处理为：

借：开发成本——配套设施开发成本——××
  贷：开发成本——配套设施开发成本——其他××

对能有偿转让大配套设施分配的开发间接费用，应记入各配套设施开发成本明细分类账的"开发间接费"项目，其账务处理为：

借：开发成本——配套设施开发成本
  贷：开发间接费用

▶ 4. 代建工程开发成本计算

代建工程是指开发企业接受委托单位的委托，代为开发的各种工程，包括代为开发的土地、房屋、市政工程等。

（1）成本计算对象：代建工程开发成本的核算对象，应根据各项工程实际情况确定。

（2）账户设置：现行会计制度规定，企业代委托单位开发的土地（即建设场地）、各种房屋所发生的各项支出，应分别通过"开发成本——商品性土地开发成本"和"开发成本——房屋开发成本"账户进行核算，并在这两个账户下分别按土地、房屋成本核算对象和成本项目归集各项支出，进行代建工程项目开发成本的明细分类核算。

除土地、房屋以外，企业代委托单位开发的其他工程如市政工程等，其所发生的支出，则应通过"开发成本——代建工程开发成本"账户进行核算。因此，开发企业在"开发成本——代建工程开发成本"账户核算的，仅限于企业接受委托单位委托，代为开发的除土地、房屋以外的其他工程所发生的支出。

房屋开发、配套设施开发和代建工程开发成本的计算参照土地开发成本计算。

第六节 农业企业成本核算

一、农业企业成本核算的概述

农业企业是指从事农、林、牧、副、渔业等生产经营活动,具有较高的商品率,实行自主经营、独立经济核算,具有法人资格的营利性的经济组织。

农业企业成本是指农业企业生产过程中所发生的各种耗费。它主要包括农、林、牧、副、渔各业产品所耗费的种子、饲料、燃料、生产工人工资、农机具折旧以及因管理生产和为生产服务而发生的各种费用。

▶ 1. 成本计算对象

由于农业企业实行以一业为主,多种经营,确定成本计算对象农业企业应当根据生产经营特点和成本管理要求确定成本核算的对象,可采用主要产品成本单独核算、次要产品成本适当合并核算的办法。

主要农产品被确定为小麦、水稻、大豆、玉米、棉花、糖料、烟叶、牛奶、羊毛、肉类(猪、牛、羊、禽肉)、禽蛋、蚕茧;林产品(原木、锯材、干胶)、水果、茶叶、水产品(鱼、虾、贝、藻类)等,企业还可以自行补充主要农产品的品种。畜牧生产应核算饲养成本和产品成本,原则上要分群核算,条件不具备的可按畜禽类别混群核算。水产养殖生产应核算苗种培育和成品饲养成本。鱼虾混养、贝藻混养可以分品种核算成本,也可以合并计算一个混养成本,再按比例分摊计算各个产品的成本。

▶ 2. 成本计算期

由于农、林、牧、副、渔业的生产受自然生长周期的影响,因此,成本计算期不可能完全一致。一般而言,对于经常有产品产出的橡胶、乳牛、家禽、工副业等生产,应与会计报告期一致,按月计算产品的实际成本;对于一年只收获一次或几次的粮食、棉花、果、桑、茶等产品应与生产周期一致,在产品的收获月份计算产品的实际成本。因此,农业产品成本计算期可以是定期的,也可以是不定期的。

▶ 3. 成本项目

农业企业的成本项目一般可包括:直接材料、直接工资、机械作业费、其他直接费用以及制造费用等。

1)直接材料是指农业生产过程中实际消耗的各种原材料、辅助材料、备品配件、外购半成品、燃料动力等。

2)直接工资是指农业企业直接从事生产经营人员的工资、奖金、津贴和补贴。

3)机械作业费是指生产过程中进行耕耙、播种、施肥、中耕除草、喷药、收割等机械作业所发生的费用支出。

4)其他直接费用包括直接从事生产经营人员的职工福利费用等。

5) 制造费用是指农业企业为组织和管理生产所发生的管理人员的工资及福利费用、折旧修理费、机物料消耗、低值易耗品摊销、水电费、办公费、差旅费、运输费、保险费、设计制图费、试验费、劳动保护费、土地开发费摊销等。

▶ 4. 成本核算账户设置

为了正确计算农业生产成本，应按不同的生产类型分别设置"农业生产成本""林业生产成本""畜牧业生产成本"等账户。辅助生产费用、机械作业费用可以在各业生产成本账户下分别设置"辅助生产""机械作业费"明细账户进行归集分配，也可另设一级账户进行核算，先按费用发行的地点进行归集，然后分配计入各业成本明细账中。

二、种植业生产成本核算

(一) 种植业成本核算的概述

▶ 1. 种植业内容及账户设置

广义的农业包括农、林、牧、副、渔各业，狭义的农业主要是指种植业。种植业包括大田作物栽培和蔬菜栽培，还有其他特殊的园艺栽培等。

大田作物栽培有：小麦(冬小麦和春小麦)、其他麦类、水稻(早稻和晚稻)、大豆、杂豆、玉米、其他谷物、薯类作物、棉花、花生、油菜籽、其他油料作物、糖料、烟叶、剑麻、其他纤维作物、香料作物、人参、啤酒花、牧草等。

蔬菜栽培分露天栽培和保护地(温床和温室)栽培两种：大白菜、菠菜、番茄、茄子、菜豆、茴香、金针菜、木耳、蘑菇等。

此外还有特种园艺栽培，如：灵芝、花卉等。特种园艺栽培的灵芝、花卉等也可以视同种植业栽培作物范围对待。

以上所述都是种植业生物资产。生物资产是指有生命的动物和植物，分为消耗性生物资产、生产性生物资产和公益性生物资产。

种植业生物资产是指种植业活动所涉及的有生命的植物，是将收获为农产品或为出售而持有的种植业生物资产，种植业生物资产属于"消耗性生物资产"。

种植业消耗性生物资产是企业农业活动将种植业生物资产转化为农产品或其他生物资产的生物转化的管理。生物转化是指导致生物资产质量或数量发生变化的生长、蜕化、生产、繁殖的过程。将种植业生物资产转化为农产品的活动，是种植业消耗性生物资产的生长和收获农产品的过程，例如种植业作物的生长和收获。

通过设置"消耗性生物资产"账户来核算，本账户系资产类账户，核算企业持有的消耗性生物资产的实际成本。在该账户下按种植业消耗性生物资产的种类等进行明细核算，如进行"消耗性生物资产——小麦""消耗性生物资产——大白菜""消耗性生物资产——花卉"等明细核算；也可以根据责任制管理的要求，按所属责任单位等进行明细核算。

▶ 2. 种植业成本核算的特点

(1) 成本计算对象：应根据种植业生产经营的特点和成本管理的要求，确定成本核算的重点和对象，按照"主要从细，次要从简"的原则，组织种植业的成本核算。

"主要从细，次要从简"原则，是指在会计核算时对主要作物的成本核算实行重点而详细的核算，这些作物在种植业生产中占有非常重要的地位，不但播种面积大、产量高，而且播种范围广。而对于一些次要作物在进行成本核算时，实行非重点和简化的核算，由于这些作物播种面积少、产量低，地位相对次要，没必要按农产品品种单独组织成本核算，可合并核算其生产成本。这样便大大简化了会计核算手续，从而大大减轻了会计核算的工作量。

根据企业种植业生产的特点，国家会计制度将种植业成本核算的对象（主要产品）确定为小麦、水稻、大豆、玉米、棉花、糖料、烟叶、草、剑麻、纤维等。

蔬菜等种植业成本核算的对象（主要产品）由企业自行确定。

（2）成本计算期：确定种植业成本计算期的原则，应因种植业成本计算的截止时间的农产品的特点而异，成本计算期与产品生产周期相一致。种植业生产企业具有季节性强、生长周期长、经济再生产与自然再生产相交织的特点。在确定种植业各成本计算期时，应与其生产周期一致，在产品产出的月份计算成本。

粮豆的成本算至入库或在场上能够销售；棉花算至皮棉；纤维作物、香料作物、人参、啤酒花等算至初级产品；牧草成本算至干草；不入库的鲜活产品算至销售，入库的鲜活产品算至入库；年底尚未脱粒的作物，其产品成本应算至预提脱粒费用。下年度实际发生的脱粒费用和预提费用的差额，由下年同一产品负担。

任何作物从播种、栽培、成熟发生生产成本到形成入库或可以对外出售的农产品，便成了确定农产品成本计算期的根据。

（3）成本项目：种植业成本项目一般可设置为直接材料、直接人工等几项。

1）直接材料：指实际耗用的自产或外购的种子、种苗、肥料、地膜、农药等，发生时直接计入种植业的生产成本。

2）直接人工：指直接从事种植业生产人员的工资、工资性津贴、奖金、福利费等，包括机械作业人员的人工费用，发生时直接计入种植业的生产成本。

3）机械作业费：指生产过程中进行耕、耙、播种、施肥、中耕、除草、喷药等机械作业所发生的费用支出。如燃料和润滑油、修理用零部件支出，农机具折旧费、农机具修理费等。有航空作业的种植业，还包括航空作业费。能够区分应由哪种产品负担的机械作业费直接计入该种产品的生产成本，不能区分的可采用一定方法分配计入产品的生产成本。

4）其他直接费：指除直接材料、直接人工和机械作业费以外的其他直接费用，如灌溉费、抽水机灌溉作业费、运输费等。发生时直接计入产品的生产成本。

5）制造费用：指应摊销、分配计入各种植业产品的间接费用，如种植业生产中所发生的管理人员工资及福利费、晒场等固定资产折旧费、晾晒费用、场院照明费用、晒场维修费、晒场警卫人员工资、粮食清选费用、烘干费等。发生的上述费用，能够区分属于某种产品负担的，先在制造费用中归集，然后计入该种产品成本；不能区分的，可以采用一定的方法分配费用。此外，为种植业生产服务的辅助生产车间，在提供自制工具、备件、供电、供水、修理等过程中发生的费用，先在"生产成本——辅助生产成本"中归集，然后直接计入或分配计入"种植业生产成本""制造费用"科目。

（二）种植业成本核算内容及账户设置

▶ 1. 成本核算内容

（1）大田作物生产成本的计算。需要计算其生产总成本、单位面积成本和主产品单位产量成本。

某种作物的生产总成本，就是该种大田作物在生产过程中发生的生产费用总额，这一成本指标由农业生产成本明细账直接提供。

某种大田作物的单位面积成本，即平方千米（公顷）成本，就是种植 $1km^2$ 大田农作物的平均成本。其计算公式如下：

某种作物单位面积（km^2）成本＝该种作物生产总成本÷该种作物播种面积

某种大田作物的主产品单位产量成本，也叫每千克成本。

大田作物在完成生产过程后，可以收获主、副两种产品。为了计算主产品单位成本，需从全部生产费用中扣除副产品价值。每千克成本的计算公式如下：

某种作物产品单位产量（千克）成本＝（该种作物生产总成本－副产品价值）÷该种作物主产品产量

公式中的副产品价值，又称副产品成本，可采用估价法或比例分配法予以确定。

牧草成本计算：

草场单位面积（km^2）成本＝种草生产总成本÷种草总面积

干草单位产量（kg）成本＝种草生产成本÷干草总产量

（2）蔬菜生产成本的计算：根据是露天栽培还是保护地栽培，采用不同成本计算方法。

1）露天栽培蔬菜的成本计算。对大宗的各主要的露天栽培蔬菜，应按每种蔬菜设置明细账，单独核算每种蔬菜的生产成本，其费用汇集、成本计算指标和计算方法与大田作物相同。对于小量的和次要的露天栽培蔬菜，可合并计算其生产成本。

2）保护地栽培蔬菜的生产成本计算。保护地栽培蔬菜就是利用温床和温室进行蔬菜栽培。一般是先用温床育苗，然后移栽至温室。保护地栽培蔬菜的生产总成本，包括直接计入蔬菜生产成本的费用，需要分配的温床和温室费用以及其他间接费用。

一是直接计入蔬菜生产成本的费用，是指耗用的种子、肥料、农药、生产工人的工资及福利费等；二是温床、温室的费用，是指温床、温室的发热材料费、燃料费、供水费、管理温床和温室的工人工资及福利费、温床和温室的折旧费、修理费等；三是其他间接费用，是指保护地栽培蔬菜应负担的制造费用等。

温床和温室费用应按照各种蔬菜占用的温床格日数或温室平方米日数，分配计入各种蔬菜的生产成本。

温床格日数，是指某种蔬菜占用温床格数和在温床生长日数的乘积。温室平方米日数，是指某种蔬菜占用温室的平方米数和在温室生长日数的乘积。按格日数或平方米日数分配温床、温室费用的计算公式如下：

某种蔬菜应分配的温床（温室）费用＝温床（温室）费用总额÷［实际使用的格日（平方米

日)总数×该种蔬菜占用的格日(平方米日)数]

(3) 特种园艺栽培：应按种植栽培方式、生产管理和生产规模确定核算方法。灵芝、花卉的生产、管理、销售不同于其他行业，有其特殊性。

目前灵芝、花卉成本核算的会计账务处理的差异较大，如何准确、合理、便捷地对灵芝、花卉成本进行核算，为管理者提供及时、准确、真实的会计信息，以适应当前市场经济发展的需要，是提高灵芝、花卉业务经济效益的新课题。应结合灵芝、花卉业产品形态的不确定性、鲜活性、数量变化性，在调查研究的基础上综合分析，确定品种、分类、分级、动态成本核算的方法，小型木本花卉可以视同草本花卉。

小规模种植灵芝、花卉，生产成本可以按"单株""单盆"管理核算；大面积种植灵芝、花卉，生产成本可以仿照"保护地栽培蔬菜的生产成本核算"的方法，计算产品单位产量(千克)成本。

(4) 种植业生产成本计算的特殊问题——多年生作物生产成本计算：多年生作物是指人参、剑麻等作物，特点是生长期长，可一次收获和多次收获。

一次收获的多年生作物如人参等，应按生长期内各年累计的生产费用计算成本，其成本计算方法可采用分批法或品种法，生产期内各年累计的生产费用即为其总成本。总成本扣除副产品价值，除以主产品产量，即为主产品单位成本。

多次收获的多年生作物如剑麻等，在未提供产品以前的累计费用，按规定比例，摊入投产后各年产出产品的成本。

▶ 2. 成本计算参考公式

某种作物单位面积(km^2)成本＝该种作物生产总成本/该种作物播种面积

某种作物主产品单位产量(kg)成本＝(该种作物生产总成本－副产品价值)/该种作物主产品产量

某种蔬菜应分配的温床(温室)费用＝[温床(温室)费用总额/实际使用的格日(平方米日)总数]×该种蔬菜占用的格日(平方米日)数

草场单位面积(km^2)成本＝种草生产总成本/种草总面积

干草单位产量(t)成本＝种草生产总成本/干草总产量

多次收获的多年生作物，未提供产品前累计发生的费用，按规定比例摊入投产后各期的产品成本。

▶ 3. 成本核算账户设置

根据会计准则可设置"农业生产成本——种植业"，或直接设置"种植业生产成本"作为一级科目核算。本科目核算企业种植业生产发生的各项生产成本。本科目分别种植业确定成本核算对象和成本项目，进行费用的归集和分配。

为了便于汇集种植业及各个成本计算对象发生的各项费用，计算种植业产品的生产成本，可在"种植业生产成本"账户下设置"小麦""大白菜""花卉"等二级账户，并按成本计算对象设置明细账户。成本明细账采用多栏式，按照成本项目设置专栏。发生或通过分配转来各项费用时，记入"种植业生产成本——小麦"等所属有关明细账户的借方。

(三)种植业成本核算流程

农业企业在生产农产品过程中,从耕、播、管、各个环节发生各项费用,一直到农产品收获入库时,按成本核算对象所发生的生产费用和劳务成本,转入农产品成本,进行简单的产品成本核算。以种植冬小麦为例,按种植业生产流程发生的正常典型业务讲解账务处理,归纳为如下5类共计20项业务事例,分别叙述。

▶ 1. 准备阶段的核算

本阶段包括发生购买种子、种苗、肥料、地膜、农药等业务的核算。

(1)银行和现金支付购入种子、种苗款,包括种子、种苗的购买价款、相关税费、运输费、装卸费、保险费以及其他可归属于种子、种苗采购成本的费用。会计分录如下:

借:原材料——××种子、种苗
　　贷:银行存款

(2)银行和现金支付肥料款,包括肥料购买价款和其他可归属于肥料采购成本的费用。会计分录如下:

借:原材料——××肥料
　　贷:银行存款
　　　　库存现金

(3)银行和部分现金支付购入地膜款,包括地膜购买价款和其他可归属于地膜采购成本的费用。会计分录如下:

借:原材料——××地膜
　　贷:银行存款等

(4)银行和部分现金支付购入农药款,包括农药购买价款和其他可归属于农药采购成本的费用。会计分录如下:

借:原材料——××农药
　　贷:银行存款

▶ 2. 种植阶段的核算

本阶段包括发生机械作业(耕耙播种)、消耗原材料(种子、种苗、肥料、地膜、拌种农药)、播种人员用工等业务的核算。

(1)种植小麦发生机械作业费用,按现金已付金额计算。会计分录如下:

借:农业生产成本——种植业——小麦(机械作业费)
　　贷:库存现金

(2)种植小麦发生消耗种子、种苗、肥料、地膜、拌种农药,按消耗原材料出库金额计算。会计分录如下:

借:农业生产成本——种植业——小麦(直接材料费)(如种、苗、肥、膜、药费)
　　贷:原材料——种子、种苗、肥料、地膜、农药等

(3)种植小麦发生播种人员用工消耗,按工资表分配应付工资性全部金额计算。会计分录如下:

借：农业生产成本——种植业——小麦（直接人工费）
　　　　贷：应付职工薪酬

（4）年末冬小麦生产成本从"种植业生产成本——小麦"科目结转到"消耗性生物资产——小麦"科目，年末编制报表使"种植业生产成本——小麦"科目无余额。会计分录如下：

　　借：消耗性生物资产——小麦
　　　　贷：农业生产成本——种植业——小麦

注意，在当年能够产出产品的种植业消耗性生物资产的成本，如水稻等作物，也可以不结转到"消耗性生物资产——水稻"科目，而在收获时通过"农业生产成本——种植业——水稻"科目直接结转到"农产品——水稻"科目。

▶ 3. 管理阶段的核算

本阶段包括施肥、喷药、除草等发生的机械作业、消耗原材料（药）、人员用工等业务的核算。

（1）年初冬小麦的"消耗性生物资产——小麦"科目结转到"农业生产成本——种植业——小麦"科目。会计分录如下：

　　借：农业生产成本——种植业——小麦
　　　　贷：消耗性生物资产——小麦

（2）管理小麦发生喷药、除草等机械作业费用，按现金已付金额计算。会计分录如下：

　　借：农业生产成本——种植业——小麦（机械作业费）
　　　　贷：库存现金

（3）管理小麦发生消耗农药，按消耗原材料出库金额计算。会计分录如下：

　　借：农业生产成本——种植业——小麦（直接材料费）（如农药费）
　　　　贷：原材料——××农药

（4）管理小麦发生人员用工消耗，按工资表分配应付工资性全部金额计算。会计分录如下：

　　借：农业生产成本——种植业——小麦（直接人工费）
　　　　贷：应付职工薪酬

▶ 4. 收获阶段的核算

本阶段包括收获发生的机械作业、运输费、人员用工、晒场晾晒费、小麦产品入库等业务的核算。

（1）收获小麦发生的机械作业费，按现金已付金额计算。会计分录如下：

　　借：农业生产成本——种植业——小麦（机械作业费）
　　　　贷：库存现金

（2）收获小麦发生的运输费，按现金已付金额计算。会计分录如下：

　　借：农业生产成本——种植业——小麦（其他直接费）
　　　　贷：库存现金

(3) 收获小麦发生的人员用工消耗，按工资表分配应付工资性全部金额计算。会计分录如下：

借：农业生产成本——种植业——小麦（直接人工费）
　　贷：应付职工薪酬

(4) 小麦晒场晾晒费，按制造费用应摊销分配数额计算。会计分录如下：

借：农业生产成本——种植业——小麦（制造费用）
　　贷：制造费用

(5) 小麦产品入库，结转小麦生产成本。会计分录如下：

借：库存商品（农产品）——小麦
　　贷：农业生产成本——种植业——小麦

▶ 5. 出售阶段的核算

本阶段包括出售小麦产品发生的运输费、人员用工等业务的核算。

(1) 出售小麦产品，按银行和部分现金实际收到的金额计算。会计分录如下：

借：银行存款
　　贷：主营业务收入——小麦

(2) 同时，按小麦产品入库账面价值结转小麦成本。会计分录如下：

借：主营业务成本——小麦
　　贷：库存商品（农产品）——小麦

(3) 出售小麦产品发生的运输费、人员用工消耗，按实际支付的现金和工资表分配应付工资性全部金额计算。会计分录如下：

借：销售费用
　　贷：库存现金
　　　　应付职工薪酬

【例 13-28】 某农业企业种植优质冬小麦 100 亩，施基肥 5 000 斤复合肥，单价 1.5 元。支付机耕费 6 000 元。用小麦种子 2 000 斤，单价 1.6 元。播种费 5 000 元。支付人工费用为 1 800 元。会计分录是：

(1) 施用化肥时：

借：农业生产成本——种植业——小麦　　　　　　　　　　　　　　7 500
　　贷：原材料——复合肥　　　　　　　　　　　　　　　　　　　　7 500

(2) 支付机耕费时：

借：农业生产成本——种植业——小麦　　　　　　　　　　　　　　6 000
　　贷：库存现金　　　　　　　　　　　　　　　　　　　　　　　　6 000

(3) 投入种子时：

借：农业生产成本——种植业——小麦　　　　　　　　　　　　　　3 200
　　贷：原材料——小麦　　　　　　　　　　　　　　　　　　　　　3 200

(4) 支付播种费和人工费用：

借：农业生产成本——种植业——小麦　　　　　　　　　　　　　　6 800

贷：库存现金　　　　　　　　　　　　　　　　　　　　　　　　　　5 000
　　　　　应付职工薪酬　　　　　　　　　　　　　　　　　　　　　　　1 800

【例 13-29】　某农业企业对小麦的管理，在生长期间浇水 4 遍费用 10 000 元，喷洒农药 3 遍，施用 70 瓶农药，计价 1 200 元。支付管理人员工资 4 800 元。会计分录是：

(1) 浇水费用：

　　借：农业生产成本——种植业——小麦　　　　　　　　　　　　　10 000
　　　贷：库存现金　　　　　　　　　　　　　　　　　　　　　　　10 000

(2) 喷洒农药：

　　借：农业生产成本——种植业——小麦　　　　　　　　　　　　　1 200
　　　贷：原材料——农药　　　　　　　　　　　　　　　　　　　　1 200

(3) 支付管理人员工资：

　　借：农业生产成本——种植业——小麦　　　　　　　　　　　　　4 800
　　　贷：应付职工薪酬　　　　　　　　　　　　　　　　　　　　　4 800

【例 13-30】　某农业企业收获小麦 50 000kg 入库，收获时支付收割费、运输费共计 8 000 元。其账务处理为：

(1) 支付收割费、运输费：

　　借：农业生产成本——种植业——小麦　　　　　　　　　　　　　8 000
　　　贷：库存现金　　　　　　　　　　　　　　　　　　　　　　　8 000

(2) 收获小麦 50 000kg 入库：

小麦总成本＝7 500＋6 000＋3 200＋6 800＋10 000＋1 200＋4 800＋8 000＝47 500（元）

小麦单位成本＝47 500÷50 000＝0.95（元）

　　借：农产品——小麦　　　　　　　　　　　　　　　　　　　　　47 500
　　　贷：农业生产成本——种植业——小麦　　　　　　　　　　　　47 500

【例 13-31】　某农业企业出售库存小麦 30 000kg，单价 1.4 元，款存入银行。小麦入库时的成本是 30 000×0.95＝28 500（元）。其账务处理为：

(1) 出售库存小麦：

　　借：银行存款　　　　　　　　　　　　　　　　　　　　　　　　42 000
　　　贷：主营业务收入——小麦　　　　　　　　　　　　　　　　　42 000

(2) 同时要结转小麦入库时的成本：

　　借：主营业务成本——小麦　　　　　　　　　　　　　　　　　　28 500
　　　贷：农产品——小麦　　　　　　　　　　　　　　　　　　　　28 500

三、畜牧养殖业生产成本核算

(一) 畜牧养殖业生物资产的概述

畜牧养殖业生物资产，是指有生命的畜牧养殖动物。它分为消耗性生物资产和生产性生物资产。消耗性生物资产，是指为出售而持有的，或在将来收获为农产品的生物资产，如存栏待售的牲畜等。生产性生物资产,是指为产出农产品、提供劳务或出租等目的而持有的生物资产,如产畜和役畜等。

▶ 1. 成本核算对象

畜牧养殖业的成本核算对象是畜(禽)群及其产品。主要畜(禽)产品有牛奶、羊毛、肉类、禽蛋、蚕茧等。畜(禽)饲养可实行分群饲养,也可实行混群饲养。实行分群饲养的主要畜(禽)群别划分如下:

(1) 养猪业:基本猪群(包括母猪、种公猪、检定母猪、2个月以内的未断奶仔猪);2~4个月幼猪;4个月以上幼猪和育肥猪。

(2) 养牛业:基本牛群(包括母牛和公牛);6个月以内的犊牛;6个月以上的幼牛。

(3) 养马业:基本马群(包括母马、种公马、未断奶的马驹);当年生幼马;二年生幼马;三年生幼马。

(4) 养羊业:基本羊群(包括母羊、种公羊、未断奶的羔羊);当年生幼羊;往年生幼羊;去势羊和非种用公羊。

(5) 养禽业:基本禽群(包括成龄禽);幼禽和育肥禽;人工孵化群。

▶ 2. 成本项目

(1) 直接材料:指畜牧养殖业生产耗用的饲料、燃料、动力、畜禽医药费等。

(2) 直接人工:指直接从事畜牧养殖业生产人员的工资、工资性津贴、奖金、福利费。

(3) 其他直接费:指除直接材料、直接人工以外的其他直接费用。

(4) 制造费用:指应摊销、分配计入各群别的间接生产费用,如产役畜折旧等。

▶ 3. 成本计算参考公式

(1) 混群核算的成本计算参考公式:

某类畜(禽)本期生产总成本(元)=期初存栏价值+本期饲养费用+本期购入畜(禽)价值+本期无偿调入畜(禽)价值-期末存栏价值-本期无偿调出畜(禽)价值

某类畜(禽)主产品单位成本(元)=[某类畜(禽)生产总成本-副产品价值]/该类畜(禽)主产品总产量

2) 分群核算的成本计算参考公式:

畜(禽)饲养日成本[元/头(只)日]=该群本期饲养费用/该群饲养头(只)日数

离乳幼畜活重单位成本(元/kg)=(该群累计饲养费用-副产品价值)/离乳幼畜活重

活重幼畜或育肥畜增重单位成本(元/kg)=(该群本期饲养费用-副产品价值)/该群增重数

某畜群增重量(kg)=该群期末存栏活重+本期离群活重(不包括死畜重量,下同)-期初结转、期内购入和转入的活重

某群幼畜或育肥畜活重单位成本(元/kg)=(期初活重总成本+本期增重总成本+购入、转入总成本-死畜残值)/(期末存栏活重+期内离群活重)

主产品单位成本(元/kg)=(该畜群累计全部饲养费用-副产品价值)/该畜群主产品总

产量

（二）畜牧养殖业成本核算

▶ 1. 成本核算账户体系

生产成本的核算农业企业进行农业生产发生的各项生产成本，可将设置"农业生产成本"科目，并分别种植业、畜牧养殖业、林业和水产业确定成本核算对象（消耗性生物资产、生产性生物资产、公益性生物资产和农产品）和成本项目，进行费用的归集和分配。

根据"农业生产成本"科目，可按基本生产成本和辅助生产成本进行明细核算。基本生产成本应当分别按照基本生产车间和成本核算对象（产品的品种、类别、订单、批别、生产阶段等）设置明细账（或成本计算单，下同），并按照规定的成本项目设置专栏。本科目期末借方余额，反映企业尚未加工完成的在产品成本或尚未收获的农产品成本。

▶ 2. 成本核算程序

（1）根据各车间发生的直接材料、直接人工等费用入账，借记"农业生产成本——孵化车间、屠宰车间、养殖车间"等，贷记"银行存款""库存现金""原材料""应付职工薪酬"等科目。

（2）在生产过程中发生的应由孵化车间、养殖车间、屠宰车间等共同负担的费用，借记"农业生产成本——共同费用"，贷记"库存现金""银行存款""原材料""应付职工薪酬"等科目。

（3）本期（月）末，可按一定的分配标准对上述共同负担的费用进行分配，借记"农业生产成本——孵化车间、屠宰车间、养殖车间"等，贷记"农业生产成本——共同费用"。

（4）农业生产产品验收入库时按其实际成本，借记"农产品"，贷记"农业生产成本——孵化车间、养殖车间"等。

▶ 3. 成本核算相关账务处理

（1）根据各车间发生的直接材料、直接人工等费用入账，其账务处理如下：

借：农业生产成本——孵化车间、屠宰车间、养殖车间等
　　贷：银行存款
　　　　现金
　　　　原材料
　　　　应付职工薪酬

（2）在生产过程中发生的应由孵化车间、养殖车间、屠宰车间等共同负担的费用，其账务处理如下：

借：农业生产成本——共同费用
　　贷：现金
　　　　银行存款
　　　　原材料
　　　　应付职工薪酬

（3）期（月）末，可按一定的分配标准对上述共同负担的费用进行分配，其账务处理

如下：

　　借：农业生产成本——孵化车间、屠宰车间、养殖车间等
　　　　贷：农业生产成本——共同费用
（4）农业生产产品验收入库时，按其实际成本，其账务处理如下：
　　借：农产品
　　　　贷：农业生产成本——孵化车间、养殖车间等

四、林业生产成本核算

（一）林业生产成本核算特点

林木生产包括种子、苗木、木材生产等，其主要产品有种子、苗木、原木、原竹、水果、干果、干胶（或浓缩胶乳）、茶叶、竹笋等。

▶ 1. 成本计算对象

林木按生产阶段一般可分为种苗、造林抚育和采割三个阶段，不同阶段的林木也应分别核算其成本。

（1）种苗成本核算对象：种子应按树种分别归集费用，核算种子成本；育苗阶段应按树种、育苗方式、播种年份分别归集费用，核算育苗成本。

（2）造林抚育成本核算对象：消耗性林木资产和公益林根据企业管理的需要，可按照林班或小班、树种等归集费用，核算造林抚育成本。

（3）木材生产成本核算对象：按木材采伐运输方式、品种、批别及其生产过程等，根据企业管理的需要归集费用，核算木材生产成本。

（4）其他林产品成本核算对象：按照收获的品种、批别、生产过程等，根据企业管理的需要归集费用，核算收获品的成本。

▶ 2. 成本计算期

各阶段林木及林产品的生产成本计算：育苗阶段算至出圃时；造林抚育阶段，消耗性林木资产和公益林算至郁闭成林前；采割阶段，林木采伐算至原木产品，橡胶算至干胶或浓缩胶乳，茶算至各种毛茶，其他收获活动算至其他林产品入库。

▶ 3. 成本项目

林业企业的成本项目可按照种植业企业的生产成本项目设置，也可根据管理需要自行设置。

▶ 4. 成本计算参考公式

某树种苗木单位面积培育成本＝该树种生产费用/该树种苗木面积（km^2）

某树种出圃苗木单株成本＝该树种出圃苗木总成本/该树种苗木产量（株）

经济林木的培育成本＝成熟前经济林木造林抚育成本＋成熟前经济林木管护费用

消耗性林木资产的培育成本＝郁闭成林前消耗性林木资产造林抚育成本＋郁闭成林前消耗性林木资产管护费用

消耗性林木资产的木材生产成本＝采伐的消耗性林木资产账面价值＋木材采运成本

（二）林业成本核算内容

（1）外购树木树苗，按实际成本入账：

借：消耗性生物资产——苗木成本
　　贷：银行存款

（2）农业生产过程中产生的农药、化肥、地膜等：

购买时：

借：原材料——农药（化肥、地膜）
　　贷：库存现金

使用后：

借：农业生产成本——林业生产成本（直接材料）
　　贷：原材料——农药（化肥、地膜）

（3）农业生产过程中人员的工资、奖金、福利费等，包括机械作业人员的人工费用发放工资、福利时：

借：应付职工薪酬
　　贷：库存现金

结转人工成本：

借：农业生产成本——直接人工费
　　贷：应付职工薪酬

（4）生产过程中进行耕、耙、播种、施肥、中耕、除草、喷药等机械作业所发生的费用支出：

借：农业生产成本——机械作业费
　　贷：库存现金

（5）结转本月生产成本：

借：消耗性生产物资——××苗木
　　贷：农业生产成本——直接材料/直接人工/机械作业

（6）出售苗木：

借：农产品
　　贷：消耗性生物资产——××苗木

出售时：

借：应收账款/银行存款
　　贷：主营业务收入

（7）按账面价值结转销售成本：

借：主营业务成本
　　贷：农产品

本章小结

商品流通企业的业务经营活动分为购进和销售两大阶段,通过购、销、存等环节实现商品流通,获得利润。其具体核算内容包括商品采购成本、销售成本和商品流通费用的核算。

批发企业的成本核算方法,主要分为数量金额核算法和金额核算法两类。批发企业商品购销往往成批量进行,金额较大,而且商品储存数量也较大,一般多采用数量进价金额核算法。零售企业除了少数贵重商品采用数量金额核算法,以及鲜活商品由于售价往往按照商品鲜活程度变动而变动,不宜采用售价金额核算法而采用进价金额核算法以外,一般商品均采用售价金额核算法。

施工企业在一定时期内为完成一定种类和数量的建筑和安装工程所发生的生产耗费的总和,称为建筑安装工程成本。建筑安装工程成本由直接费和管理费组成。一般应当设置人工费、材料费、机械使用费、其他直接费、间接费用和管理费六个成本项目。为了全面地反映和监督各项施工费用的发生情况,施工企业一般应设置"工程施工""辅助生产""机械作业""工程结算成本"等成本类账户。

旅游、饮食服务企业营业成本是指企业在经营过程中发生的各项直接支出,包括直接材料、代收代付费用、商品销售成本和其他直接成本等四项。

旅游业务营业成本的内容包括综合服务成本、零星服务成本、劳务成本、组团外联成本、票务成本、地游及加项成本和其他服务成本。从组团与接团两个不同会计角度介绍相关账务处理。

餐饮企业在服务经营过程中发生的营业成本是餐饮部门加工烹制主副食品的生产费用和销售费用的总和,包括自制产品的主料、配料、调料;销售的外购酒水、饮料、香烟等的进价成本;机器设备和人工的费用等。根据餐饮业规模和管理方式,饮食制品成本核算方法有永续盘存制和实地盘存制两种方法。

运输企业的营运成本,是指运输企业在营运生产过程中实际发生的与运输、装卸和其他业务等营运生产直接有关的各项支出。以经营业务或运输工具作为成本计算对象,每月末归集费用并计算成本,通过设置"运输支出""装卸支出""堆存支出""代理业务支出""港务管理支出""其他业务成本""辅助营运费用""营运间接费用""船舶固定费用""船舶维护费用"和"集装箱固定费用"等账户进行账务处理。

房地产开发企业成本包括土地开发成本、房屋开发成本、配套开发成本和代建开发成本。根据其开发项目的特点及实际情况确定成本计算对象,成本计算期与开发周期一致,通过"开发成本"和"开发间接费用"账户进行核算。

针对种植业、畜牧业和林业介绍农业企业会计的成本核算特点、成本项目、账户设置及相关账务处理过程。

复习思考题

1. 什么是进价金额核算法？其特点和适用范围是什么？
2. 施工企业成本核算的基本程序是什么？
3. 旅游餐饮服务企业的成本项目都包括哪些？
4. 简述交通运输企业成本计算的特点。
5. 房地产企业成本核算特点是什么？
6. 简述农业企业的账户体系。

线上课堂——训练与测试

扫描封底二维码刮刮卡，获取答题权限。

在线自测

期末试卷

期末试卷——A卷、B卷

参 考 文 献

[1] 凌辉贤.新编成本会计[M].成都：西南财经大学出版社，2016.
[2] 鲁亮升.成本会计[M].大连：东北财经大学出版社，2019.
[3] 李会青.成本会计学[M].上海：上海财经大学出版社，2019.
[4] 于富生.成本会计学[M].8版.北京：中国人民大学出版社，2018.
[5] 张晓丽，杜修芹，李秋含.成本会计[M].北京：中国商业出版社，2017.
[6] 来华，乾惠敏.成本会计学[M].2版.北京：清华大学出版社，2018.
[7] 李洛嘉，李盈超.成本会计[M].8版.北京：中国财政经济出版社，2017.
[8] 张宁，张丽华.成本会计学[M].4版.北京：首都经济贸易大学出版社，2016.

教师服务

感谢您选用清华大学出版社的教材！为了更好地服务教学，我们为授课教师提供本书的教学辅助资源，以及本学科重点教材信息。请您扫码获取。

▶ 教辅获取

本书教辅资源，授课教师扫码获取

▶ 样书赠送

会计学类重点教材，教师扫码获取样书

 清华大学出版社

E-mail: tupfuwu@163.com
电话: 010-83470332 / 83470142
地址: 北京市海淀区双清路学研大厦 B 座 509

网址: http://www.tup.com.cn/
传真: 8610-83470107
邮编: 100084